I0793879

La Verdad en Nuestro Mundo

EL ESTANDARTE DE LA VERDAD
3 Murrayfield Road, Edinburgh, EH12 6EL, Gran Bretaña
PO Box 621, Carlisle; Pennsylvnia 17013, EEUU
En colaboración con la Fundación Cristiana den Dulk, P.O. Box 17, Hanford, CA 93232-0017

E-mail_U.K.: info@banneroftruth.co.uk
E-mail _U.S.:info@banneroftruth.org
Websites: www.banneroftruth.co.uk; www.banneroftruth.org

© AN Boonstra, 2008

Editora Naíme Bechelani de Phillips, Vilassar de Mar, España
Para correspondencia en castellano, escribir a sov_grace1@hotmail.com

ISBN 978-958-8285-67-2

Impreso en Colombia
Printed in Colombia

Contenido

SERIE V

SERIE VI

SERIE VII

SERIE VIII

SERIE IX

SERIE X

Introducción

Con profundo gozo y gran satisfacción presentamos el tercer volumen de sermones del Dr. Juan Samuel Boonstra (1926-1995), destacado predicador y radiolocutor argentino. Los sesenta sermones aquí presentados son solamente una muestra de las múltiples exposiciones bíblicas que el Dr. Boonstra predicó por la radio a través del programa "La Hora de la Reforma" difundido por toda América Latina. Este tomo es un compendio de las verdades fundamentales del cristianismo—la infalibilidad de la Biblia, el pecado del hombre, el perdón y la gracia de Dios, el nuevo nacimiento, Cristo como el único Mediador entre Dios y los hombres, el poder de la oración y la doctrina de la Trinidad. Hay mucho de Cristo en estas páginas. El lector percibirá la excepcional habilidad del Dr. Boonstra para presentar las profundas verdades del evangelio de forma clara y transparente, conservando toda la riqueza y la autoridad del mensaje de Dios.

Tenemos la certeza de que estos sermones serán de profunda bendición tanto para aquellos creyentes con una amplia experiencia en la vida de la fe, como para los nuevos convertidos; y para aquellos que aún viven desorientados, estas páginas podrán conducirles a Cristo, el único que puede dar al hombre vida en abundancia. Es nuestra oración que el Señor se digne utilizar estos escritos para promover Su reino en nuestro amado mundo de habla hispana.

SERIE I

¿Qué es la Biblia?

Texto Clave: *«Porque ninguna profecía fue traída por voluntad humana, sino que los santos hombres de Dios hablaron siendo inspirados por el Espíritu Santo.»*

II Pedro 1:21

Objetivo: *Subrayar que las Escrituras son las revelación específica de Dios hacia el hombre, en las cuales encontramos todo lo que necesitamos saber para obtener la salvación y vivir una vida piadosa.*

Introducción

Llámese como se quiera, la fuente sin par de la fe cristiana es la Biblia. Sin Biblia no habría cristianismo, ni iglesias, ni misioneros, ni evangélicos, ni himnos, ni programas radiales como éste. Sin Biblia no sabríamos qué hacer para obtener la salvación Y sin Biblia estaríamos todos embarcados inexorablemente hacia la perdición. Esto constituye un aliciente para estudiar y conocer este libro sin igual. Al hacerlo, no debemos perder de vista el hecho histórico de esfuerzos humanos y diabólicos para destruirla y borrar de la faz de la tierra este libro que es y ha sido siempre único en su género. En muchas partes del mundo es cosa reciente que este libro se ha puesto en manos del pueblo. Por siglos y siglos era un libro terminantemente prohibido. Quien lo poseía, lo leía y lo aceptaba, era considerado un hereje. Y aun hoy mismo hay enormes masas humanas que no tienen acceso a este volumen tan liberador del espíritu humano y, como decía San Pablo a Timoteo, «las Sagradas Escrituras... te pueden hacer sabio para la salvación por la fe que es en Cristo Jesús» (II Timoteo 3:15).

1. Los diferentes nombres que recibe la Revelación de Dios

Se han dado a la Biblia muchas designaciones o nombres Cada uno de estos nombres hace resaltar alguna característica del libro.

a. Biblia

El término más común, por ejemplo, es precisamente Biblia, que quiere decir literalmente «libros». *Biblios* significa un libro, y *Biblia* es el plural, lo cual indica el hecho de que la Biblia es esencialmente una colección de libros. En efecto, sesenta y seis son los libros que se han integrado en uno solo, y desde los primeros siglos de la era cristiana se ha considerado que son esos sesenta y seis libros los que constituyen la fuente infalible de la revelación divina.

b. Sagradas Escrituras

Otra designación muy común es Sagradas Escrituras. Es un término utilizado por el mismo apóstol Pablo e indica algo del carácter propio de la Biblia. No se trata de un libro que reúne literatura de tiempos pasados, digamos, a la manera de una revista de selecciones. No es, en primer lugar, una fuente de información histórica, arqueológica, o de ciencias políticas. No es ni siquiera un libro de literatura envidiable que se pueda comparar po-

> La Palabra de Dios es un mensaje al hombre perdido y confuso. Es la Palabra potente de Dios y penetra hasta partir el alma.

sitivamente con otros libros clásicos de la humanidad. Este libro es mucho más que eso: son las Sagradas Escrituras, y su objetivo primordial no es científico sino espiritual y religioso. Son Escrituras que son sagradas.

c. La Palabra de Dios

Tómese esta otra designación: la Palabra de Dios. Esto le da a usted la pauta del origen de la Biblia: no es el producto de la pluma humana o de la imaginación de los hombres, sino que es, en verdad, la Palabra de Dios. Proviene de Dios; es el mensaje de Dios al hombre perdido y confuso; es Palabra de Dios, palabra potente que corta hasta lo más hondo y afecta hasta la médula humana, precisamente porque se origina en el Dios todopoderoso. Es Palabra de Dios desde el principio hasta el fin, desde el Génesis hasta el Apocalipsis. Es la carta de Dios dirigida al hombre.

2. Los dos tipos de revelación de Dios

¿Escribió Dios mismo la Biblia? Si es cierto que es Palabra de Dios, ¿cómo es que ha llegado a manos humanas en forma también humana? Dios se revela a Sí mismo en dos formas bien definidas.

a. Revelación General

La primera es lo que podría llamarse revelación general; es general porque es para todos los hombres en todas partes, sin distinciones de ninguna clase. Esta revelación de Dios toma lugar en la creación y en la historia. Usted puede ver manifestaciones, evidencias, vislumbres de Dios en su derredor, en los elementos naturales, en la montaña, en los ríos y en el mar. Y usted puede ver algo más de Dios en los sucesos de la historia y en la marcha de los tiempos. En la naturaleza usted puede descubrir la grandeza, el poder y la gloria de Dios. En la historia usted puede ver el cuidado, el esmero y los propósitos de Dios. Pero esta revelación general de Dios no es suficiente para solucionar la alarmante situación en la que nos encontramos. El hombre necesita saber mucho más de Dios, conocer más profunda e íntimamente a Dios. La naturaleza ha sido seriamente afectada por el pecado humano, y la historia es a veces tergiversada por esos intereses humanos. El hombre mismo ha perdido una gran parte de su capacidad personal de observar, analizar y discernir. Toda esa maravillosa revelación general de Dios no basta para la necesidad crítica del hombre.

b. Revelación Especial

Fue por esa razón que Dios, además, dio al hombre su revelación especial. Es especial porque está limitada a lo que leemos en la Biblia. El mensaje central de esa revelación especial es Jesucristo, el Hijo de Dios, que vino al mundo para salvar al perdido y ofrecerle vida nueva. Es una luz divina en el camino humano, una luz que ilumina el sendero hacia Dios. Es especial porque es revelación directa de Dios; informa específicamente cómo es Dios, qué hace, porqué, y con qué fines. Es una revelación clara de los potentes actos de Dios a través de la historia, y una descripción no menos clara de los objetivos que Dios persigue.

> El mensaje central de la revelación especial es Jesucristo, que vino al mundo para salvar al perdido y ofrecerle vida nueva.

3. Los autores de la Biblia

No escribió Dios la Biblia con su propio dedo ni con su pluma personal. Eso sería asignar a Dios características que son puramente humanas, como si Dios fuese una réplica del hombre. Dios se valió mayormente de seres humanos, de profetas, apóstoles, evangelistas y siervos suyos para llevar a cabo esta monumental tarea de proveer al hombre su revelación especial. Estos hombres santos de Dios «hablaron siendo inspirados por el Espíritu Santo» (II Pedro 1:21). El apóstol Pedro afirma que, efectivamente, hay sucesos qué contar y de los cuales él mismo puede hablar, pero, continúa, «tenemos también la palabra profética más segura, a la cual hacéis bien en estar atentos como a una antorcha que alumbra en lugar oscuro» (II Pedro 1:19), es decir, la Escritura que «nunca fue traída por voluntad humana, sino que los santos hombres de Dios hablaron siendo inspirados por el Espíritu Santo» (v. 21). El poder maravilloso del Espíritu Santo se apoderó de estos escritores para que escribiesen la voluntad, los deseos y la revelación especial de Dios. Es así que este libro es la Palabra de Dios – las Sagradas Escrituras que pueden hacer sabio al hombre para la salvación.

4. Las dos divisiones de la Biblia

La Biblia se divide, como decíamos, en sesenta y seis libros distintos, entre los cuales hay algunos que son mayormente registros históricos, eventos en los cuales se pone en claro el poderío, la gloria y la soberanía de Dios. Hay libros que son poemas del alma que canta gracias a Dios o ruega con corazón destrozado. Hay libros de profecías inauditas, algunas ya cumplidas y otras a punto de cumplirse. Hay epístolas de enseñanza evangélica y doctrinal. Sesenta y seis libros, cada uno con sus características propias.

La Biblia está formada por dos grandes divisiones: el Antiguo Testamento y el Nuevo Testamento. Testamento es el acto de Dios por el cual hace un pacto con el hombre. Hubo un pacto antiguo y luego hizo un pacto nuevo. Esto es una alianza o un contrato que Dios hace con el hombre en el cual se ofrece a ser su Dios y le permite al hombre ser su hijo. ¡Maravilloso pacto, por cierto!

5. El tema principal de la Biblia: Jesucristo

> El mensaje especial de Dios en la Biblia es específico y personal: presenta el plan redentor de Dios.

Hay muchas verdades preciosas en la Biblia – cosas fascinantes y cosas misteriosas; cosas sencillísimas que hasta un niño puede entender, y cosas tan profundas que ni los teólogos pueden explicarlas; hay divisiones en la Biblia, diferencias entre el Génesis y el Apocalipsis, pero hay también una unidad indiscutiblemente asombrosa. Aunque Dios usó una variedad de personajes, como reyes, poetas y profetas, el hecho es que la Biblia demuestra una unidad que deja pasmado al lector. Aunque una parte se escribió miles de años antes que la otra, es increíble ver en todo ello el gran plan redentor de Dios. El mensaje especial de Dios en la Biblia es específico y personal – presenta el plan redentor de Dios. Jesucristo es el tema principal, es el héroe del libro, el protagonista. El apóstol Juan supo decirlo mejor que nadie: «Éstas [cosas] se han escrito para que creáis que Jesús es el Cristo, el Hijo de Dios, y para que creyendo, tengáis vida en su nombre» (Juan 20:31). Esa es la revelación especial de Dios: trae ante el hombre de todos los tiempos el desafío de Jesucristo. La cuestión más importante es si usted ha encontrado a Jesús en la Biblia. No hay mejor lugar donde encontrarse con Él. ¡Magnífica y especial revelación!

◆◆◆

Cómo leer la Biblia

Texto Clave: *«Toda la Escritura es inspirada por Dios, y útil para enseñar, para redargüir, para corregir, para instruir en justicia, a fin de que el hombre de Dios sea perfecto, enteramente preparado para toda buena obra.»*

II Timoteo 3:16, 17

Objetivo: *Enlistar algunos factores a tomar en cuenta para la lectura eficaz de la Biblia.*

1. La Biblia: el libro más leído de la historia

No cabe duda que el libro más importante que ha existido durante toda la historia de la humanidad es la Biblia. Ciertamente lo es en la civilización occidental. Es imposible calcular lo que sería si la Biblia jamás hubiese existido. Se quiera o no, somos parte de ese libro y de sus enseñanzas singulares. Lo curioso del caso es, sin embargo, que este libro de tanta influencia no siempre ha estado al alcance de todos. Algunos próceres latinoamericanos quisieron ardientemente ponerlo en las manos de todo el pueblo. Algunos escritores de fama mundial, alimentados por el ambiente de nuestro continente, consideraron la Biblia como su primera fuente de inspiración. El presidente de Colombia afirmó en una entrevista reciente que de todas las filosofías que conoce, el Evangelio de la Biblia es su obsesión porque lo considera la verdadera filosofía.

Es por esta razón que resulta increíble que no haya Biblias suficientes para el pueblo. Parece ser el libro menos disponible. En cada país existe una sociedad específicamente creada para publicar y distribuir la Biblia, pero aun estas sociedades tienen dificultades en su labor. Cuando se publican miles de revistas y de volúmenes a bajo precio, el libro más importante escasea. Publicaciones que no valen el papel en que están impresas abundan por todas partes, mientras el libro de todos los libros no se puede conseguir. En una reunión celebrada recientemente en Perú, por ejemplo, había trescientos asistentes – todos ávidos lectores de la Biblia – pero sólo tres de los presentes disponían de su propio ejemplar. Parece mentira que el primer libro impreso por Gutenberg fuese la Biblia, cuando los fantásticos avances modernos no permiten una mayor popularidad de ese libro estupendo. En una nación latinoamericana se ha dispuesto a introducir por lo menos una parte de ese libro en todos los niveles educacionales primarios. Aparentemente las autoridades de ese país reconocen el mérito que ese libro puede tener en la preparación de la niñez y de la juventud de hoy, la ciudadanía del mañana.

2. Cómo leer la Biblia

Hay algo muy importante referente a la Biblia. Hay que saber cómo leerla. No es un libro como cualquier otro, como las obras clásicas de Homero, por ejemplo, o las experiencias de Don Quijote. No es un mero libro de historia de una nación heroica, o la poesía selecta de un pueblo pastoril. Tampoco es de fácil lectura para quien no conoce el trasfondo histórico, los objetivos y la formación de tan excepcional libro. Para leer la Biblia con provecho y evitar los obstáculos que puedan levantarse durante su lectura, conviene recordar algunos factores de suprema importancia.

a. La Biblia debe leerse como una unidad

En primer lugar, la Biblia debe leerse como una unidad. Cierto es que está constituida por dos partes principales, llamadas Antiguo Testamento y Nuevo Testamento. Cierto es también que contienen un conjunto de libros – sesenta y seis en total. Esto significa que la Biblia no puede ni debe leerse como si una parte de ella fuese completa por sí misma. Hay quienes se deleitan en la lectura del Nuevo Testamento, pero sin el Antiguo Testamento lo que se lee en el Nuevo es con frecuencia incomprensible. También hay quienes sólo leen el Antiguo y eso es como abandonar una novela a mitad de camino – uno se queda sin el desenlace del drama. Tampoco puede uno beneficiarse tanto como es posible si tan sólo se leen los Salmos, o las profecías, o las cartas de Pablo. Los salmos son expresiones poéticas de aquellos hombres que conocían la historia de Dios; las profecías son mensajes de parte del Dios que creó el mundo, que lo gobierna soberanamente, y que siempre guió a su pueblo con sabiduría infinita. Las cartas de Pablo tienen raíces profundas en el Antiguo Testamento y vienen a ser la aplicación lógica de esas enseñanzas. La Biblia es una unidad a pesar de su diversidad de autores, tiempos de origen, materia y estilo. El hecho de que la Biblia es una unidad es la primera regla a contemplar.

La Biblia es una unidad a pesar de su diversidad de autores, tiempos de origen, materia y estilo.

b. La Biblia debe leerse como el mensaje de Dios

En segundo lugar, la Biblia debe leerse como mensaje de Dios. Por eso dijo el apóstol Pablo que toda la Escritura es inspirada por Dios. Es aquí donde surge la especialidad de la Biblia. Quien se pone a leer este volumen como leería algún otro libro jamás recibirá los

La Palabra de Dios nos busca con paciencia. Dios habla. Dios inicia el diálogo. Su mensaje nos persigue y nos descubre.

beneficios que podría recibir. La Biblia es la Palabra de Dios. Esto nos deja con algunos corolarios importantes. Significa que debe prestársele muy seria atención. No es la palabra de algún gran sabio que vivió hace siglos, ni de algún iluminado que caminó nuestras sendas, ni de algún superdotado explotador de las masas. Es la Palabra de Dios, y todo ser humano debe prestarle atención. La Palabra de Dios nos busca con paciencia en nuestro gozo o agonía, en la prosperidad o en la pobreza, en fantasías o fracasos, en nuestra juventud o madurez. Dios inicia el diálogo. Dios habla. Su mensaje nos persigue y nos descubre. Dios podría revelarse por medio de relámpagos y truenos, con visiones excelsas de gloria brillante o de cualquier otra manera. Pero en su amor infinito ha resuelto revelarse al hombre por medio de su Palabra bendita. Es posible para el hombre esconderse de Dios, no prestar atención a lo que le dice con amor sin igual, pero esto sólo resulta en pérdida para el hombre, no para Dios. Es nuestra reacción obediente a sus palabras lo que se conoce como «salvación». Si el hombre no responde en obediencia a esas palabras divinas, se pierde eternamente.

Además, el hecho de que la Biblia es el mensaje de Dios, invariablemente resulta en algunos serios problemas para el hombre. ¿Cómo puede Dios hablarle al hombre en términos que su mente ofuscada entienda? Es como si un profesor erudito trata de hacer ver al campesino analfabeto las leyes de la aerodinámica. Es obvio que habrá problemas hasta quizá sin solución, dada la capacidad limitada del lector. Pero Dios en su misericordia nos ha dado un mensaje claro, tan claro como la luz del día, expuesto en términos que el hombre sí puede entender. En su libro Dios ofrece al hombre el

> La Biblia es clara – Jesucristo vino al mundo para salvar al hombre, para abrirle camino y hacer posible el perdón de todos sus pecados.

camino de salvación, de liberación, de realización humana. Habla de Jesucristo como el Camino, la Verdad y la Vida. Alguien podrá no comprender algún pasaje oscuro de las Escrituras, pero aun el más humilde ser humano puede comprender que Jesucristo vino al mundo para salvarlo, para abrirle el camino a una genuina humanidad y para hacer posible el perdón de todos sus pecados. Ese, más que ningún otro, es el mensaje de la Biblia – en Jesucristo hay paz y perdón, hay nueva vida y solución a la profunda problemática humana.

c. La Biblia debe leerse como un libro práctico

En tercer lugar, la Biblia debe leerse como un libro eminentemente práctico. No es vana especulación filosófica o fuente de diversión mental. Pablo dice que esta Palabra de Dios es «útil para enseñar, para redargüir, para corregir, para instruir en justicia, a fin de que el hombre de Dios sea perfecto, enteramente preparado para toda buena obra» (II Timoteo 3:16, 17) La lectura de la Biblia ilumina, corrige errores, introduce la justicia, educa al lector para ser lo que Dios quiere que sea. Si la lectura de este libro no lleva al elector a humillarse ante Jesús, a pedirle perdón por sus transgresiones, a hallar nueva paz en su alma, a ser mejor ciudadano, mejor esposo, mejor padre, mejor obrero o patrón, no se está leyendo como debería. Está, en efecto, perdiendo el tiempo. La Palabra de Dios es como espada de dos filos que corta hasta la médula, pero lo hace para llevar al hombre a las alturas que el pecado le ha quitado. Quien lee la Biblia descubre pronto que su vida debe cambiar; verá que su vida es llevada a regiones de gozo, tranquilidad y seguridad.

d. La Biblia debe leerse con constancia

Finalmente, este libro singular debe leerse como algo cotidiano. ¿Quién, en condiciones normales, pensaría en no comer por una semana? Su cuerpo se debilitaría. La Palabra de Dios es alimento cotidiano para el hombre. El hombre no puede vivir la vida para la cual Dios lo creó sin ese alimento diario. Se verá confuso ante los eventos que lo rodean, no comprenderá el misterio de la vida humana, no tendrá la menor idea de quién es ni de lo que conviene hacer. Su espíritu se atrofiará al punto de ser nulo y, sin saberlo siquiera, será instrumento de las fuerzas del mal que tanto daño hacen a la humanidad.

Para meditar

¿Tiene usted una Biblia en sus manos? Léala. Léala como el mensaje exclusivo de Dios para usted. Dios tiene interés en la humanidad; más aun, Dios tiene mucho más interés en usted, en su persona. Usted necesita la Palabra de Dios, y por eso se la hace llegar. Léala con la certeza de que debe moldear su vida diaria. Léala a diario. Si no tiene Biblia, búsquese una ahora mismo.

Lámpara para nuestros pies

Texto Clave: *«Lámpara es a mis pies tu palabra, y lumbrera a mi camino».*

Salmo 119:105

Objetivo: *Enunciar tres de los grandes temas de la Biblia: la revelación de Dios, Dios trino, y el hombre pecador.*

La poetisa chilena Gabriela Mistral escribió en la portada de su Biblia personal estas palabras: «Libro mío, tu desnudez asusta a los hipócritas y tu pureza es odiosa a los libertinos.» ¡Magníficas palabras de una ilustre ciudadana de las Américas! La Biblia ciertamente asusta a los hipócritas porque los descubre, los desnuda y los expone a los ojos públicos. Es odiosa ciertamente a los libertinos porque los señala inconfundiblemente con el dedo y los acusa por sus actos.

La traducción de la Biblia al español

Tal vez usted nunca ha tenido este volumen en sus manos. Hay millones que jamás han descansado sus ojos sobre esas páginas benditas. Han leído libros, se han enterado de los clásicos, leen los volúmenes de mejor venta en los mercados actuales y atesoran

> La Biblia fue traducida al español por Casiodoro de Reina en 1569, en Basilea, Suiza.

algún viejo ejemplar de sus abuelos, pero no han tenido el privilegio de leer, examinar, releer y digerir el contenido de este libro que ha descendido sobre los hombres desde el lejano cielo como un rocío benéfico. No sería de extrañar, en cierto sentido, si usted no ha leído nunca la Biblia. Este volumen famoso ha tenido una tormentosa historia en los ambientes de habla hispana. Imagínese que la primera traducción al español tuvo que hacerse en el exilio. Se habían hecho algunos esfuerzos extremadamente limitados en años anteriores. El rey Alfonso el Sabio, por ejemplo, había auspiciado una especie de versión hispana, pero no resultó ser más que una débil hispanización de otra Biblia en latín. La primera traducción completa y legítima de este libro al idioma de Cervantes la hizo un monje español llamado Casiodoro de Reina luego de doce años ininterrumpidos de trabajo, durante los cuales sufrió no pocos destierros y persecuciones. Tuvo que viajar por Francia, Inglaterra y finalmente a Suiza. Fue en el año 1569 que la Biblia vió la luz en Basilea, ciudad suiza. Una parte de este libro fue publicada en Londres y la revisión final se publicó en Amsterdam en el año 1602.

La primera edición de dos mil seiscientos ejemplares experimentó un sinfin de dificultades. La Inquisición persiguió a Casiodoro de Reina, y el emperador Carlos V llegó a ofrecer una elevada recompensa por su cabeza. Algunos ejemplares de aquella edición alcanzaron las costas de América pero fueron quemados en plazas públicas.Cuatro ejemplares de esa primera edición – los únicos cuya existencia se conoce – se conservan hoy celosamente en Nueva York, Londres, Buenos Aires y en la ciudad venezolana de Mérida.

Se cuenta la anécdota de un reportero que fue a entrevistar a un gran escritor. Se hizo la entrevista en su sala de lectura. Varios libros suyos habían sido publicados y muchos de ellos habían recibido alabanzas de la crítica literaria. La sala donde se llevó a cabo la entrevista estaba cubierta prácticamente de libros de todo tipo y calibre. Se estimaba que el hombre tenía una colección de varios miles de libros en su sala. Le preguntó el reportero: «Si usted se viese obligado a huir de su casa, digamos, porque va a ser quemada y destruida, y si alguien le dijese que como favor especial usted puede llevarse un libro de todos estos que hay aquí, ¿cuál de todos estos volúmenes se llevaría?». Sin un momento de dudas, el famoso escritor respondió: «La Biblia». Para aquel hombre de libros y de sabiduría, la Biblia era el mejor libro.

Por lo menos una parte de la Biblia ha sido traducida hoy en día a unos mil setecientos idiomas. Su venta ha sobrepasado la de cualquier otro volumen y, aunque perseguido, quemado, y violentamente destruido, todas las fuerzas humanas y diabólicas unidas no han podido borrar de la tierra aquella «desnudez que asusta a los hipócritas y la pureza que es odiosa a los libertinos». En algunos países donde se prohíbe su posesión, hay miles de personas que con paciencia increíble están copiando el mensaje de la Biblia que se lee lentamente para ellos por las ondas radiales. Ningún libro ha tenido la influencia que éste ha tenido en el mejoramiento de ciudadanos, en el progreso de pueblos y en el desarrollo de civilizaciones.

¿De qué trata la Biblia?

a. La Biblia habla de Dios

¿Hay alguna razón especial que pueda mencionarse para explicar este fenómeno universalmente admitido? ¿Es la trama de este libro quizá tan intrigante que todo el mundo quiere leerlo? ¿Podría ser su realismo o su variedad, sus elementos históricos o sus teorías económicas? ¿O es todo esto porque la Biblia es cúspide de índole literaria? Hay dos razones por las cuales este libro es el mejor. La primera es que habla de Dios. ¿Dónde puede usted hallar información sobre Dios, fuera de este volumen excepcional? Cierto es que hay evidencias de Dios en todas partes, si tan sólo uno abre los ojos y limpia la mente. Pero las deformaciones que

> En la Biblia, Dios se muestra y se revela claramente a Sí mismo en términos de comprensión humana.

ocurren en el entendimiento o en la percepción de esa evidencia y en la interpretación que a ella se le dé oscurecen totalmente la realidad de Dios. El hombre no puede ya percibir la realidad de Dios a menos que ese Dios quiera mostrarse a Sí mismo y revelarse en términos de comprensión humana. Eso es lo que, precisamente, encuentra usted en la Biblia – una revelación clara y precisa de Dios.

b. La Biblia habla del hombre

La segunda razón por la cual este libro es el mejor de cuantos han sido publicados es que habla del hombre. Circulan teorías muy variadas sobre esa criatura, sobre sus orígenes, y sobre su esencia o naturaleza. Pero éstas son sólo teorías – divagaciones y excursiones de la fecunda mente humana que gusta viajar por los laberintos de lo que no sabe con certeza. Si usted quiere saber quién es, porqué es como es, de dónde viene y hacia donde va, qué futuro le espera, y cómo debe vivir, la única alternativa que tiene es este libro de Dios para el hombre. Sin su mensaje jamás podrá comprenderse a sí mismo. Pensará que quizá es cierto que surgió de los fangos pegajosos de un lago lejano, y que sus parientes remotos eran los simios. Pensará que no hay gran diferencia entre usted y otros animales que corretean por el mundo, y que un día de estos tanto aquel animal como usted reposarán en la tierra generosa en eterno descanso, y que allí todo termina. Lea usted la Biblia y verá que hay explicaciones más creíbles en cuanto al origen del mundo y de la humanidad.

c. La Biblia habla de sí misma

La Biblia también da opiniones sobre sí misma – muchas opiniones, y todas positivas e interesantes. Una de estas expresiones se encuentra en el Salmo 119, que es un himno de alabanza a la Palabra de Dios. Dice el salmista: «Lámpara es a mis pies tu Palabra, y lumbrera a mi camino» (Salmo 119:105). Usted puede distinguir en esas palabras una buena parte del dilema humano – necesita luz e iluminación; requiere revelación; exige auxilio en su paso por este mundo cubierto de tinieblas. Necesita respuestas a preguntas quemantes; clama en su espíritu porque quiere entender; llora en su silencio porque no sabe; implora en ruegos sollozantes para que alguien le muestre el camino.

> El hombre necesita respuestas a preguntas profundas, llora en silencio por su ignorancia, implora para que alguien le muestre el camino – por eso Dios se ha dignado hablarle a través de la Biblia.

Cristo: la solución que Dios ha provisto para rescatar al hombre de su pecado

¿Qué sabe usted de Dios y qué sabe de sí mismo? Conocer a Dios plenamente, como se puede conocer una célula o una máquina moderna, es imposible para el hombre. Hay una gran diferencia entre el Creador y la criatura, la diferencia entre santidad y pecado, pero todo lo que el hombre necesita saber de Dios se encuentra claramente catalogado en la Biblia. Usted puede ver allí el magnífico poder de Dios que con su Palabra creó cielos y tierra y todo cuanto en ellos existe. Usted puede descubrir allí el horror en el rostro divino al ver la desobediencia y la caída humana. Usted puede ver en las páginas de la Biblia el profundo amor de Dios, plasmado en el hecho de derramar la sangre inocente de su Hijo para redimir, curar y transformar a ese hombre que había creado a su propia imagen. Usted puede ver también al hombre – su magnífica creación como rey supremo del universo, su descenso vergonzoso a los abismos del orgullo personal, su degeneración paulatina pero segura, y su evolución negativa. Y puede ver en la Biblia la increíble restauración de una humanidad avergonzada y su ubicación en el pedestal de una nueva vida por medio de Cristo Jesús. ¿Qué otro libro puede pintarle semejante cuadro?

Un libro estupendo

Texto Clave:	*«Más que todos mis enseñadores he entendido, porque tus testimonios son mi meditación.»* *Salmo 119:99*
Objetivo:	*Destacar la excelencia y la autoridad de las Santas Escrituras.*

Introducción: ¿Sabios sin sabiduría?

Decía un erudito de antaño que «no hay fin de ha-cer muchos libros». Cada semana se publican miles y miles de nuevas páginas para el público lector. Hay libros de fantasía pura y de ciencia; hay libros de poemas, ensayos, novelas y libros de texto. Los diarios más o menos respetables tienen sus ediciones dominicales con suplementos y secciones sobre los temas de más interés general Y sin embargo, parece como que cada día hay más ignorancia, ciertamente más insensatez y más amenazantes augurios para el futuro. El porcentaje de conocimientos humanos que posee el erudito de hoy ha bajado dramáticamente comparado con el docto de hace mil años. La pregunta que persiste, sin embargo, es esta: ¿Cómo es que cuando la gente sabe tanto, le falta sabiduría?

Usted sabe que hay una diferencia enorme entre el conocimiento humano y la sabiduría. Se puede saber mucho pero no ser sabio, y se puede también ser sabio sin tener profundos conocimientos. Tal vez usted mismo ha visto un hombre muy docto y muy inteligente que de sabio tiene poco, o alguien que poco sabe pero que es envidiosamente sabio en su conducta cotidiana. ¿Por qué falta sabiduría cuando hay tanto que leer y tanto que aprender?

La Biblia: El libro por excelencia – de Dios para el hombre

Una parte de la respuesta es que la gente no ha leído un libro excepcional que circula por este mundo. No hay libro como éste tanto en su origen como en su contenido. Es verdaderamente un libro estupendo. Quien no lo haya leído está pobremente educado aunque tenga doctorados, y el más humilde ciudadano de la tierra puede ser un genuino sabio si toma en cuenta lo que este libro contiene. Puede usted llamarlo «el libro de los libros» y «el libro por excelencia»; es la Biblia, o las Santas Escrituras En todo caso, se trata de un libro estupendo.

Lo estupendo de este libro no reside en el número de páginas – que son unas cuantas. Tampoco está en los efectos que su lectura ha tenido en la vida de miles y miles. Lo estupendo de la Biblia no está siquiera en las consecuencias sanadoras y positivas que ha derramado sobre las sociedades humanas que la han tenido a su alcance. Lo estupendo de este libro está en que es el único y gran libro de Dios para el hombre; es el mensaje del Creador para su criatura; es el manual de instrucciones para el hombre creado a la imagen y semejanza de Dios.

1. La Biblia indica al hombre cómo debe conducirse con respecto a Dios

La Biblia es, verdaderamente, un libro notable. Ha existido ya por miles y miles de años. Ha sobrevivido tormentas violentas e inundaciones de oposición humana y ataques ponzoñosos de enemigos poseídos por las furias. Estos detalles históricos por sí solos

> La Biblia es el mensaje de Dios para Sus criaturas. Tiene valor para el hombre moderno, para el ama de casa, para el obrero de la fábrica, para todo hombre y mujer a través de la historia.

hacen de la Biblia ya un libro estupendo. Pero uno puede hablar en términos mucho más definitivos y específicos porque la Biblia habla de Dios, de cómo Dios es, de las cosas que Dios ha hecho. Pero más que todo eso, habla de lo que el hombre debe ser y cómo debe conducirse con respecto a Dios. Lamentablemente, mucha gente ha creído por mucho tiempo que la Biblia es una revelación de lo que es Dios, y que resultaría muy buen libro para quienes estudian a Dios en lo abstracto. No creen los tales que es de valor alguno para el hombre moderno, para el hombre de negocios, para el ama de casa, para el obrero en la fábrica, para el intendente o el Secretario de Agricultura o el Presidente de la República. ¡Qué ceguera profunda la que el diablo ha impuesto a sus míseros cautivos!

2. La Biblia plasma la grandeza y la majestad de Dios

La Biblia es un libro estupendo ciertamente porque demuestra en líneas categóricas la grandeza y la majestad de Dios, sus actos milagrosos y sus planes para el futuro. Y es mucho más estupendo todavía cuando usted piensa que la Biblia establece lo que el hombre debe hacer en relación a ese Dios, qué le debe a Dios, y qué es lo que ese Dios demanda de sus criaturas. Hay páginas de historia heroica y de poemas que inspiran, pero hay también una dosis saludable de las responsabilidades humanas para con Dios. Lamentablemente, el hombre moderno no siente esta responsabilidad y por eso su sabiduría se ha convertido en mero conocimiento. Sus experiencias no le dejan beneficio alguno y sus temores del futuro sólo pueden extenderse. ¿Cree usted que el hombre es una cáscara de nuez sobre las olas espumosas del océano de la vida? ¿No cree usted que el ser humano ha sido puesto donde está por alguna razón un poco más sublime que su comer y dormir, y edificarse casas y cuevas? ¿Qué sabe el hombre moderno de su responsabilidad sin escape para con su Dios? ¿Qué sabe usted de esto? Sólo la Biblia puede darle una idea de estas cosas y enseñarle al hombre lo que le debe a Dios. ¡Estupendo libro!

3. La Biblia explica la naturaleza humana

Dice también la Biblia lo que es el hombre – no lo que el hombre piensa de sí mismo, ni lo que otros hombres piensan del hombre, ni lo que algún sistema filosófico y ateo piensa del hombre, sino lo que es el hombre. Este libro es la autoridad máxima en esta materia y todos los ensayos de la tierra sólo pueden fracasar por comparación. El hombre poco derecho tiene de hacer comentarios sobre sus congéneres porque apenas se entiende a sí mismo. Menos aún puede el hombre expresarse con respecto a sí mismo porque le falta objetividad. Los sistemas filosóficos que nacen cada dos por tres en la historia adolecen de las mismas debilidades que las opiniones del hombre porque tales sistemas son más humanistas todavía que el hombre mismo. Si usted quiere saber lo que es el hombre genérica e históricamente y entender todo el potencial de su genio maravilloso, tiene que conocer el mensaje de este libro estupendo que ha llegado a designarse como la Biblia.

4. La Biblia está llena de doctrina y de práctica

Hay mucha ciencia en este libro estupendo. Usted lee de cómo se inició la materia, el mundo y el hombre. Hay mucha historia en sus páginas. Usted lee de hazañas divinas y vergüenzas humanas. Habla de doctrinas humanamente inexplicables. Usted lee de un nacimiento virginal, y de un Cristo que era Dios y hombre al mismo tiempo; usted lee del milagro del nuevo nacimiento, del crecimiento en la fe y de un juicio que vendrá. Esto, por sí solo, sería suficiente para declarar que la Biblia es un libro estupendo.

Quien se ha declarado a favor de Jesucristo tiene que demostrarlo en su forma de vivir. El cristianismo es un desafío ético para los creyentes en todo el mundo.

Sin embargo, la Biblia es libro estupendo porque puede descender de aquellos niveles altísimos a los niveles donde usted vive diariamente. En la epístola de Santiago, por ejemplo, encuentra usted una serie de lecciones prácticas, sencillas, poderosas para la conducta humana en el mundo. Esta epístola se ha llamado la Epístola Universal porque habla su mensaje a todos los creyentes del mundo, sin distinciones de raza, sexo o tiempo. Quien se haya declarado a favor de Jesucristo tiene que demostrarlo en su forma de vivir, en lo que hace y deja de hacer. Esta epístola no es una discusión teológica que solo los expertos podrían entender, sino un desafío ético para todos los cristianos del mundo. No se habla en toda la epístola del nacimiento de Jesús, ni de su resurrección, ni del evangelio, ni de la salvación. Sólo se habla de lo que deben hacer quienes saben ya de Jesucristo y se creen salvados por Él. Esta porción de este libro estupendo describe la conducta del creyente, y no tanto su credo.

Se ha acusado frecuentemente al cristianismo de encerrarse en sus templos o de vivir la vida ermitaña. Tal vez estas cosas han manchado el cuadro de la fe cristiana en el mundo. Pero si todos los cristianos del mundo pusiesen atención a la totalidad del mensaje bíblico, se produciría una verdadera revolución del espíritu humano.

No habría los que gritan doctrinas y más doctrinas sin jamás poner sus doctrinas en práctica. Y no habría quienes pretenden hacer bien y portarse como niños modelos y poner contento a Dios, mientras descartan totalmente lo que Dios enseña en su Palabra. La Biblia debe tomarse como libro íntegro – revela tanto doctrina como conducta; enseña la verdad y luego aconseja vivirla.

Para meditar

¿No cree usted que este es ciertamente un libro estupendo? Ya en tiempos antiguos podía el salmista afirmar que «más que todos mis enseñadores he entendido; porque tus testimonios son mi meditación» (Salmo 119:99). Este libro estupendo es lo que usted necesita para orientarse hacia el gozo eterno.

Las cartas de Dios

Texto Clave: *«Porque lo que de Dios se conoce les es manifiesto, pues Dios se lo manifestó».*

Romanos 1:19

Objetivo: *Exponer las formas en que Dios ha hablado y se ha revelado al hombre: a través de su creación, de las Sagradas Escrituras, y del testimonio de los que creen en Él.*

Introducción: «Yo no he visto jamás a Dios»

Hablando con alguien hace unos días, me decía en respuesta a nuestras afirmaciones: «Usted me habla de Dios; que Dios hizo esto, y que Dios es así. Pero ¿quién es Dios? ¿Le ha visto usted alguna vez? Yo por lo menos jamás lo he visto.» Puede ser que esta persona no haya visto a Dios en ninguna parte – pero lo dudo sinceramente. Lo dudo porque Dios ha enviado al mundo no una, sino varias cartas por medio de las cuales se da a conocer a Sí mismo. Hay quienes niegan esta verdad, pero eso es porque están tan ciegos ya que no pueden leer. Y si leen, sus mentes están tan ofuscadas que no entienden lo que leen. ¿Qué haría usted si recibiese una carta del Presidente de

> No hay ser humano que pueda esconderse bajo el argumento de «Yo no he visto jamás a Dios.» La naturaleza entera es una carta de Dios dirigida a los hombres.

su país? ¿La dejaría a un lado hasta que tuviese tiempo de leerla, o destruiría quizá la carta de inmediato sin siquiera leerla? Esto es lo que millones y millones han hecho con las cartas de Dios, cartas en las que Dios se revela a Sí mismo; cartas en las que Él nos da su mensaje; cartas en las que podemos ver lo que Dios es y así llegar a comprender nuestra propia esencia, nuestra condición y nuestro destino.

1. La primera carta de Dios: la creación

Toda la naturaleza nos habla de Dios en términos claros y con voz potente. La Biblia dice que «los cielos cuentan la gloria de Dios, y el firmamento anuncia la obra de sus manos» (Salmo 19:1). El apóstol Pablo afirma que «las cosas invisibles de Él, su eterno poder y deidad, se hacen claramente visibles desde la creación del mundo, siendo entendidas por medio de las cosas hechas, de modo que no tienen excusa» (Romanos 1:20). ¿Cómo puede el hombre moderno justificar su ignorancia de Dios, su indiferencia al Ser supremo, su actitud completamente pasiva frente al Creador? En efecto, no hay ser humano que pueda esconderse tras ese superficial argumento, porque la Palabra de Dios dice específicamente que la naturaleza entera es una carta de Dios dirigida a los hombres, «de modo que no tienen excusa».

Contemple usted la majestad del globo terrestre, los espacios infinitos que el hombre ha comenzado a explorar, las imponentes montañas y los ríos caudalosos, las estaciones del año y los astros que pueblan nuestro cielo. ¡Usted está leyendo una carta enviada por Dios! La historia es una carta de Dios a la humanidad escrita con caracteres indelebles y brillantes. En efecto, es necesario ser totalmente ciego para no ver en la marcha de los siglos y en los sucesos que conmueven las bases mismas del desarrollo humano, la mano impotente del Dios soberano. Las preocupaciones lógicas del hombre son los eventos que rodean su vida misma, y es con relación a estos sucesos contemporáneos que el hombre muchas veces duda de Dios y de su interés directo en la marcha de la historia. Esto se debe puramente al corto alcance de la mirada humana. El hombre ve, analiza, estudia, pero ve solamente lo que le concierne directa y personalmente. Trata de analizar el árbol, olvidando que sólo está mirando la incipiente semilla.

La historia es la relación entre suceso y suceso en épocas pasadas, y no lo que está sucediendo actualmente. Así comprendida, la historia es una carta en la que Dios hace ver al hombre su interés personal en el mundo, sus designios maravillosos y su sabiduría incomparable. Al leer la historia del pueblo judío, por ejemplo, es inevitable la conclusión de que este pueblo antiguo existió por una sola razón: Dios quería hacer llegar al mundo su glorioso mensaje que requería un proceso histórico y educativo, un mensaje que sería para todo el mundo. Cuando la fe cristiana comenzó a difundirse por el mundo, hubo una ola de severas persecuciones en la tierra de Palestina. Por cierto, eran días aciagos para los seguidores de Cristo, y posiblemente más de uno se habrá preguntado si Dios realmente existía y obraba en el mundo. Pero leemos en Hechos 8:4 que «los que fueron esparcidos iban por todas partes anunciando el Evangelio». Dios, en su infinita gracia, estaba usando esta triste dispersión de los suyos para llevar su glorioso mensaje hacia regiones alejadas donde también estaban los que serían salvos. Y como éste, hay miles de ejemplos en la historia por medio de los cuales Dios hace ver su voluntad, sus deseos, sus designios y sus

La historia es una carta en la que Dios hace ver al hombre su interés personal por el mundo, sus designios maravillosos y su sabiduría incomparable.

planes. Sólo los ciegos y los esclavos del padre de mentira pueden afirmar que no es posible ver a Dios.

Sin embargo, encontramos aquí una seria dificultad. Dios se manifiesta ciertamente por medio de la naturaleza y los eventos de la historia. Pero la confusión humana generada a raíz del pecado y la degeneración del pensamiento humano hacen que los poseedores de tales conocimientos los tergiversen completamente. Así, por ejemplo, nos dice el apóstol Pablo que «habiendo conocido a Dios, no le glorificaron como a Dios, ni le dieron gracias, sino que se envanecieron en sus razonamientos, y su necio corazón fue entenebrecido. Profesando ser sabios, se hicieron necios» (Romanos 1:21, 22). Tan insensatos, en efecto, se han tornado miles y millones de seres humanos que muchos de ellos han llegado a profesar un inexplicable ateísmo, negando con sus palabras profanas la existencia misma de Dios. Esto es, por supuesto, el grado sumo de insensatez – en lo profundo de su ser el hombre admite siempre que hay algo en su corazón, aunque con sus palabras trate de convencer a otros de su ateísmo. Aún los ruidosos ateos modernos traicionan sus convicciones al luchar furiosamente contra todo lo que sea religión. Si Dios no existe, si Dios es un producto de la imaginación, si Dios no actúa en la historia, ¿por qué se ensañan los ateos contra Él? ¿No se llega a lo ridículo al ver a esta gente en batalla contra alguien que no existe? Don Quijote, de literaria estirpe hispana, por lo menos combatía contra molinos de viento que él tenía por cierto que existían, pero estos modernos y míseros seres pretenden hacer creer que están consumiendo su vida entera, su energía y su tiempo, luchando contra algo que dicen ni existir siquiera. Lo hacen porque profesando ser sabios, se tornaron insensatos. ¡Qué triste cuadro presentan esos miles que viven sin una idea aproximada por lo menos de Aquel a quien deben la vida misma!

2. La segunda carta de Dios: La Biblia

Fue precisamente a raíz de esta degeneración del pensamiento humano con respecto a Dios que Él, en su providencia, envió aun otra carta a la humanidad. Está contenida en las Sagradas Escrituras, en las cuales, efectivamente, Dios se ha dado a conocer en

> La Biblia es la carta de Dios en la que nos hace ver cómo Él preparó el terreno y la historia para el momento en que enviaría a Su Hijo para obrar la redención del hombre.

toda su sabiduría, en su resplandeciente santidad y en su maravillosa gracia. Al leer las páginas de este sagrado libro, el lector se ve atraído hacia su Creador – este relato revela, paso a paso, el profundo amor de Dios para con la humanidad caída en hondo pecado. Esa carta nos hace ver cómo Dios preparó el terreno y la historia para ese momento decisivo en que enviaría a su Hijo Unigénito para obrar la redención. Vemos en esa carta viviente la imagen de Aquel que es la exacta expresión de la sustancia de Dios, y quien es «el resplandor de su gloria» (Hebreos 1:3). Gracias a la revelación divina en la Biblia es posible para el hombre de hoy conocer a Dios de tal manera que su posición de pecador perdido y destinado al sufrimiento eterno se convierta en posición de pecador redimido, restaurado a su pedestal de gloria y destinado a la sempiterna luz del cielo.

¿No siente usted en su fuero interno la voz de Dios que lo llama al arrepentimiento? Ese es el objetivo principal por el cual el Dios omnipotente nos permite hablarle por este medio. Dios quiere darse a conocer al ser humano, quiere redimirlo de su triste situación, quiere hacerlo volver de los caminos perdidos al sendero de salvación, y para ello utiliza todos los medios disponibles. La naturaleza habla de su poder y de su gloria; la historia revela sus designios sabios, y su Palabra bendita hace conocer su amor infinito.

3. La tercera carta de Dios: los creyentes

Y hay una última carta en la que Dios se dirige al hombre. Son los creyentes, los que conocen a Dios no solamente como Creador sino también como Salvador, los que han sido restituidos a lo que el hombre era cuando Dios lo hizo. Escribiendo a los corintios dice

> Los que han sido redimidos por la obra de Cristo son un testimonio vibrante de la obra de Dios. Ellos quieren ser evidencia del poder de Dios que transforma vidas.

el apóstol Pablo, «sois carta de Cristo... escrita no con tinta, sino con el Espíritu del Dios vivo; no en tablas de piedra, sino en tablas de carne del corazón» (II Corintios 3:3). Los millones y millones que han sido redimidos por la obra de Cristo son un testimonio vibrante de la obra de Dios, y de ello queremos ser evidencia para que los que viven todavía sin conocer a Dios, puedan descubrirle también. Dios se ha manifestado ante usted; de eso no cabe duda alguna. La pregunta es, ¿qué hará usted con estas cartas de Dios? ¿Las dejará a un lado hasta que tenga tiempo de leerlas, o las destruirá sin siquiera intentar su lectura? Recuerde, quienquiera que usted sea y dondequiera que vaya, de día y de noche, recuerde esto: Dios le ha enviado cartas, y espera de usted una contestación.

◆◆◆

SERIE II

¿Hay errores en la Biblia?

Texto clave: *«Abre mis ojos, y miraré las maravillas de tu ley».*

Salmo 119:18

Objetivo: *Subrayar que el estudio adecuado de la Biblia debe siempre considerar el contexto de sus pasajes y las circunstancias bajo las cuales fue escrita.*

Introducción

En el año 1631 se publicó un ejemplar de la Biblia que contenía un serio error. Al imprimirse, alguien se olvidó de escribir la palabra «no» en uno de los mandamientos de Dios. Así es que el versículo 14 de Éxodo 20 decía «Cometerás adulterio». Obviamente, fue un error involuntario. La imprenta que cometió semejante error recibió una buena multa, y esta Biblia impresa llegó a conocerse como «la Biblia pecadora». Probablemente hubo quienes preferían esta nueva versión de la Biblia a las otras, pero nadie duda lo que la Biblia enseña con respecto al adulterio.

Hay gente que siempre anda en búsqueda de errores en la Biblia. Parece que esa es su gran obsesión y su personal responsabilidad. Escudriñan las páginas sagradas, analizan su significado, comparan pasajes paralelos para ver si, por casualidad, descubren algún error. Usted puede leer artículos muy doctos que tratan de demostrar los errores y las contradicciones que esta gente ha encontrado. ¿Tienen razón estos ensayistas y escritores? ¿Hay errores en la Biblia? ¿Contiene contradicciones inexplicables?

Las aparentes contradicciones en la Biblia – considérese las circunstancias y el contexto

Se dice que hay un caso en que la Biblia enseña puntos de vista totalmente opuestos y que, en consecuencia, la hacen contradictoria e imposible de aceptar. En un pasaje se aconseja u ordena a los lectores que amen a sus enemigos y que oren por ellos, ya que Jesucristo mismo amó a los hombres cuando aún eran pecadores. En otros pasajes, sin embargo, usted ve creyentes que le piden a Dios que destruya a sus enemigos. ¿Qué enseña, pues, la Biblia: que se ore por los enemigos o que se pida su destrucción? ¿O es que la Biblia se contradice en una forma tan clara y categórica? ¿Hay errores en la Biblia?

En primer lugar, usted debe tomar en cuenta las circunstancias de cada caso. Hay momentos en la historia de los pueblos, de las comunidades, y de las personas en los que la paciencia divina ha llegado a sus límites. Dios tiene sus planes de acción y ha dado al hombre vastas oportunidades, pero cuando el hombre se convierte en un obstáculo en los designios de Dios, llega el momento de la acción divina. El hombre se cree inmunizado contra los castigos divinos, pero esto es un autoengaño ya que la palabra de Dios y la historia claramente demuestran que el pecado recibe, al fin de cuentas, su adecuado castigo. Cuando llega el momento del castigo merecido, Dios ciertamente ha de aplicarlo con todo su severo sentido de justicia. Pero hay también momentos de misericordia y de

> El estudio de la Biblia requiere un análisis objetivo del contexto, de las circunstancias y de la situación histórica del pasaje.

compasión benigna; momentos en que hay oportunidad de arrepentirse, de volverse del error y de ser perdonado.

Además de esa diferencia en circunstancias, uno debe diferenciar claramente entre lo que podría ser venganza personal y los castigos de Dios. Dios jamás ha concedido al hombre derecho alguno de vengarse por sí mismo o de ejecutar su propia justicia. Usted no puede vengativamente dañar a su prójimo o a su enemigo por daños que le ha causado a usted personalmente. Toda forma de venganza es provincia exclusiva de Dios. El mandamiento clarísimo de Dios a sus criaturas es amar y perdonar a quienes le hacen daño o le causan problemas. Usted puede estar plenamente seguro de que si alguien debe recibir castigo, Dios lo castigará a su propio tiempo, en su justo lugar y de su más adecuada forma. Las enseñanzas bíblicas son claras en cuanto al trato de los enemigos. Esto no es un error en la Biblia. Sólo requiere un análisis objetivo del contexto y de la realidad total.

Algunos conceptos bíblicos sobrepasan el razonamiento humano

Hay otra fuente de problemas en la Biblia, por lo menos para quienes buscan estos tipos de conflictos. Dicen que contiene cosas muy difíciles de entender, cosas que, en efecto, no se pueden comprender. ¿Cómo puede el hombre concebir, por ejemplo, el nacimiento de Jesucristo de una madre virgen? ¿O cómo puede alguien entender a un Dios que es uno sólo pero que se revela en tres Personas distintas? Así hay muchas otras cosas en la Biblia que la gente cree que son difíciles de entender e imposibles de aceptar. Esto no debe extrañar a nadie. Imagínese usted que el conocido apóstol Pedro tuvo el mismo problema en sus días. En su epístola de Segunda de Pedro menciona a sus amados lectores lo que había escrito el santo apóstol Pablo. Pablo escribió una gran parte del Nuevo Testamento – cartas personales, doctrina e historia. Ahora bien, Pedro admite que entre las cosas que Pablo escribía «hay algunas difíciles de entender, las cuales los indoctos e inconstantes tuercen... para su propia perdición» (II Pedro 3:16). Cierto es que entre las cosas que usted encuentra en la Palabra de Dios hay algunas que son muy difíciles de entender y que se prestan a distintas interpretaciones; unos pueden verlas de una manera y otros de otra.

¡El mismo Pedro reconoce que su colega Pablo escribía cosas así! El apóstol Pablo mismo en su magnífica carta a los corintios manifiesta este sentir: «Ahora vemos por espejo, oscuramente; mas entonces veremos cara a cara. Ahora conozco en parte; pero entonces conoceré como fui conocido» (I Corintios 13:12). Si tanto Pedro como Pablo reconocieron sus límites de comprensión, ¿no es demasiada exigencia creer que usted debe entenderlo todo?

El mensaje principal de la Biblia es claro

Mucho mejor sería echar un vistazo al otro lado de las cosas. Considerando lo impactante del mensaje bíblico y los pasajes difíciles de interpretar que la Biblia contiene, lo extraordinario no son las diferencias de opinión que han surgido a lo largo de los siglos, sino la enorme cantidad de gente en todo el mundo que está completamente de acuerdo con las enseñanzas bíblicas. Referente a los grandes conceptos de la familia, por ejemplo, poco importa de qué parte del mundo sea la persona o cuál sea su edad o su educación, todos están de acuerdo en que la Biblia enseña que el matrimonio es indisoluble y que los hijos son heredad preciosa de Dios; se está de acuerdo en el deber de educarlos según los preceptos de Dios. Cierto es que a veces hay algunas diferencias entre aquellos que someten sus ideas a las de la Biblia, pero esas diferencias son siempre de mínima importancia. Si usted va a cualquier parte del mundo y encuentra a alguien que cree en la Palabra de Dios, puede estar casi seguro de cuál será su tabla de valores, su lista de prioridades, y su estilo de vida. Son muchas más las cosas que unen a estos creyentes de toda nación, tribu, raza y lengua que las diferencias que puedan tener.

Tal vez usted quisiera poder entender perfectamente bien todas las cosas que se leen en la Biblia, cada pasaje y cada texto, pero no debe olvidar que el mensaje principal de la Escritura es perfec-

He aquí la claridad del mensaje de Dios, sin errores ni contradicciones: «Si confesares con tu boca que Jesús es el Señor, y creyeres en tu corazón que Dios le levantó de los muertos, serás salvo.»

tamente claro. ¡Qué triste que algún alma perdida se vea privada de la luz del mensaje de Cristo por andar buscando entendimiento completo de todas las enseñanzas bíblicas! Hay muchas cosas que no se pueden entender en la vida, pero no por eso se las abandona sin decir más. Triste sería que usted se perdiese el gran mensaje bíblico por preocuparse demasiado con supuestos errores, contradicciones, o con cosas que parecen difíciles de entender. He aquí la claridad del mensaje de salvación que la Biblia presenta: «Si confesares con tu boca que Jesús es el Señor, y creyeres en tu corazón que Dios le levantó de los muertos, serás salvo» (Romanos 10:9). ¡Qué magnífica realidad! ¡Hay perdón para sus pecados! ¡Hay salvación para usted! Ese mensaje no es difícil de entender; ese mensaje no se contradice en ninguna parte de la Biblia; ese mensaje no es un error sino la única verdad digna de mencionarse, repetirse y recalcarse.

¿Sabe usted quiénes son los que parecen encontrar toda clase de errores en la Biblia? Los que siempre andan buscando tales cosas. Miles y miles de seres humanos deleitan sus almas con este libro y su mensaje, pero hay unos pocos que lo que buscan no es deleitarse en la Palabra, sino tergiversarla. Son personas que no buscan quien los guíe o les muestre el camino; creen ellos sabérselo ya mejor que nadie. Son gente que está buscando la forma de evadir y esconderse de Dios. No quieren verse frente a Jesucristo porque le tienen cierto temor y recelo; creen no tener necesidad de un Salvador. La gente que se pasa la vida buscando errores en la Biblia comete un grave error. Estas personas se hacen jueces de lo que la Biblia dice en vez de permitir que sea la Biblia quien los juzgue a ellos. Viven sin el consuelo que la Biblia ofrece, sin la paz de Dios, y sin la presencia de un Padre Celestial que los cuide diariamente. ¡Eso sí es un error!

◆◆◆

Los errores de la Biblia

Texto clave: *«La palabra de Dios… vive y permanece para siempre.»*

I Pedro 1:23

Objetivo: *Afirmar categóricamente que la Biblia es la infalible Palabra de Dios.*

Introducción

El eminente filósofo francés Voltaire predijo hace mucho tiempo que en cien años la Biblia estaría totalmente fuera de moda y desacreditada. ¡Habrá sido inteligente y docto, pero en esto sí que se equivocó a lo grande! Este libro sigue siendo extremadamente popular. Algunas porciones selectas se han publicado en cantidades que marean. Nuevas traducciones y versiones aparecen con velocidad vertiginosa. Eminentes estudiantes y hombres de fama internacional citan sus pasajes, y sin embargo, hay quienes sinceramente creen que no deben aceptar lo que la Biblia dice porque la Biblia contiene serios errores.

¿Será cierto que hay errores en la Biblia? Esto es cortante, pero así contesta esta pregunta un famoso filólogo bíblico: «Muchas de las discrepancias o diferencias aparentes existen sólo en la imagi-

> La Biblia es infalible en sus enseñanzas y sin errores de ninguna clase. Las supuestas contradicciones pueden ser fácilmente resueltas con un poco de estudio cuidadoso.

nación de escritores escépticos y pueden atribuirse a malentendidos perversos de críticos interesados.» No hay libro que haya sido atacado con más frecuencia y con mayor violencia que la Biblia, pero tampoco hay libro que haya tenido más y mejor influencia sobre la humanidad entera a través de la historia. Un conocido historiador inglés da comienzo a uno de sus volúmenes sobre la historia de Inglaterra con estas palabras: «El cambio moral más extraordinario que jamás le haya llegado a cualquier país, le llegó a Inglaterra durante el reinado de Isabel a partir del Parlamento Largo. Inglaterra pasó a ser un pueblo del libro, y ese libro era la Biblia.» La Biblia trae luz y despierta conciencias. Pero hay quienes se excusan de prestarle atención porque dicen que contiene errores.

La Biblia – infalible en sus enseñanzas

No cabe duda que los llamados errores de la Biblia son ficticios y aparentes. No hay uno solo que, luego de un poco de estudio cuidadoso y objetividad común, no pueda ser fácilmente resuelto. La Biblia es un libro viviente; fue escrito a lo largo de siglos, no en meses. También es necesario recordar la variedad inmensurable de escritores que fueron usados para dar forma a este mensaje del cielo. Algunos fueron poetas, otros reyes; algunos eran gente de estudio, y otros pescadores; hubo apóstoles y pastores de ganado. Además, ¿no cree usted un poco vanidoso eso de que si algo no se entiende hay que tildarlo automáticamente de erróneo? Al fin de cuentas, ¿quién es este pusilánime ser que se vuelve juez infalible de conceptos que provienen del mismo cielo? ¿No cree usted posible que lo que parece una contradicción no es otra cosa que falta de profundidad de pensamiento? Sería sumamente dificil aceptar las divagaciones desorientadas de algún seudo estudiante cuando la realidad demuestra que hay miles y millones de excelentes ciudadanos en todo el mundo que afirman abiertamente que la Biblia es una maravilla extraordinaria, sin reservas mentales ni prejuicios. Esta misma gente afirma con igual entusiasmo que la Biblia, toda la Biblia, es la Palabra de Dios – infalible en sus enseñanzas y sin errores de ninguna clase.

> El hombre prefiere dar curso a su rebeldía natural en contra de Dios, y ubicarse en el pedestal de sus propios juicios y opiniones. En su conciencia teme al Dios que se revela en las páginas de la Biblia.

Piense usted en el calibre de quienes proponen estos errores de la Biblia. ¿Quiénes son los que se atreven a semejante aseveración? En términos generales, se trata de personas que de antemano no tienen interés alguno en este libro. No deja de sorprender el hecho de que mucha gente que no quiere saber nada de la Biblia consume tiempo al intentar demostrar que la Biblia contiene errores. ¿Será esto una avenida psicológica que justifica sus decisiones peligrosas? En otros casos se trata de gente que ha estudiado muy poco estas cosas, y que no considera el contexto, la situación histórica ni las circunstancias que reinaban cuando la Biblia fue escrita. En muchos otros casos, los que propagan la idea de que hay errores en la Biblia son personas con intereses creados: quieren defender ideas o sistemas obviamente contrarios a lo que enseñan las Sagradas Escrituras.

Usted sabe que la gran mayoría de la gente rechaza el mensaje bíblico. Piense usted por un momento en el porqué de las cosas. ¿Por qué será que hay gente que tiene tanto interés en demostrar que la Biblia contiene errores? ¿Por qué las personas gastan tanta energía y consumen tanto tiempo en algo que ellos mismos creen es erróneo y sin fundamento? No es porque la Biblia contiene errores, sino más probablemente porque no creen su mensaje, porque le tienen miedo al Dios que se revela en sus páginas. En lo más hondo de su ser, sus conciencias les dicen que la Biblia es, efectivamente, la Palabra de Dios, un mensaje que el hombre necesita y debe aceptar y poner en práctica. Pero en los recintos amplios de su mente el hombre prefiere dar curso a su rebeldía natural contra Dios, y ensoberbecerse y ubicarse en el pedestal de sus propios juicios y opiniones. Intelectualmente rechazan lo que sus corazones requieren para obtener paz y salvación.

La singularidad de la Biblia

Estos supuestos errores de la Biblia son, en última instancia, apreciables bendiciones. Demuestran que la Biblia no es el producto de algún impostor inteligente que quiso dominar a la humanidad. Mantienen en estado de alerta a quienes se dedican a su estudio y examen. Obligan a quienes adoptan este libro como el estandarte de sus vidas a estudiarlo e investigar su contenido. ¿No cree usted lógico y natural que un libro que fue escrito por inspiración del mismo cielo contenga algunos conceptos inalcanzables para la mente limitada del ser humano? Dios, en su infinita sabiduría e inteligencia, quiso comunicar a un mundo sordo y ciego su mensaje de resonancia y brillo celestial. En la Biblia, sin embargo, en vez de errores usted encuentra extraordinarias maravillas.

a. El maravilloso origen de la Biblia

La primera es la de su formación. La Biblia se compiló a través de largos centenares de años y por intermedio de diversos escritores. No hay libro que pueda compararse en su formación y orígenes. Vea usted la maravilla de su unidad. Aunque escrito a lo largo de tanto tiempo por una pluralidad de autores, el mensaje bíblico es maravillosamente único en la historia del plan divino para salvar al hombre. Piense usted en la maravilla de la edad de las Escrituras. Son antiguas, por cierto, y al mismo tiempo son extraordinariamente modernas y contemporáneas en popularidad y contenido. Fíjese usted en la maravilla de su venta: no hay ni ha habido jamás un libro que se venda y se publique en mayores cantidades e idiomas que la Biblia. Hoy mismo y en todo el mundo hay millones de personas que desean este libro casi tanto como su pan diario.

b. La Biblia es una pieza de literatura única

Esto lleva a otra maravilla humanamente inexplicable: el interés que la Biblia despierta entre las multitudes del mundo, sin distinciones de nacionalidad, clase social, sexo o raza. No es tan sólo que la gente compra este volumen, sino que también lo lee y lo estudia. Contemple usted la maravilla de su lenguaje: contiene poesía apasionada, prosa magnífica, historia irrefutable y narración jamás igualada.

c. La preservación de la Biblia a través de la historia

Una maravilla más: la conservación de la Biblia a través de los siglos. Miles de ejemplares han sido quemados en hogueras. Ha sido un libro terminantemente prohibido por autoridades civiles y religiosas a través de la historia en todo el mundo. Hoy mismo, hay lugares donde se castiga con cárcel a quien sea sorprendido con un ejemplar de las Santas Escrituras. Dice un autor: «No hay división de ejército alguno que haya ganado las batallas que ha ganado la Biblia. Ninguna fortaleza ha sufrido tan largos sitios como la Biblia. Ninguna peña ha sido tan castigada por los huracanes y sacudida por las ráfagas del viento. Y aún se encuentra firme y fuerte.»

Para meditar

¿Errores en la Biblia? Supóngase usted el caso hipotético de que la Biblia contiene posibles errores en un máximo del uno por ciento. Repito: esto es una mera suposición. ¿Qué hace usted con el otro noventa y nueve por ciento? Este libro le ofrece libertad para su espíritu, solaz para su alma, guía para sus pasos, bases para su conducta; es un mapa para esta vida y para la eternidad. Rechazarlo porque tal vez contiene errores sería el error más grande que el hombre puede cometer.

¿Sirve la Biblia?

Texto clave:	*«Lámpara es a mis pies tu palabra, y lumbrera a mi camino.»*
	Salmo 119:105
Objetivo:	*Presentar los elementos que nos permiten escuchar la voz de Dios a través de la lectura de la Biblia: creer, confiar y obedecer.*

Dios ha hablado al hombre

¿Ha oído usted alguna vez la voz de Dios? Tal vez sería mejor preguntar si ha escuchado la voz de Dios. Las gentes primitivas solían decir que oían la voz de Dios cuando tronaba furiosamente en una tormenta de verano. Esos truenos eran considerados la voz de Dios. Pero ese ruido es también una descarga eléctrica totalmente explicable desde el punto de vista de las leyes de la naturaleza. Es un trueno; no es la voz de Dios. Dios ha hablado abundantemente, pero muchos no han oído su voz jamás porque no han escuchado. No han querido escuchar. No han tenido oportunidad. Nadie les ha señalado la necesidad o el camino para hacerlo. Se pasan los días y los años y consumen sus vidas sin haber oído la voz de Dios. Esto hace de ellos algo menos que seres humanos, porque quien no oye la voz de Dios inexorable y ciertamente se deshumaniza.

Dios ha hablado. Dios habló en distintas formas. Ha habido ocasiones en que Dios ha descendido tomando diferentes formas para hacer oír su voz. Es muy difícil para el hombre moderno imaginarse, por ejemplo, lo que ocurrió en el paraíso cuando Dios venía y charlaba con sus criaturas en el frescor del día, o cuando se aparecía en forma humana junto a la tienda de Abraham. Dios dejó oír su voz a través de una columna de fuego, en una nube, y en la cúspide de una montaña cubierta de humo. Dios habló por medio de profetas. Y finalmente descendió en forma de hombre en la persona de Jesucristo. Él estaba con Dios. Él era Dios. Se hizo carne y habitó entre los suyos. El escritor de la epístola a los Hebreos lo dice de este modo: «Dios, habiendo hablado muchas veces y de muchas maneras en otro tiempo a los padres por los profetas, en estos postreros días nos ha hablado por el Hijo» (Hebreos 1:1-2). Pero ahora las cosas se han formalizado y fundido, y han llegado a un nivel de permanencia y objetividad. Dios ha hablado. Es en las Sagradas Escrituras que esa voz se cristaliza y se deja oír a través del universo y para beneficio de la humanidad.

> «Dios, habiendo hablado muchas veces y de muchas maneras en otro tiempo a los padres por los profetas, en estos postreros días nos ha hablado por el Hijo»
>
> (Hebreos 1:1-2)

¿Para qué sirve la Biblia? Es la voz estentórea del Dios soberano que porta un mensaje siempre contemporáneo para la entera humanidad. ¿Qué puede hacer tal humanidad sin la voz de su Creador? ¿Puede acaso hallar el sendero a seguir? ¿Puede encontrar la trayectoria que le conviene recorrer? Sería imposible para el mortal descubrir a Dios a menos que Él se revele a Sí mismo; y Él lo ha hecho por medio de su Palabra. Por eso pudo el salmista exclamar con todo su ser al unísono con todo creyente: «Lámpara es a mis pies tu palabra, y lumbrera a mi camino» (Salmo 119:105). El creyente genuino ha tomado siempre a la Biblia como brújula en la tormenta, y como libro de texto en su carrera. Hay tres elementos que nos permiten escuchar la voz de Dios a través de la Biblia.

1. El que cree en Cristo cree lo que la Biblia enseña

En primer lugar, el creyente en Cristo cree lo que la Biblia enseña. Usted sabe que la Biblia enseña muchas verdades preciosas. Su estudio no tiene fin; siempre se descubren lecciones nuevas al estudiarla y al profundizar en sus riquezas. Hay eruditos que admiten que sólo pueden analizar superficialmente lo mucho que Dios enseña en ese libro excepcional. La Biblia enseña cosas que, a primera vista, parecen oponerse al conocimiento popular. Dice la Biblia, por ejemplo, que el hombre es pecador, que sus caminos son torcidos, y que su naturaleza lo lleva al mal antes que al bien. A primera vista esto parece un barbarismo. La gente supone que el hombre es bueno en su esencia y que son sus contemporáneos o su ambiente los que lo desvían de su bondad. Parece como si hubiese una contradicción entre lo que dice la Biblia y lo que sostienen los conocedores de la naturaleza humana. Pero la contradicción es aparente. Usted mismo debe admitir que el análisis bíblico de la realidad es la verdad. Los sociólogos, psicólogos e historiadores se ven obligados a reconocer que el veredicto bíblico se merece mucho más atención de la que se le ha dado.

> La fe del creyente lo lleva a explorar la Biblia, a estudiarla, a compararla, a leerla. Considera a las Escrituras como la voz de Dios.

El hombre sabio cree lo que la Biblia enseña, aún en el caso de que alguien lo considere científicamente imposible. La

Biblia enseña la existencia de Dios, la creación del hombre por acto divino, la creación del universo por ese mismo Dios. Enseña que el hombre fue creado perfecto pero que cayó en pecado y perdió el camino. Y es por eso que Dios descendió al nivel humano para elevarlo a nuevas alturas de gloria. La Biblia enseña que hay un Espíritu Santo en el mundo que transforma corazones y los redime, y que se está formando una nueva humanidad que vivirá un día en la nueva tierra. El hombre creyente cree lo que la Biblia enseña. Esa fe lo lleva a explorar, a estudiar, a comparar, a leer, a establecer la verdad en todas sus dimensiones. Considera la Biblia como la voz de Dios, y por eso cree lo que enseña.

2. El que cree en Cristo confía en que Dios cumple sus promesas

En segundo lugar, el creyente confía en lo que la Biblia promete. ¿Sabe usted lo que es la confianza? Es la seguridad y la esperanza firme de creer en lo que una persona dice o hace. Supóngase que usted es empleado de un señor. Su patrón le pide que trabaje diez horas consecutivas en tal o cual tarea, y le promete que si usted cumple le otorgará dos días de vacaciones. Si usted le tiene confianza a su señor, trabajará con gusto las diez horas y estará firmemente convencido a lo largo de las diez horas que después usted tendrá dos días de vacaciones. Usted conoce a su jefe y tiene confianza en lo que le promete. De la misma manera, quien conoce a Dios, confía en lo que su Palabra promete. ¡Qué promesas estupendas puede usted hallar en las Santas Escrituras! Tome la promesa de salvación, por ejemplo. Dios promete salvar al hombre que reconoce que es pecador. Dios le promete hacerlo su hijo y darle un lugar en su reino de gloria. Dios promete que todas las cosas cooperan juntas para el bien de los que le aman y son llamados por Él. Dios tiene mo-

> Si Dios cuida de los lirios del campo y los viste de gloria, ¿no hará mucho más por sus propios hijos? Él así lo ha prometido.

radas en el cielo para quienes son redimidos, tal y como lo prometió Cristo mismo cuando dijo, «En la casa de mi Padre muchas moradas hay… Voy, pues, a preparar lugar para vosotros» (Juan 14:2) Dios promete ser fiel cuando hay sol y cuando hay lluvia, en luz y en tinieblas, porque si Él cuida de los lirios del campo y los viste de gloria, ¿no hará mucho más por aquellos que son sus hijos? Dios ha hablado y en su voz hay preciosas promesas.

3. El que cree en Cristo obedece lo que Dios manda en la Biblia.

Hay más en la Palabra de Dios, nuestra lámpara y lumbrera. El hombre que sabe de estas cosas considera lo que la Palabra de Dios ordena. La Biblia no es una mera pieza de literatura universal, o las crónicas del hombre en búsqueda de Dios, ni la colección de sucesos de la historia. Es la voz de Dios, y contiene no sólo manifestaciones claras de la majestad de Dios y bellísimas promesas para todo aquel que cree en Cristo. Contiene también leyes claras, sabias y buenas para el hombre. Dios ordena con voz potente que los hombres vivan en obediencia a sus mandatos. Dios manda a los hombres que dejen sus caminos insensatos y se vuelvan a Él.

> La Biblia contiene leyes claras, sabias y buenas para el hombre. Dios ordena con voz potente que los hombres vuelvan a Él y que vivan en obediencia a sus mandatos.

Dios ordena al hombre que frene su carrera enloquecida y reflexione en lo que hace. Dios manda a todos los hombres en todo lugar que se arrepientan y se entreguen a su Hijo Jesucristo. Es urgente que la humanidad escuche y oiga esta voz de Dios. Es lo más apremiante que hay en estos tiempos. Es lo único importante para el hombre, sea cual sea su posición social, económica o política. Dios ordena, y el hombre debe obedecer.

Tal vez se siente usted disgustado cuando oye cosas como estas. No sería de extrañar. Al hombre natural no le agrada ni que Dios ni que nadie le diga lo que debe hacer. No le gusta que le ordenen. No tolera siquiera reflexionar en lo que alguien le ordena. ¿Por qué ha de considerar usted lo que Dios manda en su Palabra? Porque es para su bien. Este es un simple ejemplo: Dios ordena al hombre no cometer adulterio. ¿Se imagina qué clase de familia tendría usted si Dios no ordenase semejante cosa? Además, Dios es fiel, cosa que difícilmente puede decirse de otros seres que lo rodean a usted en su vida. Dice la Escritura que la fidelidad de Dios «alcanza hasta las nubes» (Salmo 36:5). Hay muchos casos de la fidelidad de Dios en la historia. Considere el ejemplo de Abraham. Dios le dio órdenes que, ante los ojos humanos, eran descabelladas. Pero Abraham simplemente obedeció los mandatos de Dios. Esperó con entereza ejemplar unos veinticinco años hasta que Dios le dio al fin evidencia concreta de que sus promesas se cumplirían. Abraham consideró lo que Dios le ordenó.

Para meditar

Dios le habla hoy por medio de su Palabra. ¿Oye usted su voz, o es que ni siquiera le escucha? ¿Para qué sirve la Biblia? ¡Es la voz de Dios! Una voz que lo llama a usted.

La Biblia lo dice

Texto clave: *«Pero éstas se han escrito para que creáis que Jesús es el Cristo, el Hijo de Dios, y para que creyendo, tengáis vida en su nombre».*

Juan 20:31

Objetivo: *Sostener que la Sagrada Escritura es verdadera por ser la Palabra misma de Dios, completa y suficiente para la salvación del hombre.*

Introducción: ¿En qué está basada su fe?

¿En qué cree usted? ¿Por qué cree lo que cree? Esa fe que usted profesa debe estar basada en la verdad para poder sostenerse. ¿Cree usted quizá porque sus padres le enseñaron a creer? ¿Es su fe una herencia de familia? Ciertamente la fe pasa de una generación a la otra. No hay mejor maestro que los padres ni mejor escuela que el hogar. Pero no es posible que la fe que determina el destino eterno del alma descanse sobre otros, ni siquiera sobre los padres, puesto que también ellos necesitaron de la fe para salvarse.

¿Depende su fe quizá de la autoridad de la iglesia a la cual pertenece? Ciertamente tampoco esto puede ser bueno, pues aunque la iglesia es de la mayor importancia en cuestiones religiosas y el instrumento por el cual Dios dispensa su gracia, es, sin embargo, una humana e imperfecta institución. La iglesia tiene las mismas debilidades que los hombres que la forman, y su historia está llena de incidentes que prueban su imperfecto carácter. No puede su fe depender de una iglesia – ni de la mejor.

¿Depende quizá su fe de la razón y de la ciencia? Aun en ese caso, debido a los cambios constantes del pensamiento humano y los descubrimientos siempre nuevos de la ciencia, estos no pueden ser segura base de tan importante virtud como la fe que se profesa, y de la cual depende nuestra vida aquí, nuestra alma y la misma eternidad.

Seamos un poco más explícitos. He aquí un hombre que cree en el evangelio de Cristo. ¿Por qué lo cree? Probablemente esta es la idea más increíble del mundo – la idea de que Dios envió a su Hijo al mundo para salvar al pecador y darle vida eterna. ¡Qué grandes misterios nos encontramos en la Biblia! Sólo por mencionar algunos: el nacimiento de Dios Hijo de una virgen, la muerte de Cristo en una cruz, su resurrección y su regreso sobrenatural al cielo, el envío del Espíritu Santo, y la promesa de Cristo de volver al mundo para juzgar a los vivos y a los muertos. Esto traspasa la mente humana, y sin embargo, lo creemos todo. ¿Por qué?

Lsa fe del cristianismo se basa en Dios mismo

Si el más brillante mortal nos dijese estas cosas, no las creeríamos. Si la iglesia nos las contase, no las creeríamos. Si nuestra misma madre nos las dijese, no las creeríamos. Y si algún difunto santo o ángel nos las explicase, no las creeríamos tampoco. ¡Pero he aquí que es Dios mismo quien nos las presenta! De otra manera no sería posible creerlo jamás. Dios lo dice, y todo el que relata esta historia debe transmitirla tal como Dios la relató en su Palabra, la Sagrada Escritura. También nosotros diríamos que todo el mensaje de la Biblia es una farsa, como muchos lo han dicho ya, si no fuera porque Dios es su autor. No es necesario que Él ofrezca explicaciones para nuestro entendimiento. Estamos seguros que Él lo entiende, y nosotros simplemente creemos que si Dios así lo dice, así ha de ser.

El cristianismo afirma que hay una sola sólida base de fe: la Biblia. Todo depende de ese libro. Esto es lo que miles de seres dignos han creído. Ellos nos han dado su testimonio veraz. Iglesias cristianas la han predicado y piadosos padres la han enseñado a sus hijos. Ángeles han cantado el mensaje de la Biblia, y la memoria de santos ya idos lo recuerdan. Cuando el apóstol Juan, por ejemplo, concluyó la escritura de su evangelio añadió estas palabras: «Hizo además Jesús muchas otras señales en presencia de sus discípulos, las cuales no están escritas en este libro. Pero estas se han escrito para que creáis que Jesús es el Cristo, el Hijo de Dios, y para que creyendo, tengáis vida en su nombre» (Juan 20:30-31). Esta expresión puede aplicarse a la Biblia entera. La Biblia fue escrita para hacernos conocer la estupenda historia de la gracia de Dios en Cristo Jesús. Sabemos que es verdad porque Él nos lo dice. Aceptamos su palabra aunque parezca increíble. Y así es que luego descubrimos esta verdad en nuestra propia vida. No podemos probársela a otros, pero sí a nosotros mismos. No podemos quizá demostrar lo que sabemos, pero sí sabemos que Dios nos ha hablado directamente al corazón por medio de su Libro, y por esto tenemos paz con Dios.

> La Biblia fue escrita para darnos a conocer la estupenda historia de la gracia de Dios en Cristo Jesús. Sabemos que es verdad porque Él lo dice.

Esto puede parecer mera opinión, sin valor científico. Estamos de acuerdo. Pero también queremos invitar al oyente a creerlo y a descubrir lo que millones han descubierto ya a lo largo de los siglos. Esto sí es un hecho histórico que no puede negarse. La Biblia ha sido la Palabra directa de Dios que ha tenido una tremenda influencia sobre la vida de miles y millones de personas. La Biblia sigue salvando y transformando a los que creen su mensaje, sin ser interrumpida por los que la atacan.

Si usted pregunta a un cristiano cómo sabe que Cristo es su Salvador, le dirá: «Porque la Biblia lo dice». Y si usted pregunta cómo sabe que la Biblia es verdad, contestará: «Porque Dios la escribió.» Esto puede parecer ingenuo en esta era científica, pero todo lo relacionado a la fe cristiana parece ingenuo. No hemos de dar excusas por nuestra fe en la Biblia como la Palabra de Dios y como el mensaje que ha transformado nuestras vidas. ¿Ha visto usted alguna vez un hombre salvado eternamente del pecado por la ciencia, la educación, la filosofía o algún otro movimiento? ¿Ha visto usted poblaciones enteras rendirse a los pies del Señor y servir a su Dios por alguna causa ajena al mensaje de la Biblia?

Los que niegan el poder de la Escritura dicen: «La Biblia no es suficiente»

¿Por qué hay tanta gente que se niega a aceptar el mensaje de la Biblia? Es evidente que, por un lado, están los que piensan que no es suficiente y por eso añaden sus místicas experiencias, las tradiciones del pasado o sus propios conceptos. Quieren algo más que la Biblia. Esto nos trae a la memoria el hombre que, en la parábola de Jesús, se encuentra en el infierno por no haber creído la Palabra de Dios. Allí empezó a implorar por sus hermanos que estaban aún en la tierra, cometiendo el mismo error. Quería advertirles del peligro. Creía que la Palabra de Dios no era suficiente para señalarles sus pecados. Esta es la respuesta que obtuvo a su pedido: «Si no oyen a Moisés y a los profetas [es decir, la Biblia, como en ese tiempo existía], tampoco se persuadirán si alguno se levantare de los muertos» (Lucas 16:31).

Los que niegan el poder de la Escritura dicen: «Sólo una parte de lo que la Biblia enseña es verdad»

Hay, por otra parte, los que creen parte de lo que la Biblia enseña. No pueden aceptarla íntegramente. Escogen lo que quieren y lo demás lo abandonan. Es probable que los tales gusten de los salmos, el sermón del monte y algunas parábolas de Jesús, y quizá hasta los Diez Mandamientos. Pero el resto no lo pueden aceptar. Esto nos hace recordar a las multitudes que seguían a Jesús mientras Él les daba qué comer y les sanaba de sus enfermedades. Cuando Jesús tocó los puntos más difíciles de su doctrina, se volvieron y ya no andaban con Él. Sólo unos pocos le seguían, pues ellos mismos decían, «Tú tienes palabras de vida eterna» (Juan 6:68) – la total y única Palabra de Dios.

Jesús tuvo muy severas palabras de juicio para los que abusan de la Palabra de Dios, añadiendo o quitando. Dice el apóstol Juan, «Yo testifico a todo aquel que oye las palabras de la profecía de este libro: Si alguno añadiere a estas cosas, Dios traerá sobre él las plagas que están escritas en este libro. Y si alguno quitare de las palabras del libro de esta profecía, Dios quitará su parte del libro de la vida» (Apocalipsis 22:18,19).

Dios dice que toda la Biblia es suficiente para la salvación del hombre

Hay razón para creer que el juicio que se emitirá para todos aquellos que niegan el poder de la Palabra de Dios sea severo. Dios ha puesto el perfecto fundamento de nuestra fe. ¡Le costó el infinito precio de enviar a su Hijo y sacrificarlo en una cruz! ¡Y su Hijo lo pagó con su sangre preciosa! Por eso, no hay nada más vil ante los ojos de Dios que decir que ese fundamento no es suficiente, o que no todo Él es necesario. Si jugamos con la Biblia, tácitamente estamos diciendo a Dios que nosotros sabemos asentar mejores cimientos que Él, y que no

> Dios ha hablado por medio de profetas y evangelistas, y finalmente por medio de su Hijo. El mensaje es el mismo: Cristo trae salvación y restauración al hombre. Rechazar a Jesús es la muerte eterna.

confiamos en el suyo. Dios nos ofrece su libro, libre de errores, y por medio de él nos dice a cada uno: «Mirad a mí, y sed salvos, todos los términos de la tierra» (Isaías 46:22). ¡Rechazarlo es morir! Al principio de la historia dio su Palabra a los primeros hombres diciéndoles que si no la obedecían, de cierto morirían. Y así fue. Pero nuevamente Dios ha hablado al hombre por medio de sus profetas y evangelistas, y por medio de su Hijo Jesucristo. El mensaje es el mismo. Cristo y su mensaje traen salvación y restauración a la gloriosa condición de hijos de Dios. Rechazar a Jesús es la muerte eterna, porque «éstas se han escrito para que creáis que Jesús es el Cristo, el Hijo de Dios, y para que creyendo, tengáis vida en su nombre» (Juan 20:31). La Bibslia lo dice.

La Biblia y el futuro

Texto clave: *«Mirad, velad y orad; porque no sabéis cuándo será el tiempo».*

Marcos 13:33

Objetivo: *Enlistar algunos de los sucesos futuros expuestos en la Biblia: la segunda venida de Cristo, la resurrección de los muertos y el juicio final.*

Las interpretaciones erróneas de las profecías bíblicas

La Biblia se ha vuelto el libro de texto preferido de agoreros, falsos profetas y adivinos de las cosas futuras. Las palabras bíblicas se han manipulado muchas veces por aquellos que quieren ver más allá de lo que el texto dice. En cierta ocasión, por ejemplo, cuando los israelíes modernos triunfaron ante una batalla militar, hubo gente genuinamente seria y respetable que afirmó que tal cosa había sido ya prevista y pronosticada por la Biblia. A estas personas les parecía obvio porque, dicen, eso es lo que la Biblia predice en Isaías 54:17. Estas son las palabras que allí se leen: «Ninguna arma forjada contra ti prosperará». Hay dos puntos importantes a mencionar sobre esta forma de leer la Biblia. En primer lugar, ¿quién se atreve a decir que ese pasaje del antiguo profeta Isaías se refiere específicamente a los judíos del siglo veinte? Además, ¿no es cierto que a través de la historia casi cualquier país ha visto armas frustradas?

Ciertamente la Biblia es muy fértil terreno para quienes quieren interpretar el porvenir, y especialmente para conocer lo que otros ignoran. Mucha gente en estos tiempos modernos busca lo exótico y lo misterioso, lo curioso y lo místico. Si alguna persona lo dice con suficiente vehemencia y lo repite suficientes veces, muchos lo creerán y luego difundirán estas interpretaciones como si fuese, efectivamente, la verdad de la Escritura. La gente quiere saber del futuro, anhela conocer las cosas que han de suceder. Tanto es así que está dispuesta a escuchar a cualquiera que se atreva a hacer predicciones e interpretar profecías. Ocurren tantas cosas raras en estos tiempos de veloces cambios que la gente está confusa, y de todos los ruidos que oye no sabe a cuáles prestarle atención. Por eso, cuando alguien empieza a aclarar las cosas oscuras y a quitar la espesa niebla de los sucesos modernos, la gente oye con ambos oídos. Cualquier persona que se atreve a hacer discursos hoy en día sobre las cosas que han de suceder, y le da sabor bíblico, seguro que tendrá oyentes muy atentos. Mucha gente está convencida de que la Biblia abunda en detalles sobre el futuro, las naciones, y los sucesos contemporáneos.

Lo que sí dice la Biblia sobre el futuro

No cabe duda que la Biblia, siendo la Palabra del Dios, puede darle a usted mucho material sobre el futuro. En efecto, una gran parte del Antiguo Testamento, por ejemplo, está constituida por profecías que fueron cumpliéndose paulatina pero contundentemente con el devenir del tiempo. Pero la Biblia no es un libro de pronósticos detallados sobre sucesos personales o nacionales. Quien se pone en ese terreno está sobre arenas movedizas. La historia está repleta de seres temerarios que dijeron interpretar las profecías para descubrir que todas sus predicciones fueron pura y simple imaginación. El campo de batalla está cubierto de esas víctimas que predijeron el fin del mundo para esta o para aquella fecha. Y pese a todo ello, todavía hay millares de seres tan desesperados que prestarán atención a cualquiera que se dé título de «predicador de profecías», o «estudioso de las partes enigmáticas de la Biblia», o iluminados que dicen haber descubierto la llave de la correcta interpretación del oráculo de Dios. No pierda usted su tiempo con tales trivialidades. Cristo mismo dijo, «Mirad, velad y orad, porque no sabéis cuándo será el tiempo» (Marcos 13:33). Hasta los mismos discípulos, los íntimos del Salvador, en el momento de la separación final, tuvieron la osadía de pedirle al Señor detalles sobre el futuro. Esto es lo que el Señor respondió, con su mansedumbre característica: «No os toca a vosotros saber los tiempos o las sazones, que el Padre puso en su sola potestad» (Hechos 1:7).

La Biblia sí menciona tres eventos de singular valor con respecto al futuro – incidentes que sí son de importancia para usted y para todo ser humano. Estos sucesos sí los plasmó Dios en su Palabra para que el hombre esté preparado y jamás dude de su cumplimiento.

a. Cristo viene otra vez

> «El día del Señor vendrá como ladrón en la noche; en el cual lo cielos pasarán con grande estruendo... ¡Cómo no debéis vosotros andar en santa y piadosa manera de vivir, esperando y apresurándoos para la venida del día de Dios!»
> II Pedro 3:10-12

La Biblia dice, en primer lugar, que en el futuro el Señor Jesucristo volverá a venir a este mundo. Usted sabe que prácticamente todo el Antiguo Testamento es la preparación para el gran evento de la llegada del Hijo de Dios al mundo. Todos los grandes actos de Dios y muchas de sus magníficas profecías tenían que ver directamente con el nacimiento de aquel niño que fue anunciado una noche en los campos de Belén. Todo el Nuevo Testamento, por otra parte, tiene que ver directamente con el hecho de que ese Salvador llegó, con sus hechos y mandatos hacia sus discípulos. Entre los emocionantes detalles de este relato fascinante se destaca el hecho de que ese mismo Jesucristo vendrá otra vez a este mundo. En esa ocasión no vendrá como un bebé en un humilde pesebre, sino como Rey de reyes y Señor de señores. No vendrá precedido por su niñez, sino por ángeles que tocarán trompetas hasta los últimos confines de la tierra. De eso sí puede usted estar plenamente seguro; la Biblia lo anuncia clara y categóricamente. Podrá no dar significativos detalles de cuándo será eso, a qué hora del día o en qué año de la era cristiana, pero sí hace saber a toda la humanidad que el Hijo de Dios vendrá nuevamente.

b. Toda la humanidad resucitará

La Biblia también predice claramente que todo ser humano resucitará en el futuro. La resurrección es una doctrina de la fe bíblica. No sólo anuncia que todos resucitarán, sino que, además, relata los detalles de la resurrección de Jesucristo mismo, a quien designa como el primogénito o primero de muchos. No sólo afirma quc los hombres resucitarán, sino que demuestra que Jesucristo ya lo hizo, como evidencia de lo que sucederá y del poder singular de Dios. Nuevamente en este terreno surgen preguntas de mil y un tipos distintos: cuándo será, cómo será posible, y qué cuerpo tendrá cada uno. Muchas son las preguntas sin respuestas, pero una cosa es muy cierta: la Biblia anuncia al hombre que un día resucitará de entre los muertos.

c. Toda la humanidad será juzgada

Hay un tema más que la Biblia menciona sobre el futuro: todos serán juzgados. Todo ser humano será llevado ante el trono de Jesucristo para ser juzgado definitivamente. Los dos posibles veredictos serán: vivir con Dios eternamente, o morir espiritualmente sin Dios por la eternidad. Cierto es que también en esto puede usted elaborar muchas preguntas y formular teorías. La humanidad lo ha hecho a través de la historia. Tal vez hasta tenga derecho a hacerse algunas de estas preguntas, pero aparentemente Dios no consideró necesario ofrecerle más detalles sobre estos temas. En su inmenso amor sí estuvo dispuesto a prevenir a sus criaturas que después de todo lo ocurrido en esta vida física, habrá un juicio final e imparcial. El libro de Dios lo anuncia de tal modo que nadie se atrevería a negar esa realidad, a menos que esté dispuesto a negar todo lo que la Biblia estipula. Habrá un juicio para todos.

> En el juicio final, ante el trono de Jesucristo, sólo habrá dos veredictos para los hombres: Vivir con Dios eternamente, o morir espiritualmente sin Dios por la eternidad.

Cristo vino al mundo para que todo aquel que crea en Él sea declarado inocente en el juicio final. Dios verá a los creyentes como justos a través de la obra de Su Hijo Jesús en la cruz. Escuche cómo lo explica el apóstol Pablo a la iglesia de Tesalónica: «... cuando se manifieste el Señor Jesús desde el cielo con los ángeles de su poder, en llama de fuego, para dar retribución a los que no conocieron a Dios, ni obedecen al evangelio de nuestro Señor Jesucristo; los cuales sufrirán pena de eterna perdición, excluidos de la presencia del Señor y de la gloria de su poder, cuando venga en aquel día para ser glorificado en sus santos y ser admirado en todos lo que creyeron» (II Tesalonicenses 1:7-10).

> Cristo vino al mundo para que todo aquel que crea en Él sea declarado inocente en el juicio final. Dios verá a los creyentes como justos a través de la obra de Su Hijo Jesús en la cruz.

Estos acontecimientos sí los predice la Biblia sin dejar lugar a dudas. Cristo volverá a este mundo. Todos los seres humanos resucitarán. Y todos serán juzgados. Estos son los sucesos más importantes que la Biblia pronostica para el futuro. Hay muchas otras profecías en la Palabra de Dios – profecías de todo tipo y relacionadas con muchas cosas de interés. Todas esas profecías serán cumplidas, pues Dios no es hombre para que se arrepienta. Muchas han sido cumplidas ya, y no hay porqué dudar que las demás se cumplirán del mismo modo. Los hombres no necesariamente serán capaces de entenderlas todas a la perfección. Tenga la certeza de que, al pasar el tiempo, usted mirará hacia atrás y verá que, efectivamente y de nuevo, se ha cumplido la Palabra del Señor.

SERIE III

¿Quién es Cristo?

Texto clave: *«Yo soy la luz del mundo; el que me sigue, no andará en tinieblas, sino que tendrá la luz de la vida.»*

Juan 8:12

Objetivo: *Presentar a Cristo como el Mesías prometido en el Antiguo Testamento, el Dios Hijo encarnado.*

Introducción

En medio de las espesas tinieblas brilla una luz. Débil, al principio. Se ensancha; va en aumento; brilla con rayos luminosos e ilumina, al fin, los corazones humanos cual el sol naciente baña las húmedas praderas. No solamente se deja ver. También habla. Dice con voz comprensible: «Yo soy la luz del mundo» E inmediatamente dirige sólidas palabras directamente al corazón, a la persona, al ciego, al perdido en la densa oscuridad: «El que me sigue, no andará en tinieblas, sino que tendrá la luz de la vida» (Juan 8:12).

¿Quién es Jesucristo? Para algunos es simplemente una palabra más en su vocabulario, tal vez la más cómoda para maldecir, blasfemar o manifestar su sorpresa o enojo. Otros, que se la dan de intelectuales y estudiosos, dicen que fue un maestro admirable, y lo enlistan en la misma galería con los grandes místicos y pensadores de los siglos. Pero si Cristo es nada más que eso, este mundo estaría en ruinas, y el corazón humano permanecería destruido y sin esperanzas. ¡Jesucristo es la luz del mundo, y el que le sigue no andará en tinieblas, sino que tendrá la luz de la vida!

Cristo es el cumplimiento de las promesas de Dios

Cristo es, en primer lugar, el prometido de los siglos. No apareció de repente como un meteoro en los espacios, ni sorpresivamente como ladrón en la noche. Desde hacía mucho tiempo estaba predicha su llegada, ansiosamente esperada por miles y miles. Tal vez usted jamás ha considerado este hecho, pero con singular cuidado Dios mantuvo latente aquel gran momento del arribo de Jesucristo. No solamente prometió a principios de la historia un descendiente humano que daría el golpe de gracia al enemigo infernal, sino que, gradualmente, reveló otros detalles del gran evento. Hizo saber al escogido Abraham que sería de su simiente. Constituida la nación, Dios prometió que sería de la tribu de Judá, y luego de la real familia de David. Isaías declaró referencias detalladas de su apariencia, de sus vivencias, e incluso de su muerte y resurrección. Hasta el lugar mismo del trascendente nacimiento fue predicho con siglos de anticipación – el profeta Miqueas proclamó que sería en la ciudad de Belén. No fue un toque de azar que determinó la entrada de Jesucristo en el mundo, sino la culminación y el cumplimiento de un cuidadoso plan divino para remediar el mal humano. Cuando Jesús llegó se le reconoció de inmediato por muchos como el Mesías prometido.

> La vida de Jesús fue el cumplimiento y la culminación de un cuidadoso plan divino para remediar el mal humano. Él era el Mesías prometido.

a. *Jesús* significa «Salvador»

Usted sabe que los nombres bíblicos son de profundo significado. Hoy en día, sea cual sea su nombre personal, poco valor tiene en lo que respecta a una definición de su personalidad, sus antecesores o su profesión. Quizás usted se llama Josefo porque tuvo un tío llamado así, o porque era un nombre popular en los tiempos de su natalicio. No es así con las designaciones bíblicas, y menos aún con los nombres que se le han dado a Jesucristo. Cada uno de ellos describe algo de su ministerio, de su esencia, de su importancia y de su carácter. Tome usted, por ejemplo, el nombre de Jesús. En los idiomas originales de la Biblia significa «Salvador», y ese fue el nombre que el ángel del cielo le dio al Hijo de Dios porque, afirmó, «Él salvará a su pueblo de sus pecados» (Mateo 1:21). ¡Pecadores del mundo, en Cristo tienen ustedes salvación, perdón de pecados y liberación total del pesado yugo que los agobia! Su vida entera, sus sufrimientos, su muerte en aquella cruz y su resurrección gloriosa atestiguan el carácter redentor de este personaje único. Su nombre es Jesús.

> La vida de Jesús, sus sufrimientos, su muerte en la cruz y su resurrección gloriosa atestiguan el carácter redentor de Cristo.

b. *Cristo* significa «El Ungido»

Otro de los nombres que se le designan a Jesús es Cristo, que junto con el anterior forman el compuesto «Jesucristo». Cristo es una nomenclatura pletórica de significado. Básicamente el término significa «ungido», lo cual señala que tenía una misión encomendada específicamente por Dios. En los tiempos antiguos la unción era considerada como un requisito indispensable para que un hombre desempeñara las funciones de rey, o de profeta o de sacerdote Cristo fue el ungido de Dios. Fue enviado por Dios con la específica misión de ser el eterno Rey de su pueblo redimido, su único Profeta e inmortal Sacerdote. Ese nombre lo acredita como Embajador con plenos poderes, descendido del cielo para llevar al hombre al estrado mismo de Dios.

c. *Señor* le atribuye ser Dueño soberano

Usted habrá oído quizá el nombre de Cristo como «Señor». Esta es una magnífica descripción de su posición elevada en el concierto del universo. Él es dueño soberano, y digno de alabanza desde un extremo de la tierra al otro. Su triunfo estupendo contra las fuerzas del mal, su victoria indiscutible ante la muerte y el sepulcro le dieron el derecho inalienable de ser soberano Rey de reyes y Señor de señores. Aun los monarcas más grandes de la tierra doblarán un día sus rodillas ante el Señor Jesucristo.

Las dos naturalezas de Jesús: Hijo de Dios, e Hijo del Hombre

Hay otros dos nombres de Cristo en las Escrituras que conviene recordar. Hijo de Dios e Hijo del Hombre. Se escribe mucho y se debate más sobre la naturaleza de este personaje ilustre: ¿Era un ser humano como todos los demás, o gozaba de poderes divinos también? Verdaderamente se empobrecen aquellos que tienen dudas sobre esto. Si Jesús fue un mero hombre, poco bien puede hacerle a usted, aparte de darle algunas hermosas parábolas y enseñanzas de valor práctico. No cometa usted el fatal error de creer que Jesucristo fue tan sólo un hombre mortal. Su nombre era Hijo de Dios porque era Dios mismo manifestado en carne. Pero, igualmente importante, su nombre era Hijo del Hombre. Pese a que esto es un incomprensible misterio, Jesucristo fue un ser humano en su totalidad, nació de mujer y nació bajo la ley como cualquier otro mortal. Tuvo hambre, sintió cansancio, y lloró también. No piense usted que esto disminuye la gloria de Cristo – esa es, en efecto, su mayor gloria. No podría ningún ángel del cielo salvar al hombre ni a algún otro ser creado. Debía ser el hombre que pecó quien pagase por la culpa. Cuando Cristo agonizó en la cruz era el hombre

> Jesucristo tuvo dos naturalezas: fue totalmente humano, y totalmente divino. Sólo Él fue capaz de resistir la ira de Dios por las culpas de los pecadores.

pecador que allí veía reflejada la culpa de sus transgresiones lamentables. El hombre pecó y el hombre Jesucristo pagó la deuda ante Dios. Era el Hijo del Hombre.

He aquí un gran misterio, una afirmación que sobrepasa la mente humana: Jesucristo tuvo dos naturalezas completas. Cristo era perfecto hombre y perfecto Dios. Era indispensable que fuese Dios para soportar el inmenso peso de la culpa de los millones y millones de personas que formarían su pueblo redimido. Ningún hombre hubiera podido resistir la ira de Dios contra el pecado humano. Para ser Salvador necesariamente debía ser Dios. La Escritura afirma que «El Verbo era Dios» (Juan 1:1), y que el Hijo era «el resplandor de [la] gloria [de Dios], y la imagen misma de su sustancia» (Hebreos 1:3). Pero también era necesario que este ser fuese humano, pues eran los seres humanos quienes ambulaban por el mundo cargados de pecados y culpa. El apóstol Pablo afirma en Filipenses 2:7-8, «[Cristo Jesús] se despojó a Sí mismo, tomando forma de siervo, hecho semejante a los hombres; y estando en la condición de hombre, se humilló a Sí mismo, haciéndose obediente hasta la muerte, y muerte de cruz.» Los teólogos y filósofos hablarán hasta el fin de los días sobre este singular misterio, y si pretenden solucionar todos los detalles en términos racionales, jamás llegarán a aceptar las dos naturalezas de Cristo. Y se quedarán también sin Salvador. Todo esfuerzo humano por dar una explicación meramente racional a este gran misterio de las dos naturalezas de Jesús está destinado a estrellarse contra las rocas de la frustración.

Nadie puede comprender cómo Cristo fue dueño de dos naturalezas Nuestra mente finita es incapaz de racionalizar esta verdad.

Nadie puede descifrarla. Y si alguien quiere resolverla tendrá que esperar hasta llegar al cielo para hacerlo. Pero una cosa sí es muy cierta: Jesucristo es el único Salvador; Él es la luz del mundo, y todo el que le sigue no andará en tinieblas, sino que tendrá la luz de la vida. ¡Él es su única esperanza! ¡Sólo Cristo salva!

◆◆◆

La vida de Cristo

Texto clave: *«Porque ni aun sus hermanos creían en Él».*

Juan 7:5

Objetivo: *Precisar que llegamos a ser hijos de Dios y hermanos de Cristo a través de lazos espirituales de arrepentimiento y fe.*

Introducción

¿Dónde viviría Jesucristo si hubiese venido al mundo en nuestro siglo? ¿En Israel? Era judío, y sería lógico suponer que radicaría en esa tierra convulsionada. Cristo vivió toda su vida en Israel. Leemos que «a los suyo vino, y los suyos no le recibieron» (Juan 1:11). La oposición que sufrió toda su vida fue la oposición de sus propios conciudadanos. Le dieron el golpe de gracia al final, y lo sentenciaron a muerte como un vil criminal. A raíz de estos hechos históricos ha habido horribles movimientos designados bajo el rubro general de antisemitismo. Se han escrito obras teatrales de tremendo impacto en las que se explota ese tema, y mucha gente mantiene sospechas de todo lo que sea judío. Se les acusa de haber matado a Jesucristo. Esto no es sorprendente en lo más mínimo. Nos informa la Escritura que «ni aun sus hermanos creían en Él» (Juan

7:5). ¿Puede usted imaginarse semejante cosa? Sus hermanos, los que habían nacido del mismo vientre que Él, los que habían compartido el pan cotidiano en derredor de la misma mesa, los que se habían criado junto a Él, ni siquiera ellos creían en Jesucristo, por lo menos hasta mucho después de haber vivido su vida. ¿A qué de debe esta incredulidad manifestada aun por sus propios hermanos? Jesucristo vino al mundo a establecer una nueva hermandad; más bien dicho, a restablecer el orden de la creación que Dios había establecido, y que el hombre había destruido. Aquellos hermanos miraban a Jesús y veían en Él un hermano biológico, nada más. Y Jesús era, por excelencia, el Salvador de mundo. Es por eso que ni aun sus hermanos creían en Él. Para creer en Jesucristo es necesario verle primeramente como Salvador.

Cristo es el Salvador espiritual de todo aquel que cree en Él

La vida entera de aquel personaje sin igual estuvo dedicada a su obra redentora. No daba un sólo paso, no emitía palabra ni expresaba enseñanzas sin tener en cuenta su estupenda misión en estas fronteras terrenales. No siempre se le da la importancia merecida a la vida del Señor. Se concentran atenciones en su muerte horrible y los detalles dolorosos que la rodearon. Se le pinta siempre sufriente, con la corona de espinas, colgado de una cruz, o inmóvil en un féretro, como si eso fuese lo único significativo en su historia tormentosa. No es así. Su vida misma, sujeta a la ley de Dios, es de profunda importancia en un análisis correcto del Hijo de Dios. Murió ciertamente por los pecados de su pueblo. Con su muerte quitó la culpa que a ellos se aferraba. Sin embargo, también es cierto que esa muerte reviste tal

> La muerte de Cristo en la cruz está vestida de poder y victoria porque su vida fue perfecta. Si no hubiese sido así, su muerte no tendría valor.

importancia únicamente porque su vida fue perfecta. Si hubiera sido de otra manera, la muerte se Cristo no tendría más valor que su simple defunción. Él vino a salvar no solamente a aquellos que deseaban verse libres de sus pecados, sino también a restituir el orden de la creación divina, a introducir el nuevo hombre con todas sus relaciones e instituciones distadas por Dios. Jesucristo vivió como debe vivirse si ha de restaurarse la genuina hermandad en el mundo. Y es aquí precisamente donde con tanta frecuencia se introduce el error humano: mucha gente quiere tomar a Jesús sólo como modelo, como hermano mayor, y vivir como Él vivió. Quiere verlo únicamente como hermano, y no como Salvador.Nadie puede ser hermano de Jesucristo a menos que recurra a Él, reconociendo ser un pecador penitente y pidiendo el perdón de sus pecados, llegando así a ser hijo de Dios. Esto es insostenible. Fue a los redimidos, a los creyentes, a los que se habían arrepentido de sus horribles transgresiones que Juan escribió con evidente gozo: «Mirad cuál amor nos ha dado el Padre, para que seamos llamados hijos de Dios; por esto el mundo no nos conoce, porque no le conoció a Él» (I Juan 3:1).

> Nadie puede ser hermano de Jesucristo a menos que recurra a Él como Salvador, reconociéndose pecador y pidiendo el perdón de sus pecados. Así se llega a ser hijo de Dios.

Todos los incidentes de esa vida excepcional de Jesucristo están ligados al universal propósito de ser Salvador. Su huída a Egipto en la tierna infancia demostró la universalidad de su ministerio. No solamente evitó así la cruenta matanza del rey Herodes, sino que además vino de lejanas y foráneas tierras para restaurar al hombre a su pedestal de gloria. Discutió verdades bíblicas en el templo de Jerusalén para hacer ver al mundo que era el enviado de Dios, el deseado de las naciones, el Príncipe de paz, el verdadero

Mesías. Fue bautizado al iniciar su ministerio público, no solamente para demostrar su identificación con la raza humana que había venido a redimir, sino para dar a conocer al mundo sus excepcionales idoneidades para esa tarea estupenda. Cuando fue bautizado, los mismos cielos se abrieron, y desde aquellas remotas e inaccesibles regiones se dejó oír la voz de Dios que expresa su deleite personal e invitación a que la humanidad preste oído a su mensaje – «Este es mi Hijo amado, en quien tengo complacencia» (Mateo 3:17). El Espíritu Santo desciende sobre Él para equiparlo en esta misión. Todas sus acciones, en una forma u otra, directa o indirectamente, estaban centradas en el gran plan de Dios para la nueva humanidad de hermandad genuina nacida del arrepentimiento y de la salvación que Cristo ofrece.

En esa santa misión de redimir al hombre, Jesucristo anduvo por polvorientos caminos, visitó aldeas y ciudades, comió con gente que estaba de fiesta y consoló a los agobiados; dio de comer a los hambrientos, curó enfermos de cuerpo y alma, reprendió a los incrédulos y ofreció el perdón a los que sinceramente lo deseaban. Vivió una vida plena – la vida que demanda de aquellos que desean ser sus hermanos y hermanas en la gran familia de Dios. En todo momento y en toda experiencia se condujo bajo la única y sana consigna de cumplir la voluntad de Dios, esa voluntad que desde el principio había sido parte integral de la realidad humana.

Tal vez usted se siente incapaz de vivir para la gloria de Dios. Se siente débil ante lo que sabe es su responsabilidad ineludible. Se siente sobrecargado de culpa al examinar su vida, sus acciones, sus pensamientos y sus convicciones. Efectivamente, usted no es capaz por sí sólo de vivir como Dios quiere que viva. Ha perdido la fuerza, la iniciativa, la orientación necesaria. Incluso si usted intenta leer los evangelios e imitar la vida de Cristo, se llenará de desengaños y desilusión. Es imposible para usted vivir como vivió Jesucristo. ¡Y es precisamente por eso que Él vino: para cumplir la ley de Dios, que ni usted ni nadie puede cumplir!

«Ni aun sus hermanos creían en él». ¿Por qué? Simplemente porque no querían un Salvador; querían sólo un hermano. ¿Sabe usted lo que dijo Jesús un día cuando alguien le avisó y le dijo, «He aquí tu madre y tus hermanos están afuera, y te quieren hablar»? Estas fueron sus palabras: «Todo aquel que hace la voluntad de mi Padre que está en los cielos, ése es mi hermano, y hermana, y madre» (Mateo 12:47, 50). Ser hermano de Jesucristo no es cuestión de relaciones sanguíneas o familiares. Es cuestión de creer que su sangre fue derramada para la salvación del hombre, pues esa es la voluntad del Padre que está en los cielos. Es después de que usted abraza esa fe redentora que puede entonces considerarse parte de la hermandad cristiana – la única esperanza de nuestro mundo dividido y beligerante.

> Ser hermano de Jesús no es cuestión de relaciones sanguíneas o familiares. Es cuestión de creer que su vida, su muerte y su resurrección dan la salvación al hombre pecador.

Cristo no sólo es un ejemplo a seguir

La vida de Jesucristo no es meramente un ejemplo digno de imitación. Es mucho más que eso. Fue parte de su tremenda obra de restauración. Quienes creen en Él, sin importar nación, raza, lengua, o clase social, pasan a formar parte de la innumerable multitud de la hermandad cristiana. Dios tiene la única solución al eterno problema del pecado. Dios la implementa aún a pesar de que el hombre con frecuencia busca destruirla. Cuando el escritor bíblico afirmó que los suyos no recibieron a Cristo, también aseveró que «a todos los que le recibieron, a los que creen en su nombre, les dio potestad de ser hechos hijos de Dios; los cuales no son engendrados de sangre, ni de voluntad de carne, ni de voluntad de varón, sino de Dios» (Juan 1:12, 13). Por medio de la fe en Cristo como Salvador se restaura la genuina hermandad.

El único camino

Texto clave:	*«Jesús le dijo: Yo soy el camino, y la verdad, y la vida; nadie viene al Padre, sino por mí».*
	Juan 14:6
Objetivo:	*Ver a Cristo como el único capaz de satisfacer el hambre y la sed espiritual del pecador, y como el único Camino entre Dios y el hombre.*

Introducción

Debe haber sido cierto que todos los caminos conducían a Roma. Los romanos eran expertos en la construcción de carreteras y caminos que unirían los más apartados rincones de su vasto imperio. Esta infraestructura había sido construida específicamente para que las huestes y las legiones de Roma pudiesen ir desde la capital hacia esos puntos, y regresar desde esos puntos a la capital. Todos los caminos conducían a Roma. Pero sólo Jesucristo conduce a Dios. Él es el único camino al cielo.

Jesucristo: el único Camino a Dios Padre

Todo aquel que ande en busca de la felicidad en esta vida, irremediablemente tiene que volverse a Dios. Debe de acercarse a ese Dios de quien se alejó, y tiene que allegarse a ese Dios para servirle con todo lo que es y con todo lo que hace. La gran cuestión, pues, es muy sencilla: ¿Cómo se llega a donde está Dios? ¿Cómo se le alcanza? ¿Cómo se puede entrar en su presencia?

Usted sabe que muchas respuestas se han dado a esas quemantes preguntas. Los hombres se han inventado mil formas de intermediarios entre ellos y Dios, desde lo más estrafalario hasta lo más sublime. Algunos hasta se creen con toda inocencia que pueden acercarse a Dios directamente, sin embajadores ni mediadores. Otros utilizan intermediarios de todo tipo. La verdad es esta: el Gran Maestro, Jesucristo, anunció al mundo y a la humanidad que Él era el Camino al Padre. Y como si eso no fuese suficiente, en caso de que hubiese personas víctimas de dudas, aclaró para siempre esta afirmación cuando agregó categóricamente que «nadie viene al Padre, sino por mí». Él es el único Camino. Sólo Cristo satisface porque sólo Él nos puede conducir a Dios.

Jesucristo: El Pan de Vida, y el Agua Viva

No siempre es fácil entender estas cosas. Es por esto mismo que Jesucristo habló de su persona y de su obra en términos que hiciesen comprensible esa importante labor. Dijo, por ejemplo, que Él era «el pan de vida» (Juan 6:35). Probablemente en nuestras circunstancias es difícil hablar del hambre. Pocas experiencias humanas pueden compararse con esta agonía, no sólo por el dolor físico, sino también por la angustia mental y la desesperación de saber que nada puede hacerse para resolver este complejo problema. Cuando falta el pan, falta todo. Para el que no tiene pan, su hoy es más tragedia que bendición. Y es en esos términos que Jesucristo se define delante del hombre. Sólo Él satisface el hambre espiritual que angustia el alma y abate el espíritu.

En otra ocasión, Jesucristo habló de Sí mismo como el «agua viva» (Juan 4:10), la cual si alguien la bebiere, no tendría sed jamás. Jesús le hablaba a una mujer samaritana, que en ese momento estaba por sacar agua de un pozo. Ella no parecía entender esta afirmación. Esta mujer le respondió así a Jesús: «Señor, no tienes con qué sacarla, y el pozo es hondo. ¿De dónde, pues, tienes el

> Cristo es el único que sacia la sed espiritual, aquieta el espíritu y calma el pensamiento del hombre.

agua viva?... Señor, dame esa agua, para que no tenga yo sed, ni venga aquí a sacarla» (Juan 4:11, 15). Pero poco a poco su mente se despejó y vio con claridad maravillosa lo que el Hijo de Dios le estaba diciendo. Cristo le hablaba de saciar su sed espiritual. Su vida fue radicalmente transformada. Se llegó a sus contemporáneos y les hablaba casi sin cesar de su gran descubrimiento – de esta agua que de verdad apaga la sed, aquieta el espíritu, y calma el pensamiento.

Jesucristo: el gran Libertador

En otra ocasión vemos a este mismo Cristo diciendo a sus oyentes y a toda la humanidad estas extraordinarias palabras: «Así que, si el Hijo os libertare, seréis verdaderamente libres» (Juan 8:36). ¡He aquí el Gran Libertador, el que puede arrancar las cadenas y liberar al hombre de su pecado para llegar a ser libre por la eternidad!

¿Qué mayor satisfacción que ésta puede haber para el ser humano? Pan que satisface el hambre, agua que sacia la sed, libertad eterna para volar hacia las mismas alturas del cielo. Esto es precisamente lo que el hombre necesita; su pecado le ha privado del alimento y de la libertad espiritual. Jesucristo es el único Camino.

Tal vez se pregunta usted qué es lo que debe hacer para recibir ese pan y beber esa agua, y para disfrutar de aquella libertad verdadera. Es en la respuesta a esta pregunta que se presenta uno de los mayores problemas del hombre. Debido a la tergiversación de los sentidos humanos a raíz del pecado, el hombre ya no puede percibir las realidades ni analizar correctamente las alternativas que se le presentan. Jesucristo le parece al hombre moderno un ser sin importancia, pues no tiene flecos de lujo, ni sonidos pomposos ni ritos misteriosos. En su estado natural y común, el hombre prefiere engañarse en vez de aceptar la verdad de Dios. No le parece que Cristo es suficientemente efectivo ni radical como para solucionar el enorme problema que lo aflige. Jesucristo lo llama con la ternura de quien ama hasta lo sumo, pero el hombre no quiere oír esa voz. Jesucristo le extiende la mano y le promete descanso, paz y seguridad, pero el hombre quiere aferrarse a cosas más firmes que la mano de un Salvador invisible. Jesucristo le promete al hombre un lugar en las mansiones de luz, pero éste elige las cámaras secretas de la incertidumbre eterna.

Cristo extiende la mano y promete descanso, paz y seguridad, pero el hombre prefiere aferrarse a cosas más firmes que la mano de un Salvador invisible.

Jesucristo: el gran Intercesor

Jesucristo es el único Camino. Para ello dejó los cielos de esplendor y nació en un pesebre humilde. Luego anduvo por los caminos de los hombres y vio sus heridas y dolencias, y enseñó cosas que sus oídos no habían escuchado jamás. Pero no fue suficiente que enseñase y hablase la verdad. Lo tomaron prisionero y fue enjuiciado. Lo condenaron a la muerte en una cruz. Y en aquella situación horrenda sufrió las agonías que al hombre le correspondían. Se estremecieron sus entrañas. Y entregó su espíritu, cayendo su rostro inerte sobre su pecho Todo esto fue una acción divina. Dios no permitió que su santo viese corrupción, sino que, al ponerlo en un sepulcro nuevo, venció a aquel enemigo mortal y salió triunfante y victorioso de la tumba. Cristo ascendió al cielo, donde está ahora sentado a la diestra de Dios Padre, y vive para siempre para interceder por aquellos que claman a Él desde lo profundo de su miseria. Fue todo eso lo que le dio absoluto poder sobre la realidad humana, de modo que puede proclamar sin temor alguno: «Yo soy el camino, y la verdad, y la vida; nadie viene al Padre sino por mí» (Juan 14:6).

Para meditar

Jesucristo ha conquistado corazones que ahora predican su mensaje de paz y reconciliación por todos los rincones de la tierra. El mensaje del evangelio no son palabras de hombre. Agudice sus sentidos y escuche la voz del soberano Señor de la historia que lo llama para darle satisfacción y gozo. Es Él quien le habla por medio de ese mensaje evangélico.

Humanamente hablando, nuestro orgullo y altivez frenan nuestros pasos en el camino que nos lleva a Jesús. No es fácil entregarse a Cristo tal como uno es. Hay tradiciones de largo arraigo que detienen la marcha. Hay deseos personales que ensucian y cubren la clara necesidad de acercarse a Dios por medio de Cristo. Pero el mismo Señor que le llama a usted ahora puede darle las fuerzas que ello. ¡El Espíritu Santo derrumba murallas de defensa, penetra los más acerados corazones, e ilumina los más obscuros rincones para que el pecador halle a Cristo! Él es el Camino sin el cual le sería imposible acercarse al Dios. Él puede restaurar su felicidad perdida y hacerle vivir en comunión con Él.

El Espíritu Santo derrumba murallas de defensa, penetra los más acerados corazones, e ilumina los más oscuros rincones para que el pecador halle a Cristo.

Piense en términos eternos, en términos de lo que verdaderamente vale en su vida. Cristo es el único camino a la satisfacción plena, al gozo desbordante, a la libertad más maravillosa que el hombre conoce. Él es el Pan de Vida; Él es el Agua viviente que apaga la sed más quemante; Él es el genuino Libertador. Él es el Camino; el único. Nadie viene al Padre sino por Él. ¡Gracias, Señor Jesús!

Un sólo mediador

Texto clave: *«Porque hay un solo Dios, y un solo mediador entre Dios y los hombres, Jesucristo hombre.»*

I Timoteo 2:5

Objetivo: *Presentar a Jesucristo como el único Mediador entre Dios y los hombres, con su doble naturaleza – humana y divina a la vez.*

Introducción: ¿Quién es su abogado espiritual?

¿Quién es su abogado delante de Dios, amigo oyente? ¿Quién representa sus intereses ante las cortes del cielo? En caso de que usted no lo sepa, el hombre necesita quien le represente ante el Creador y Juez de toda la tierra. No es que nos agrade esta forma de hacer las cosas. Preferiríamos representarnos a nosotros mismos, por supuesto; pero el juez es quien determina el proceso y el proceder, y siendo Él Santo, no permite que cosa impura se presente ante Él. En efecto, aun en el caso del hombre, una vez que se da cuenta de quién es Dios, prefiere un mediador, alguien que lo represente y que defienda sus intereses. Cuando el hombre se ve a sí mismo tal como es busca enseguida un mediador ante el Ser Supremo. De ahí los poblados panteones de religiones paganas, de ahí las multitudes de funcionarios religiosos que se constituyen en abogados espirituales de las masas. Pero volvamos a la pregunta inicial. ¿Quién es su abogado, su mediador ante Dios?

El único Mediador entre Dios y los hombres – un Hombre

Es posible que usted tenga ya un mediador que lo represente. Permítame recordarle, sin embargo, que entre todos los mediadores del mundo y de la historia hay uno sólo que a usted le conviene. Dios le dice que efectivamente hay uno sólo. Lo dice en la Biblia, en I Timoteo 2:5, «Porque hay un solo mediador entre Dios y los hombres, Jesucristo hombre.» Lo mismo afirmó el apóstol Pedro cuando dice que «en ningún otro hay salvación; porque no hay otro nombre bajo del cielo, dado los hombres, en el que podamos ser salvos» (Hechos 4:12).

¿Qué pensaría usted de un hombre pobre que no tiene ni un centavo, que intentase representar los intereses de los ricos? ¿O qué pensaría usted de un hombre opulento, de inmensas fortunas, que intentase defender los intereses de los pobres y despojados? ¿Qué pensaría de un obrero que representase a la patronal? Este no es el caso del Señor Jesucristo. El apóstol Pablo dice en Gálatas 4:4-5, «Pero cuando vino el cumplimiento del tiempo, Dios envió a Su Hijo, nacido de mujer y nacido bajo la ley, para que redimiese a los que estaban bajo la ley.» Cristo se hizo igual a nosotros en todas las facetas, pero sin pecado. Es por eso que podemos hablar del hombre Jesús, el que nació en un humilde pesebre, el que creció en la carpintería de José, el que caminó por las calles de Palestina, el que comió y bebió, el que sintió cansancio, el que lloró ante la tumba de su amigo, y el que finalmente fue sentenciado, crucificado, muerto y sepultado. El único mediador entre Dios y los hombres es un hombre. Fue niño como los niños de hoy que juegan y aprenden en la escuela. Fue joven como los jóvenes de hoy, entusiasta y lleno de vigor; y llegó a la madurez en la cual inició su estupendo ministerio que ha dejado su marca indeleble en las páginas de la historia.

El único Mediador entre Dios y los hombres – un Ser divino y Hombre a la vez

> La condena que el pecado merece es infinita, y sólo un ser divino podía soportar este peso. Sólo Jesucristo, Hombre-Dios Hijo, pudo sobrellevar este castigo y satisfacer la ira de Dios Padre.

Este Jesús era también Dios. Debía serlo para poder llevar a cabo la obra que le fue asignada desde la eternidad. Cristo no se introdujo en la corriente humana para observar, estudiar y hacer un análisis de la situación. Cristo vino para soportar la ira de Dios contra el pecado del hombre; vino para llevar sobre Sí la maldición que sólo al hombre correspondía a causa de su desobediencia. Cristo vino para pagar la deuda ante Dios de los que serían salvos. El hombre debía pagar esa deuda porque era el hombre que había cometido actos condenatorios. Pero he aquí que no hay hombre en la tierra capaz de liquidar semejante deuda. Su deuda es infinita, porque su pecado es infinito. Y nada menos que la infinita majestad de Dios ha sido ofendida; y por tal merece un castigo infinito. Ahora bien, ¿qué hombre sobre la faz de la tierra podría soportar tal carga, o restaurar las relaciones cordiales con un Dios ofendido? Quien quisiese hacer esto debería primero librarse de su propia culpa, y para hacerlo tendría que sufrir las angustias eternas del abismo. En una palabra, nunca podría hacerlo, porque el pago de la deuda merece un castigo eterno. La condena que el pecado merece es infinita, y sólo un ser divino, revestido de las virtudes divinas, dueño de la muerte misma, podría soportar ese peso. En una palabra, el único Mediador entre Dios y los hombres debe ser un hombre y a la vez debe ser Dios. La humanidad de Jesús no menoscaba su deidad. Y tal es el Mediador que las páginas de la Escritura nos presentan.

¿Es este Dios-Hombre su mediator? No conteste con premura, amigo oyente. Esta repuesta no es fácil. Cierto es que prácticamente todo el mundo reconoce a Cristo como si fuera un ideal, un ejemplo digno de imitarse, un profeta singular, o un idealista. Pero el Cristo de la Biblia es Dios hecho hombre, y nadie debe modificar la relación entre estas dos naturalezas del Salvador. En el momento que tal cosa ocurre, el perfecto Salvador deja de existir, y con ello la preciosa salvación que trae al hombre.

Hay quienes, en su orgullo insensato, han hecho del Cristo una mera figura de la historia. Un ser importante, sí, pero en el mismo nivel que Platón, Moisés, Augusto César, y Mahatma Ghandi, y muchos otros grandes maestros del pasado. Esto es afirmar que Cristo es hombre y nada más. Esto es privar al mundo de un Salvador que puede llevar la carga del pecado humano. Esto es quitar al hombre la esperanza de verse libre un día de su tremenda culpa. Esto es negar, tácitamente, que Cristo es Dios. El resultado neto es una gran figura histórica, pero sin poder para salvar. En ese caso, el hombre se encuentra aún en la misma situación en que nació – sentenciado al castigo infinito que su pecado le ha generado.

> La humanidad de Jesús no menoscaba su deidad.

Hay quienes en su incomprendida humildad hacen de Cristo un ser radicalmente distinto al hombre que Él vino a salvar. Le conceden un grado de majestad tan elevado que pierden entre los rayos de su divinidad el misterio de su humanidad. Cristo, dicen, es el Hijo de Dios, la tercera Persona de la Trinidad, es

> Negar la humanidad de Cristo anula la enseñanza de la Biblia, niega el poder de Jesús, y obliga al hombre a buscar otra forma de mediación entre él y Dios Padre.

infinitamente superior a nosotros, y en Él no puede radicar la naturaleza humana. Esto anula los cuatro evangelios de la Biblia, los cuales presentan la historia de Cristo en la tierra. Esto es negar el poder Salvador de Jesús. Esto es obligar al hombre a buscar nuevamente alguna otra forma de mediación. Cuando se insiste solamente en la divinidad de Jesús, se está invitando al mismo tiempo a la creación de otros seres que funjan también de mediadores, ya no entre Dios Padre y los hombres, sino entre Cristo y los hombres. Habrá, entonces, que preguntarse qué debe uno hacer con las claras enseñanzas de la Biblia que nos presentan a un Cristo que dejó las glorias del cielo para identificarse con el mundo que vino a salvar. Por supuesto, habría que tergiversar de alguna forma esa revelación divina.

Para meditar

Hay en un museo de Alemania un cuadro que representa a Cristo. Fue pintado hace muchos años. La tradición nos dice que cuando el pintor estaba trabajando sobre la tela y había completado el bosquejo del rostro de Cristo, llamó a la hija de la mujer que atendía el mesón en el cual el artista se alojaba. El pintor le preguntó quién creía ella que era ese hombre. La niña miró la pintura y dijo: «Es un hombre bondadoso.» El artista se dio cuenta que no era sólo eso lo que quería transmitir. Volvió a pintar el rostro y preguntó de nuevo a la niña de quién era esa cara. Esta vez la niña dijo que parecía el rostro de alguien que sufría mucho. Nuevamente destruyó el pintor su trabajo y luego de largas horas de oración y meditación, pintó un rostro nuevo. Cuando la niña vio el resultado, exclamó: «¡Es el Señor Jesús!» Eso es lo único que hace de la venida de Cristo algo de tal trascendencia no es que un hombre bondadoso haya venido al mundo, no es ni siquiera un hombre que sufrió hondamente. ¡Es Dios mismo quien ha venido! ¡Emmanuel – Dios con nosotros! ¿Es este Mediador también el suyo? «Porque hay un solo Dios, y un solo mediador entre Dios y los hombres – Jesucristo hombre» (I Timoteo 2:5).

Cristo lo es todo

Texto clave: *«.. a fin de presentar perfecto en Cristo Jesús a todo hombre.»*

Colosenses 1:28

Objetivo: *Mostrar a Cristo como lo presenta Pablo a los Colosenses – Aquel que es la imagen visible de Dios, Creador, Eterno, Cabeza de la Iglesia, Reconciliador y Salvador de los que creen en Él.*

Introducción

Quien tiene a Cristo lo tiene todo; y quien no, aun lo poco que tiene es como nada. Esto lo saben bien quienes sí tienen a Cristo en su corazón. Sin embargo, tristemente es algo que dudan los que no conocen al único Salvador. En Cristo el hombre es perfecto; es la culminación de su humanidad, es el hombre ideal, es hijo de Dios. Cristo lo es todo. Esto es el mensaje inequívoco del apóstol Pablo en su carta a los colosenses. Si los líderes del mundo quisieran mejorar la humanidad o superar los defectos de la sociedad, su mejor libro de texto debería ser esta epístola de Pablo a los cristianos de Colosas.

Cristo – la imagen del Dios invisible

Cristo es «la imagen del Dios invisible, el primogénito de toda creación» (Colosenses 1:15). No es tan sólo aquel maestro excepcional, digno de imitarse. Es un agravio a la majestad de Jesucristo compararlo con otras grandes figuras de la historia. Jesús no es un Ghandi de la India, o un Platón de Grecia, o un Cicerón de Roma. Jesús es la imagen del Dios invisible: es Dios venido en carne humana; es la manifestación visible del Dios que nosotros los humanos no podemos ver de otra manera Fue la inmensa gracia de Dios que envió a su Hijo unigénito precisamente para que le conociésemos a Él.

> Jesús es la imagen del Dios invisible; es Dios venido en carne; es la manifestación visible de Dios Padre.

Cristo – el Creador

Cristo es Creador; «en Él fueron creadas todas las cosas, las que hay en los cielos y las que hay en la tierra, visibles e invisibles… todo fue creado por medio de Él y para Él» (Colosenses 1:16). ¿Maestro ejemplar? ¿Osado profeta? ¿Hombre de nobles ideales? ¡Cuidado! Estamos hablando del Creador de todas las cosas – las que se ven y las que no se ven; estamos hablando de este globo terráqueo con sus satélites y planetas asociados, y de todas las fuerzas espirituales e invisibles de esta creación. Los santos ángeles y aun las potestades de las tinieblas han sido creados por Él. «Todo fue creado por medio de Él y para Él.»

Cristo – el eterno Dios Hijo

Cristo es eterno; «es antes de todas las cosas» (Colosenses 1:17). Los hombres son muy limitados en sus consideraciones, y ven a Jesús tan sólo entre aquel humilde pesebre de Belén y aquella cruz cruenta en el Calvario. Neciamente consideran que Jesucristo no difiere tanto del resto de nosotros. Se olvidan que Jesús es el eterno Hijo de Dios, eterno con Dios Padre y el Espíritu Santo.

Cuando alguien acepta a Cristo, no acepta meramente el ejemplo brillante de un profeta antiguo; recibe nada menos que a Dios. Y cuando alguien rechaza a Jesucristo, no rechaza las palabras de un maestro ejemplar o de un guía moral; rechaza nada menos que a Dios mismo.

Cristo – Cabeza de la Iglesia

Cristo es Cabeza de la Iglesia, o como dice el apóstol, «Él es la cabeza del cuerpo que es la iglesia» (Colosenses 1:18). Es bien sabido que muchas veces los hombres se asignan a sí mismos toda clase de papeles y puestos de importancia, inclusive jefe de iglesias. Esto es un desprestigio de Jesucristo y una vergüenza para el ser humano. La única cabeza de la iglesia no es un ser humano, ni una organización, ni un comité. Jesucristo es la Cabeza de la Iglesia. Jesucristo es el fundamento. Jesucristo es el buen pastor. Quien pretende ocupar esos puestos es «ladrón y salteador» (Juan 1:10), y «el ladrón no viene sino para hurtar y matar y destruir. [Cristo ha] venido para que tengan vida, y para que la tengan en abundancia» (Juan 10:10).

Cristo – el sabio Reconciliador

Los alcances del señorío y de la soberanía de Jesucristo van mucho más allá de la iglesia que Él fundó y mantiene. Juega también el papel de reconciliador. Usted sabe que este mundo está desorientado y descarrilado, y deja fuera de consideración a Jesucristo. Encaminar así a la humanidad es como querer poner en marchar un motor sin combustible, o exigir electricidad sin tener una planta generadora. Escuche usted cómo Pablo se dirige a los colosenses; quiere hacerles entender claramente cómo vivir la vida cristiana: «Para que sean consolados sus cora-

> En Cristo «están escondidos todos los tesoros de la sabiduría y del conocimiento.» (Colosenses 2:3)

zones, unidos en amor, hasta alcanzar todas las riquezas de pleno entendimiento, a fin de conocer el misterio de Dios el Padre, y de Cristo, en quien están escondidos todos los tesoros de la sabiduría y del conocimiento» (Colosenses 2:2, 3). Cristo lo es todo. Nadie, ni el más eximio científico, puede penetrar los misterios de la creación sin la presencia y auxilio de Cristo. «En Él están escondidos todos los tesoros de la sabiduría y del conocimiento.»

Cristo – Salvador de su pueblo

Cristo no sólo es soberano sobre el universo y sobre el conocimiento. Él también es Salvador. Oiga usted cómo lo expresa Pablo en su carta a los colosenses: «Y a vosotros también, que erais en otro tiempo extraños y enemigos en vuestra mente, haciendo malas obras, ahora os ha reconciliado en su cuerpo de carne, por medio de la muerte, para presentaros santos y sin mancha e irreprensibles delante de Él» (Colosenses 1:21, 22). Cuando Jesús fue anunciado por el ángel a María, le dijo que su nombre sería Jesús, «porque Él salvará a su pueblo de sus pecados» (Mateo 1:21). Cristo dijo que «el Hijo del Hombre vino a buscar y a salvar lo que se había perdido» (Lucas 19:10). Este es su aspecto de mayor brillo y fulgor: Cristo salva. Salvó a sus discípulos; salvó a los colosenses, y salva aun a hombres y a mujeres en todos los rincones de la tierra.

Para meditar

Cristo lo es todo. Quienes tienen a Cristo no necesitan ya de ritos y ceremonias, ni de reglamentos exigentes en cuanto a la manera de vivir, ni la ayuda de ángeles para salvarse. Cristo impulsa a los hombres a la vida santa y a la superación constante. Escuche las palabras del apóstol Pablo: «Si, pues, habéis resucitado con Cristo, buscad las cosas de arriba, donde está Cristo sentado a la diestra de Dios. Poned la mira en las cosas de arriba, no en las de la tierra» (Colosenses 3:1, 2). Cristo es Salvador y soberano. Sentado a la diestra de Dios, nos manda a obedecerle y envía a su Espíritu Santo para guiarnos y darnos dones. Cristo lo es todo. El apóstol Pablo sufrió angustias y dolores, luchó batallas espirituales, viajó por mar y tierra, fue azotado, se vio privado de comodidades mil, pero siguió firme en la brecha y fiel en el ministerio. Su objetivo era uno sólo, «presentar perfecto en Cristo Jesús a todo hombre» (Colosenses 1:28).

◆◆◆

SERIE IV

El pecado original

Texto clave: *«Mas Jehová Dios llamó al hombre, y le dijo: ¿Dónde estás tú?»*

Génesis 3:9

Objetivo: *Enlistar las repercusiones del pecado de Adán y Eva.*

Introducción

No hubo día más aciago en la historia, ni de mayores consecuencias. Seguramente las flores se cerraron y las aves cesaron en sus alegres gorjeos. Hasta los mismos cielos se llenaron de nubes borrascosas y, humanamente hablando, una lágrima gruesa rodó las mejillas de los ángeles. El remordimiento se alojó en el corazón del protagonista y un alarido de dolor se dejó oír en la distancia. ¡El hombre creado por el Ser Supremo había caído en la desgracia! Había sucumbido a la tentación y yacía postrado a los pies del pedestal de gloria en el que fue puesto. El hombre había pecado. Por primera vez Dios tuvo que preguntarle «¿Dónde estás?». Esa pregunta fue la clave de esa horrible realidad. Es de Dios que la vida proviene. Aunque los científicos lleguen un día a producir la vida humana en el laborato-

> Como consecuencia del pecado de Adán y Eva, Dios clamó «¿Dónde estás?» como señal de ruptura de la dulce comunión entre el Creador y sus criaturas.

rio, jamás producirán un ser similar al que Dios creó. La vida humana proviene solamente de Dios. Y esa vida humana consiste en una relación directa con Dios, en la presencia y cercanía del Creador. En efecto, la principal y primordial ocupación de Dios es compartir la vida suya con aquellos que Él creó a su imagen y semejanza.

En aquel día triste, todo eso fue arruinado. Dios tuvo que clamar: «¿Dónde estás?» La dulce comunión y la identificación habían sido quitadas. Aquí radican los problemas de nuestro mundo: el hombre que no vive junto a Dios es, en sí mismo, un problema. Todo lo que toca y produce está manchado por la separación entre Aquel que lo hizo y él. Mientras las relaciones del hombre con su Dios no sean las que deben ser, ¿qué bien puede esperarse de sus actos? Es como pagar un peso por un servicio cuando se deben diez mil al que lo presta, o como pagar con un cheque sin fondos.

Las consecuencias del pecado de Adán y Eva

Los detalles del pecado original son bien conocidos. Adán y Eva cayeron en desobediencia. Violaron los específicos deseos de Dios. Se rebelaron contra la sabiduría divina. Fue un ensalzamiento desmedido del hombre y la mujer – al punto de querer hacerse igual al Creador. Fue un acto de profundas ramificaciones.

a. Toda la creación fue afectada

En primer lugar, toda la creación y el mundo natural fueron afectados. Categóricamente Dios informa a la humanidad que «maldita será la tierra por tu causa» (Génesis 3:17). Las fragantes flores vieron ahogar su perfume en el olor repugnante de malas hierbas.

Los preciosos granos que adornan la espiga dorada crecieron dificultosamente entre los espinos y los abrojos. El hombre de campo sabe de esto. Ni siquiera los poderosos productos químicos de nuestra era tecnológica han podido librarnos todavía de esas pestes vegetales. La aridez de las tierras que no pueden sostener la vida vegetal y los huracanes que barren con la cosecha de campesinos humildes son constante evidencia de la maldición que reposa sobre la tierra.

b. Se inicia la lucha espiritual entre el bien y el mal

Con el acto desobediente del primer hombre se despertaron también las fuerzas combatientes de las esferas espirituales. No tenemos ni la menor idea de las fuerzas poderosas que se hallan escondidas en el mundo de los espíritus. Cuando el hombre tomó del fruto prohibido, las regiones tenebrosas saltaron de alegría y se lanzaron al mundo entero en busca de víctimas. Y desde aquel momento la batalla entre las fuerzas malévolas por una parte, y las fuerzas divinas por la otra, no han cesado un sólo instante. Trabajan de día y de noche, interrumpen la obra filantrópica de Dios, y tratan de envenenar cuanta vertiente de agua cristalina encuentran a su paso. ¿Es sorprendente, entonces, que haya tan obvias manifestaciones de esta lucha sin igual? Los odios humanos son un reflejo de esa lucha; las guerras fraticidas de nuestra época y la siempre presente tentación al mal son producto lógico de la guerra sin cuartel que se inició aquel día terrible en que se cometió el primer pecado de la humanidad.

c. Da origen a la lucha diaria del hombre por sobrevivir

El pecado original afectó, por supuesto, al hombre mismo. Su gozo se tornó en amargura; y su placer en ardua tarea. La vida feliz del paraíso se convirtió en la lucha cotidiana por el pan y el sostén. Dios se lo dijo de esta manera: «Maldita será la tierra por tu causa; con dolor comerás de ella todos los días de tu vida. Espinos y cardos te producirá, y comerás plantas del campo. Con el sudor de tu rostro comerás el pan hasta que vuelvas a la tierra» (Génesis 3:17-19) La pureza original fue adulterada y hondas cicatrices aparecieron en la vida humana. Los surcos que labraría en la tierra serían duplicados en su frente a causa de la lucha por la existencia. Dios echó al hombre y a la mujer del jardín del Edén. Hay un profundo significado en este acto divino. Ese jardín era el local donde el hombre podía tener comunión con Dios, donde la vida era fácil y agradable. El hombre debe ser echado de sus fronteras y puesto en el cruel mundo que su insensatez produjo. Ya no era posible depender de las bondades de Dios. Ahora habría de vivir las consecuencias duras de la desobediencia a la voz divina.

d. Se introduce la muerte espiritual y física

La muerte empezó su lenta pero segura obra en la vida humana. Lo cierto es que Adán y Eva no cayeron muertos instantáneamente a la sombra del árbol cuyo fruto habían comido. Dios había dicho que cuando eso hicieran de cierto morirían. Y en el sentido espiritual, así fue. La muerte no es simplemente una cesación de la actividad cardiaca, ni un dejar de respirar. Es un proceso que comienza cuando nacemos. El deterioro del trabajo, el cansancio de la actividad, el desgaste por las enfermedades y las lágrimas que derramamos son todo parte de ese proceso que culmina un día en la separación del cuerpo y del alma. Y ese proceso sí se inició inmediatamente después que el hombre se quiso igualar a Dios considerando que sus deseos de comer del fruto eran tan válidos como la prohibición divina de hacerlo.

Un aspecto de la muerte tuvo su efecto inmediatamente. Es la muerte espiritual; es la separación de Dios, de la fuente de vida, del Creador, de aquel cuya imagen llevamos impresa. ¿Sabe usted lo que hace del cielo, cielo? Es la presencia constante y bendita de Dios. ¿Sabe usted lo que hace del infierno, infierno? Precisamente la total e irrevocable ausencia de Dios. Cuando el hombre pecó, esa ausencia de Dios se hizo sentir de inmediato. Cuando el hombre fue echado del paraíso y un ángel guardaba la entrada al lugar, la separación de Dios se hizo evidente y real. Esa es la condición del hombre hasta hoy; separado de Dios. Eso, espiritualmente, es muerte.

e. Toda la raza humana fue afectada y corrompida

El pecado original extendió su brazo corruptor mucho más allá del mundo incipiente de Adán y su mujer. En efecto, ha alcanzado hasta nuestra generación. Esto no es del agrado del hombre moderno. En su pragmatismo, el ser humano está dispuesto a considerarse culpable de cuanta cosa mala haga, pero eso de ser culpable del pecado de Adán es otra cosa. ¿Qué tiene que ver el hombre de hoy con Adán? Cuando Adán desobedeció a Dios no fue solamente su mano la que se ensució con el acto; no fue solamente su mente que se arruinó; no fue solamente la fuente de su pan cotidiano que fue afectada. Afectó a Adán, y de la misma manera afectó a toda la raza humana. Adán era un representante a quien Dios había comisionado para que labrase un futuro a su posteridad. Pero su desobediencia ha corrompido a toda la humanidad. La Palabra de Dios nos hace saber que todos hemos pecado en Adán; todos hemos heredado la culpa y la naturaleza corrompida al nacer. Esto es lo que dice el apóstol Pablo en su epístola a los Romanos: «Como el pecado entró en el mundo por un hombre, y por el pecado la muerte, así la muerte pasó a todos los hombres, por cuanto todos pecaron» (Romanos 5:12). Es por esto que no es necesario enseñar el mal a nadie; eso se aprende solo – por naturaleza. Es lo bueno lo que cuesta aprender y lo que jamás aprendemos totalmente. Esto se debe al pecado

> Cuando Adán desobedeció a Dios, no fue solamente su mano la que se ensució en el acto, ni sólo su mente la que se arruinó, sino con él toda la raza humana fue corrompida.

original. El pecado actual, que es universal además, sólo acentúa el pecado original con que llegamos al mundo.

Todo esto nos indica las causas fundamentales de los males de nuestro siglo. Directa o indirectamente, esto es la raíz de los odios humanos, de los rencores y de las distinciones que hacemos, del egoísmo, de la pobreza y de las desigualdades que todos conocemos. Quizá usted, como muchos otros, se rebele contra esta realidad. No sería de extrañar. Quisiéramos todos que fuese de otro modo. Pero ¿hemos por eso de rechazar lo que claramente nos dice el que sabe todas las cosas? Sería insensatez aun mayor el negar todo esto simplemente porque no nos agrada. Sería como negarnos a tomar un medicamento cuando sabemos que estamos gravemente enfermos.

Para meditar

Todo esto indica algo de la maravilla del evangelio. A la luz de esta realidad del pecado original podemos empezar a ver el porqué de la historia bíblica y los objetivos de los actos divinos en el mundo. Podemos ver la infinita gracia de Dios al permitirnos conocerle íntimamente por medio del segundo Adán, el Señor Jesucristo. «Pues si por la trasgresión de uno solo reinó la muerte, mucho más reinarán en vida por uno solo, Jesucristo, los que reciben la abundancia de la gracia y del don de la justicia» (Romanos 5:17). Por medio de Él es ahora posible llegar a un reacercamiento con Dios. Él es, en efecto, el único Mediador entre Dios y los hombres. Él es la única esperanza para todos los que han llegado a este mundo con la pesada carga del pecado original. Él es la única esperanza de todo ser humano, y la única esperanza suya. No se demore. Reconozca su pecado, abra su corazón a Jesucristo y deje que Él lo lleve a Dios. Una nueva vida empezará para usted – la vida eterna.

◆◆◆

Se peca contra Dios

Texto clave: *«Contra ti, contra ti solo he pecado».*

Salmo 51:4

Objetivo: *Analizar las características del Salmo 51 escrito por el rey David – un salmo de arrepentimiento, y una plegaria pidiendo purificación.*

La historia del rey David y Betsabé

Ella era bonita, seguramente bellísima, y él era rey. Él la vio en toda su belleza a la luz del sol. Y la codició hondamente con todo su cuerpo, y con todo su espíritu, y con toda su hombría. Quería hacerla suya, fuese ella quien fuese. Con todos los recursos de su realeza investigó quién era, dónde vivía, y todos los detalles pertinentes. Supo que ella estaba casada con uno de los soldados de la corte. El rey hizo un complot para satisfacer sus deseos y alimentar sus bajas pasiones. Mandó traer al soldado. Quiso emborracharlo. Pero el hombre era más soldado que esposo, y no cayó en la trampa. Es entonces cuando el rey dio órdenes de poner a este hombre en la vanguardia de la lucha – era como convertirlo en blanco de las flechas enemigas. Este hombre murió en la batalla. Así el rey tuvo libertad de tomar aquella mujer que lo tenía hechizado. Cometió flagrante adulterio. Es sólo con el tiempo y con las palabras cortantes de su profeta que aquel rey enardecido por sus pasiones, enloquecido por sus deseos carnales, se da cuenta del mal que ha cometido. Se lamentó profundamente de sus actos. Inspirado por el Espíritu Santo escribe un poema que ahora es un salmo en el libro de Dios – el Salmo 51. Efectivamente, se siente enfermo. Ayuna y hace oraciones. Ahora anhela perdón como antes anhelaba amores. El daño ha sido hecho. ¿Qué más remedio le queda que llorar su bajeza y lamentar su suciedad moral?

Un análisis del Salmo 51

El Salmo 51 es un poema en el cual el rey David le habla directamente a Dios en persona. Contiene varios elementos dignos de notarse.

a. El rey David está quebrantado de espíritu

En primer lugar, es obvio que el autor se siente quebrantado de espíritu. Oiga usted cómo comienza sus clamores al cielo: «Ten piedad de mí, oh Dios, conforme a tu misericordia» (Salmo 51:1). Era rey, pero en ese momento se siente menos que el más humilde súbdito de su entero reino. Su espíritu se ha quebrantado a causa de su acto descontrolado. Dios le había colmado de bendiciones sinfín. Lo había coronado rey y le había prometido descendencia eterna. Y en un momento de descuido el íntimo amigo de Dios cae ante el resplandor de sus deseos carnales quebrantado de espíritu. ¡Bien hizo al dirigirse a Dios y clamar, «Lávame más y más de mi maldad, y límpiame de mi pecado»! (v. 2).

b. El rey David desea ser restaurado

En segundo lugar, se descubre en el salmo un deseo imperioso de restauración personal. No es que el rey David se siente solamente quebrantado por lo hecho, sino que con igual ardor desea regresar, volverse, ingresar de nuevo a las condiciones que antes disfrutaba. Esta es su sentida petición al Dios del cielo: «Purifícame con hisopo, y seré limpio; lávame, y seré más blanco que la nieve» (v. 7). Y en otro momento de igual fervor exclama con todas sus fibras: «Vuélveme el gozo de tu salvación» (v. 12). Para volver a ese pedestal de alegría santa y a esa cercanía al Dios de su corazón, confiesa su deseo de ser perdonado. «Yo reconozco mis rebeliones», dice, «y mi pecado está siempre delante de mí» (v. 3). Desea sinceramente ser devuelto a aquellos momentos cuando tenía absoluta y personal comunión con Dios – una comunión que ahora ha perdido completamente por sus actos inmorales.

c. El rey David desea ser transformado

No es tan sólo cuestión de sentirse quebrantado y de anhelar restauración. El salmista sabe que estas cosas no son posibles mientras no ocurra algo milagroso en su alma desalentada. Se conoce a sí mismo. Sabe que su corazón está como envenenado. Sabe que de su propio fuero interno no se pueden esperar loables esperanzas. Casi que tiembla de pavor ante lo que sabe. No acierta a otra acción que dirigirse de nuevo a Dios y pedirle que lo transforme. Se dirige a su Rey con un pedido que no sería posible bajo ninguna otra circunstancia. Esto es lo que implora: «Crea en mí, oh Dios, un corazón limpio, y renueva un espíritu recto dentro de mí. No me eches de delante de ti, y no quites de mí tu Santo Espíritu» (vs. 10, 11). Se siente tan inútil, inservible e incapaz que acude a Dios para que Él lo cambie de adentro, fundamentalmente, espiritualmente. Necesita un nuevo corazón. El original está descompaginado; ya no funciona. Necesita un trasplante. Su espíritu abatido y aplastado debe ser renovado, y esto sólo puede hacerlo el poder de Dios por medio del Espíritu Santo. No era ni es fácil para el hombre descender al nivel de

> Sólo el Espíritu Santo puede abrir los ojos del hombre y capacitarlo para que él se dé cuenta que nada puede hacer por sí solo. Sólo Dios puede transformar y renovar el corazón del hombre.

admitir su incapacidad, y recurrir a Dios en humilde sumisión. Ese paso también debe nacer de la obra poderosa del Espíritu Santo de Dios. En sus hábitos naturales, el hombre siempre cree que puede resolver sus problemas de una manera o de otra. Sólo el Espíritu Santo puede abrir e iluminar los ojos del hombre y capacitarlo para que él se dé cuenta por fin que nada puede hacer por sí solo. Cuando el hombre se dirige a Dios y le ruega «Crea en mí, oh Dios, un corazón limpio, y renueva un espíritu recto dentro de mí», se inicia un nuevo capítulo en la vida humana. Y allí comienza a brillar un rayo de esperanza futura.

d. El rey David reconoce que ha pecado contra Dios mismo

En el Salmo 51 hay una lección suprema a aprender – lección que el mundo entero necesita. Contemple usted la situación. El rey ha cometido una fechoría vergonzosa. Lo rodean sus generales de ejército, sus secretarios de estado y sus asistentes menores. Todos ellos han sido escandalizados por la acción nefasta de su rey. Se ven humillados por lo que ha hecho su señor. ¿No hubiera sido correcto para ese rey hablarles a todos estos miembros de su gabinete y de su casa? Y mire usted a Betsabé, la mujer con quien el rey ha cometido adulterio. Su esposo ha sido ofrecido al enemigo como carne de cañón. La mujer ha caído en las manos de un rey que se aprovecha de su belleza y de sus condiciones personales. ¿No debería el rey David ocuparse en extender explicaciones y pedir perdón? Y contemple a ese pueblo sobre el cual David era rey. Todos admiraban a su rey, no sólo por sus obvios talentos y su gran reinado, sino porque había sido designado para ellos por Dios mismo – era el ungido del Señor. Por él habían peleado batallas y ganado victorias; por él habían sacrificado sus bienes y derrochado lealtad a granel. ¿No debería David viajar por todo el reino para pedir perdón a sus leales y fieles súbditos?

David no se dirige a sus cortesanos, ni a la mujer, ni al grueso del pueblo. Se dirige a Dios mismo en su momento de desgracia y angustia espiritual. Confiesa con todo su ser que «Contra ti, contra ti solo he pecado, y he hecho lo malo delante de tus ojos» (v. 4). Se peca contra Dios. Esta es la realidad que el ser humano debe comprender. Cierto es que el pecado muchas veces hiere al prójimo, al miembro de la familia, y aún a los seres más amados. Pero en última instancia, el pecado es contra Dios. Si nuestros mismos amigos se ofenden por ciertos actos nuestros, ¡cuánto más se ofenderá el Dios del cielo!

Lamentablemente cuando la gente comete delitos y pecados sólo piensa en lo que pudo haber ofendido a sus semejantes cercanos. No está mal pensar de ese modo porque nadie está totalmente aislado de los demás. Pero esto sólo toma en cuenta las consecuencias del pecado y no su naturaleza inherente.

El pecado es la violación de los santos preceptos de Dios; es desafiar los deseos de Dios; es una ofensa a su majestad inmaculada. Es contra Dios que se peca, y es por eso que es a Él a quien hay que confesarle nuestras culpas y pedirle perdón. No haga usted lo que hace siempre el hombre ciego e inválido. La tentación es dirigirse a Dios con ofrendas y sacrificios, como para pagar lo que se ha hecho y apaciguar así su ira. Al nivel natural de las cosas, el hombre ofrece un becerro, o una paloma, o una pequeña fortuna para tranquilizar a su pequeño dios. Esto es lo que informa el salmista: «No quieres sacrificio, que yo lo daría; no quieres holocausto. Los sacrificios de Dios son el espíritu quebrantado; al corazón contrito y humillado no despreciarás tú, oh Dios» (vs. 16, 17). Dios no quiere sacrificios de parte suya, por la sencilla

> Dios no quiere sacrificios en un altar. El único gran Sacrificio por el pecado del hombre ya ha sido ofrecido – es Jesús mismo, muerto en una cruz y resucitado para interceder por los que creen en Él.

razón de que el único gran Sacrificio por el pecado del hombre ya ha sido ofrecido una vez para siempre en una cruz. Jesús, clavado en un madero y abandonado por Dios, es el gran Sacrificio por el pecado humano, incluyendo el suyo. Acuda a Cristo y Él no le echará fuera. Usted ha pecado contra Dios. Dios ha sido ofendido. Pero Él mismo suple el sacrificio para quitar de en medio esa gran ofensa: Cristo. No hay salvación sin Jesús.

◆◆◆

El Cordero de Dios quita el pecado del mundo

Texto clave: *«He aquí el Cordero de Dios, que quita el pecado del mundo.»*

Juan 1:29

Objetivo: *Exponer cómo los sacrificios del Antiguo Testamento apuntan al sacrificio supremo de Cristo como el Cordero de Dios que quita y perdona eternamente el pecado del hombre.*

Introducción

¿Cómo propone usted librarse de su pecado personal? No se excuse usted ahora respondiendo que el pecado es universal y general, que todos lo sufren, y que hay evidencias de su existir por todas partes. Todo eso está incuestionablemente admitido. La cuestión no es qué hacer con ese pecado general de la humanidad. Deje que Dios mismo se encargue de eso. Lo que ahora le pregunto es cómo librarse de su pecado personal – ese pecado que usted lleva sobre su alma y sobre sus hombros. El pecado surge en el mismo suelo en el cual echa usted raíces. No es tan sólo que la humanidad ha pecado y violado los mandamientos de Dios. Se trata más bien del pecado que usted ha cometido, de su pecado personal. ¿Qué hacer con él? ¿Llevarlo al sepulcro? ¿Quitárnoslo de encima con artes de magia o exorcismos? ¿Hay alguna forma efectiva de librar al hombre de su pecado?

No cabe duda que, de alguna manera u otra, todos admitimos nuestro pecado personal. Hay un sentido muy agudo de falta y culpa. El ser humano sabe que hay algo que anda mal. Se da cuenta que su eternidad es una incógnita. Le tiene miedo al futuro por los desastres que pueda traer a manera de castigo por sus maldades. El hombre quiere quitarse ese pecado de encima como se quita una peste o una bacteria contagiosa. Visita psiquiatras que tratan de darle paz mental. Recurre a consejeros espirituales estrafalarios en búsqueda de la tranquilidad del perdón. Trata de pagar sus deudas con sufrimientos, dolores y quebrantamiento de espíritu. Se arrastra por la tierra en señal de arrepentimiento y con la esperanza de apaciguar a los dioses que ha ofendido. Cumple ceremonias y ritos con la esperanza de que esas cosas lo libren de su pecado personal. Contemple usted a sus contemporáneos y vea si no es cierto que el hombre moderno intenta desesperadamente librarse de su pecado personal, pues no puede resistir semejante peso en tan débil conciencia.

> En el Antiguo Testamento el sacerdote tomaba un cordero, ponía sus manos sobre aquel animal en señal de traspaso del pecado del hombre al animal, y luego el cordero era sacrificado. Así el pecador podía obtener un sentido de paz interna.

Dios ha dado la solución eterna al pecado del hombre

Desde tiempo inmemorial, Dios ha estado dando al hombre soluciones para librarlo del pecado personal. La Biblia es un libro de instrucciones que da respuesta a esa quemante pregunta del hombre. Lea usted el Antiguo Testamento, por ejemplo, y verá las innumerables reglamentaciones que permitían al pecador de aquel tiempo obtener el perdón que pudiese anhelar. Para eso existía el templo en Jerusalén; para eso se nombraban sacerdotes; para eso se requerían sacrificios de distinto tipo; y para eso se instruía al pueblo sobre lo que debía hacer. Si alguien cometía algún pecado específico, existían indicaciones concretas sobre cómo librarse de tal pecado. Una forma de actuar era, por ejemplo, acercarse al templo con un cordero limpio y sin mancha y ofrecerlo al Señor del cielo. El sacerdote tomaba el cordero, ponía sus manos sobre aquel animal en señal de traspaso del pecado del hombre al animal, y luego el cordero era sacrificado por el sacerdote. De ese modo el pecador podía obtener nuevamente un sentido de paz interna. Su pecado no sólo había sido confesado, sino que había sido pagado.

Un cierto día se oyó la voz de un predicador poderoso a la ribera de un río. Era un extraño profeta hasta cierto punto, pues vivía aislado del resto de la población, casi siempre en los desiertos. Vestía ropajes extraños y comía solo langostas y miel silvestre. Verdaderas multitudes iban a escuchar su mensaje – un mensaje aparentemente duro. El predicador acusaba a los oyentes de ser hipócritas. Condenó en términos claros sus actos erróneos. El pueblo oyente se sintió efectivamente culpable ante la fuerza del discurso inspirado de aquel misionero. De pronto, en medio de un absoluto silencio que reinaba en esa comarca, Juan, el mensajero, señala con su dedo a un hombre que se aproxima lentamente. Y lo presenta con las siguientes palabras: «He aquí el Cordero de Dios, que quita el

> Cristo es el Cordero que Dios mismo sacrifica en su altar para dar salvación eterna a todos los que creen en Él. Ya no hay sacrificios en templos, ni ceremonias, ni sacerdotes.

pecado del mundo» (Juan 1:29). ¿Cómo es eso? ¿Qué dijo el orador? ¿Alguien que quita el pecado del hombre?

Almas desesperadas, espíritus abatidos por el peso de la culpa, vidas apagadas por el torrente del pecado, he aquí el Cordero de Dios que quita el pecado del mundo. ¡Esta es la solución eterna al pecado personal! El remedio ya no está en sacrificios en el templo, ni en ceremonias, ni en sacerdotes profesionales que absuelven, sino en este Cordero de Dios. Él quita el pecado; Él acaba con ese mortífero veneno que ha perneado y arrastrado el alma al abismo de la condenación eterna.

¡Cuán difícil es admitir nuestro pecado! Se fabrican excusas mil, y se dan explicaciones que entierran cada vez a mayor profundidad. Pero en la quietud de la reflexión personal usted sabe que ese pecado personal es lo más amargo de su vida y lo más difícil de llevar. Usted ha pecado; y lo sabe aunque no lo admita en público. Mire esta maravilla que proviene del mismo cielo para usted: «He aquí el Cordero de Dios que quita el pecado del mundo.» ¡Sí, Jesucristo es la única y total solución al profundo problema del pecado personal! ¿Por qué vive usted en constante zozobra a raíz de sus múltiples pecados? ¿Por qué se arriesga a seguir por ese camino si sabe que en cualquier momento la eternidad pedirá su ser? No hay mensaje más alentador y reconfortante que este: «He aquí el Cordero de Dios que quita el pecado del mundo.»

Cristo es el Cordero que Dios ha ofrecido en su altar para quitar el pecado del mundo

Observe usted que este Cordero de Dios quita el pecado del mundo. No es un Cordero que sólo acepta pecados de gente judía, o de blancos, o de profesionales, o de pobres, o de prisioneros. Este Cordero limpia el pecado personal de quien quiera ser libre, desde aquellos que están en los más bajos niveles de la sociedad humana, hasta de los que están en los lugares más privilegiados. No sólo es Cristo el libertador del pecado personal de aquel pueblo diminuto de sus días en Palestina, sino del mundo entero, desde un polo al otro, y desde la costa del océano hasta los

Cristo, como Cordero de Dios, quita el pecado de hombres y mujeres de toda raza y nación, de toda generación, de toda época a través de la historia.

confines de la tierra: ¡He aquí el Cordero de Dios que quita el pecado del mundo! Note que el verbo quitar está en tiempo presente. Cristo quitó el pecado de aquellos que creyeron en Él en los tiempos en que Juan el Bautista proclamaba ese fantástico mensaje. Y lo hace también en estos momentos de la historia Este Jesucristo quita el pecado del mundo en todas las generaciones, precisamente en el instante en que el hombre clama ser librado de su pecado. ¡No puede haber mensaje de mayor impacto para nosotros!

Es el Cordero de Dios que quita el pecado del mundo. Es por eso que no hay ya templos donde se matan animales y se queman sus carnes, y sobre quienes se plantan los pecados del hombre. Es por eso que no hay ya sacerdotes que sirvan de mediadores entre un Dios ofendido y un hombre ofensor. Es por eso que no hay ya reglamentaciones complicadas sobre cómo librarse del pecado personal. Y es por eso que se proclama por el mundo entero el mensaje que Juan el Bautista proclamó a orillas del río Jordán. Él presentó a Jesucristo y dijo a la multitud: «He aquí el Cordero de Dios que quita el pecado del mundo.» No hay mensaje fuera de éste capaz de librar al hombre de su pecado personal.

Esto explica en parte los sacrificios sangrientos que el Antiguo Testamento presenta. Todo está dirigido hacia ese histórico suceso del Cordero de Dios. Todo conduce a la gran realidad del Cordero de Dios que quita el pecado del mundo. «Y ciertamente todo sacerdote está día tras día ministrando y ofreciendo muchas veces los mismos sacrificios, que nunca pueden quitar los pecados; pero Cristo, habiendo ofrecido una vez para siempre un solo sacrificio por los pecados, se ha senado a la diestra de Dios» (Hebreos 10:11,

12). Quizá el grueso del pueblo se desilusionó y se disgustó cuando oyó la voz de Juan. Si él hubiese presentado un gran rey que librase a los judíos del yugo político de Roma, hubieran aplaudido. Si se les hubiese presentado un gran profeta que dictase sabias conferencias, lo hubieran aceptado con gozo; pero el Cordero de Dios que quita el pecado personal era mucho menos atractivo, pero mucho más necesario. Es por esta razón que resulta tan trágico ver a tantas personas que aún viven desconcertadas, confundidas, buscando solución al pecado que las aplasta bajo su peso, y que las arrastra hacia una eternidad separada de Dios. Si usted quiere ser libre de sus pecados personales, este es el mensaje por excelencia para usted: «He aquí el Cordero de Dios que quita el pecado del mundo.» Usted necesita a Jesucristo. Él le basta. Acéptele como su personal y suficiente Salvador.

Barrera contra el pecado

Texto clave: *«Detrás y delante me rodeaste, y sobre mí pusiste tu mano.»*

Salmo 139:5

Objetivo: *Destacar cómo Dios dirige las circunstancias de sla vida del creyente para protegerle y alejarle del pecado.*

Introducción:

¿Es Dios culpable del pecado?

No es verdad que Dios tenga la culpa del pecado que los hombres cometemos. Ya el apóstol Santiago tuvo que vérselas con este tipo de opinión. Al escribir su epístola dijo categóricamente: «Cuando alguno es tentado, no diga que es tentado de parte de Dios; porque Dios no puede ser tentado por el mal, ni Él tienta a nadie; sino que cada uno es tentado, cuando de su propia concupiscencia es atraído y seducido» (Santiago 1:14). No cabe duda, sin embargo, que Dios permite el pecado.

Él es soberano y nada ocurre sin su expresa voluntad, de modo que si el hombre en su rebeldía o en su ignorancia o en su insensa-

> Él pecado es producto de la concupiscencia del hombre. «Dios no puede ser tentado por el mal, ni Él tienta a nadie.» (Santiago 1:14)

tez quiere ensuciarse el alma con el pecado, bien puede ser que Dios al fin le conceda su deseo y permita su caída. Pero es producto de la propia concupiscencia del hombre, y no es culpa de Dios. Lo que Dios sí hace con frecuencia es no permitir que sus propios hijos cometan pecado. Los protege como un padre amante. Los desvía de senderos de tentación. Determina que el pecado no dañará a sus amados. Tal vez esto le ha ocurrido a usted mismo que ha sido redimido por la sangre de Jesús. Todo creyente genuino puede dar testimonio de cómo Dios, de alguna forma u otra, puso una barrera en su camino para que no cometiese algún pecado en particular. Fue por esta experiencia que el salmista David pudo componer ese verso que dice: «Detrás y delante me rodeaste, y sobre mí pusiste tu mano» (Salmo 139:5). Dios lo rodeó para protegerlo contra el inminente peligro de cometer algo indigno de un hijo de Dios.

Dios impide que David peque vengándose de Nabal

David sabía por experiencia propia del peligro de caer en pecado. En sus andanzas por el desierto, fugitivo y perseguido por el rey Saúl, llega un momento en que su banda de seguidores tiene una urgente necesidad de alimentos y armamento. Quiso la providencia que no lejos de donde estaba viviese un tal Nabal. Era un hombre aparentemente bruto y amargado, dueño de considerables posesiones. Una gran cantidad de hombres trabajaba para la esquila de sus tres mil ovejas. La costumbre era que en tales casos había toda clase de víveres disponibles. Los pastores errantes de este Nabal habían recibido protección gratuita de David y de sus hombres, así que David creyó perfectamente lógico y natural solicitar de Nabal las provisiones que requería. David envía una delegación a solicitar esa ayuda, pero Nabal, de forma brusca, da una respuesta negativa. Esto es lo que contestó: «¿Quién es David, y quién es el hijo de Isaí? Muchos siervos hay hoy que huyen de sus señores. ¿He de tomar yo ahora mi pan, mi agua, y la carne que he preparado para mis esquiladores, y darla a hombres que no sé de dónde son?» (I Samuel 25:10, 11). Nabal no sólo se niega a prestar la ayuda pedida, sino que desprecia a David y lo clasifica como si fuese un esclavo que huye de su amo.

De inmediato David ordena a sus hombres formar fila para ir tras ese Nabal y destruirlo. Parece natural y lógica su reacción. Pero semejante acción no cabe en la conducta de quienes sirven a Dios. David no es Dios para que enderece lo torcido y se tome en sus manos la venganza, por más justa que parezca. Así lo definió más tarde el apóstol Pablo: «No os venguéis vosotros mismos, amados míos, sino dejad lugar a la ira de Dios; porque escrito está: Mía es la venganza, yo pagaré, dice el Señor» (Romanos 12:19). David resolvió hacer lo que hacen todos los demás mortales: había de vengar su honor con derramamiento de sangre. Pero Dios se encargó de evitar que David cometiese ese pecado. Dios creó una barrera contra el pecado.

Tome usted nota del hecho de que esta historia tiene tonos de romance y aventura. La esposa de Nabal se entera de lo que había dicho su esposo, y supone que a David no le habrán agradado tales expresiones. Rápidamente y a escondidas de su esposo, Abigail recolecta las mejores provisiones y forma una caravana para ir al encuentro de David, el agente de Dios entre su

> David resolvió vengar su honor con derramamiento de sangre, pero Dios se encargó se evitar que David cometiese ese pecado. Dios creó una barrera para impedirlo.

pueblo. Con humildad y reverencia se allega al airado David y le da las excusas más plausibles. Fue entonces cuando David entendió que Dios estaba construyendo una barrera contra el pecado. Abigail se inclina a tierra postrándose sobre su rostro delante de David, y le dice con palabras prudentes: «Ahora pues, señor mío, vive Jehová, y vive tu alma, que Jehová te ha impedido el venir a derramar sangre y vengarte por tu propia mano» (I Samuel 25:26). David se quedó asombrado ante la delicadeza y la inteligencia de Abigail. Se ve obligado a desistir de su empeño vengador, y admite su culpa con estas palabras: «Bendito sea Jehová Dios de Israel, que te envió para que hoy me encontrases. Y bendito sea tu razonamiento, y bendita tú, que me has estorbado hoy de ir a derramar sangre, y a vengarme por mi propia mano» (vs. 32, 33). Dios había utilizado a esta mujer para poner una barrera a David contra el pecado.

Dios levanta barreras para impedir que sus hijos pequen

Dios aún levanta barreras contra el pecado. Lo hace todos los días, y utiliza para ello todos los medios disponibles. Quizás ahora mismo está poniendo una barrera para impedir que usted caiga en tentación y pase una vergüenza. Por un lado Dios permite a los duros y rebeldes de corazón que hagan lo que quieran, aunque después cosechan el fruto que han sembrado. Pero Dios protege constantemente a sus hijos; los rodea por detrás y por delante, y pone su mano sobre ellos. Eche usted una mirada a su propia vida y observe algunas de las barreras que Dios ha construido para que el tren desenfrenado del pecado no se lo lleve a usted por delante y lo aplaste. Dios permite que aquellos que insisten en hacer el mal caigan en pecado, pero recuerde también que Dios pone barreras contra el pecado en el caso de los que buscan su gloria y honor.

Es posible que las leyes de su país le impidan hacer lo que sería una desgracia para usted, su familia y su comunidad. Afortunadamente, en casi todos los países hay leyes sabias que dan las pautas para la conducta general de la ciudadanía. Si no fuera por esas leyes, quizá usted estaría involucrado en alguna actividad degradante. El respeto al magistrado que, según Dios, «no en vano lleva la espada» (Romanos 13:4), desvía a muchos ciudadanos de hacer lo que de otra manera sería perfectamente aceptable para ellos. Es por esta razón que es tan importante tener legisladores de consciencia que no busquen su propio engrandecimiento o enriquecimiento, sino la paz y la tranquilidad de los ciudadanos. Lo más probable es que Dios también utilice a la gente que vive a su derredor como instrumentos para que usted no caiga en pecado. Quizás tenga usted un familiar a quien aprecia hondamente, y no desea herirlo al cometer esa fechoría que ha surgido en su cabeza. Dios utiliza muchas veces a personas así como barreras contra el pecado. Todos ellos pueden decir con el salmista: «Detrás y delante me rodeaste, y sobre mí pusiste tu mano.»

> Dios permite que aquellos que insisten en hacer el mal caigan en pecado, pero también pone barreras contra el pecado en el caso de los que buscan su gloria y honor.

No descarte usted las circunstancias de su vida. Pueden fácilmente ser las barreras levantadas por Dios que evitarán que usted caiga en pecado. David estaba ya en marcha forzada contra el insensato Nabal, y estoy seguro que hubiera liquidado a ese hombre y todo lo que poseía. Hubiera derramado sangre y se hubiera vengado por su propia mano. Dios utilizó la viveza intelectual y el valor femenino de Abigail para levantar una barrera contra el pecado que David estaba a punto de cometer. Tal vez usted no se explica el porqué de algún episodio o de una extraña circunstancia en su vida. No descarte la posibilidad de que no es más que una barrera que Dios pone en su camino contra el pecado. No deje de lado su consciencia – esa voz interior que le insiste una y otra vez que no vaya allí, que no haga eso, que no permita tal idea, que no diga tal cosa. Bien puede ser una barrera que Dios levanta para disuadirlo de sus malas intenciones.

Para meditar

David se dio cuenta de su error al verse frente a esa barrera de Dios. Dio profusas gracias a Abigail, reconoció la intervención divina, y desistió de su peligrosa venganza. Dejó tales cosas en las manos potentes de Dios. Dios tomó cartas en el asunto. Días después «Jehová hirió a Nabal, y murió» (v. 38). Si usted ha caído ya en tentación y ha violado las barreras que Dios ha puesto en su camino, sepa que en su amor infinito, Dios provee perdón por medio de su Hijo Jesucristo. Dios jamás pone barreras entre usted y Jesús. Ese camino, le aseguro, está siempre abierto.

◆◆◆

Lo que vale un pecador

Texto clave:	*«Os digo que así habrá más gozo en el cielo por un pecador que se arrepiente, que por noventa y nueve justos que no necesitan de arrepentimiento.»*
	Lucas 15:7
Objetivo:	*Destacar el alto precio que Cristo pagó en la cruz por aquel que cree en Él como su Salvador.*

Lo que vale el hombre para la sociedad

¿Cuánto vale usted? No se trata de ver qué valor se le asigna en la oficina donde trabaja, o la cantidad de dinero que haya acumulado a través de los años, o lo que usted vale para la empresa que lo emplea, o para la comunidad en que vive, o para el hogar del cual es parte, o para la iglesia a la cual asiste. ¿Cuánto vale usted por sí mismo – su persona, sea rico o pobre, importante o insignificante, gobernador o gobernado? ¿Cuánto vale usted delante de Dios?

No hace mucho, un profesor de Antropología dijo que el hombre moderno es «una peste desconocida que por medio de su técnica está tratando de contagiar a otros planetas.» Este escritor habla de la ciencia que el hombre ha producido, y afirma que ésta ha traído la muerte al hombre. Este hombre es uno de muchos que siente profundos temores con lo que la humanidad ha de hacer con lo que ha descubierto e inventado. El hombre se muestra pesimista respecto a la humanidad; ese espíritu de pesimismo se extiende y afecta también a la sociedad en que vive. El progreso humano no puede ser frenado. Se creía que el mundo se perfeccionaría de forma paulatina pero segura, y que los hombres llegarían a ser como ángeles. Ciertamente la humanidad ha avanzado y ha hecho asombrosos progresos de los que bien puede hacer alarde. Pero ese mismo hombre sigue siendo una triste figura. Habla de sí mismo como una «peste» y «una enfermedad planetaria» que ha de contagiar a otros planetas.

Lo que vale el hombre para Jesucristo

¿Qué diría Jesucristo del valor de un hombre? Como excepcional maestro, y como el Hijo de Dios que estuvo dispuesto a hacerse hombre, Jesús seguramente tiene alguna opinión el valor de un hombre. Esto es lo que declaró a un grupo de personas selectas que entendían el significado de sus palabras: «Os digo que así habrá más gozo en el cielo por un pecador que se arrepiente, que por noventa y nueve justos que no necesitan de arrepentimiento» (Lucas 15:7). ¿Un pecador? ¿Uno sólo? ¿Vale un hombre, y pecador además, tanto como eso? No es así como el mundo moderno considera al hombre. Se habla de las masas y de los pueblos, y se fomenta el cuadro de un grupo homogéneo de seres idénticos en cuanto a ideas, hábitos, posesiones, educación y religión. Se trata por diversos medios de demostrar que la esperanza para el futuro reposa en esa forma colectiva de ver al ser humano. El individualista es considerado sujeto peligroso – ciertamente su cuerpo puede ser encadenado, pero no su espíritu.

Tal vez Jesucristo no era un individualista puro, pero sí demostró su idea de lo que vale un pecador – uno sólo. ¿Acaso alguna vez salvó Él a una multitud? Cierto es que predicó a las muchedumbres, les dio de comer, y hasta lloró al contemplarlas como ovejas sin pastor, pero jamás las salvó como multitud. Siempre buscó a la oveja perdida, a la moneda extraviada, al hijo pródigo, y cuando los encontró, los salvó. Buscó a un pescador en un bote, a un funcionario que recogía impuestos, a un hombre pequeño de estatura trepado a un árbol, a una mujer enferma junto al camino, a un príncipe que lo visitó de noche, y al final, salvó a un ladrón en una cruz. ¡Todos ellos, personalmente, recibieron la salvación al costo de la sangre de Jesús! Así ha sido con la Iglesia de Cristo desde el principio, y así lo es hoy en día.

> El secreto de la fortaleza de la Iglesia cristiana es que proclama a Aquel que reconoce el valor de un alma y que está dispuesto a pagar por él el elevado precio de su eterna redención.

Cristo envió a sus discípulos a predicar el evangelio, y con el poder del Espíritu Santo ha estado edificando a su Iglesia con pecadores que, uno por uno, se arrepienten y traen gozo al cielo mismo. Continuará haciendo esto a pesar del pensamiento colectivo y general de estos tiempos, pues la Iglesia de Cristo, mientras sea digna de su nombre, será por lo menos un lugar en este mundo donde el hombre no podrá perderse en la multitud, ya que Cristo estará allí para salvarlo, para cuidarlo y para llamarlo por su nombre. Ese es, en efecto, el secreto de la fortaleza de la Iglesia auténticamente cristiana: proclama a Aquel que reconoce el valor de un alma, y que por eso está dispuesto a pagar por él el elevado precio de su eterna redención.

Cristo es Dios, y de ahí que sabe lo que vale un hombre creado a la imagen y semejanza de Dios. Él lo trata con dignidad, pues esa imagen hace de él un hombre, no una máquina; es un rostro específico en medio de una multitud; es un ser humano, creación del alto genio de Dios, responsable personalmente ante su Creador, y quien, en consecuencia, necesita un Salvador personal. He aquí el punto de separación entre el cristianismo y las muchas filosofías modernas. Muchos pensarán que el ser humano no vale mucho y que no

> El hombre fue creado a la imagen de Dios. Es un rostro específico en medio de una multitud. Es responsable delante de su Creador, y necesita de un Salvador personal.

goza de derechos propios e inalienables. El cristianismo, en cambio, afirma que delante de Dios no hay nada más importante que un hombre que se arrepiente de sus pecados. Cristo dijo que no hay gozo en el cielo por un hombre que se justifica a sí mismo y no siente necesidad de arrepentimiento. Éste no vale gran cosa; sólo trae tristeza a los ángeles del cielo. Éste sí puede ser una «peste» o una «enfermedad planetaria». Ese es el problema moderno; esto explica el pesimismo que reina por doquier. El hombre se ha negado a arrepentirse, a reconocer que ha violado la ley de Dios, que merece castigo eterno por su pecado, que su corazón está inclinado al mal, y que por ello necesita la gracia redentora de Dios en Cristo Jesús para convertirlo en un hombre nuevo. Aun muchas de esas grandes personalidades de hoy que admiten la tragedia de la maldad en el mundo no se muestran dispuestas al arrepentimiento. Pueden ver la crueldad humana, pero no hablan del pecado en términos de la culpa personal que exige un arrepentimiento personal. Hablan del mal en las masas como un fenómeno colectivo y general, y no ven la necesidad de un Salvador personal como el que predica el cristianismo. Muchos de ellos niegan la existencia de un Dios personal ante quien todo ser humano es responsable. ¿Cómo, entonces, han de buscar una salvación personal?

El valor del hombre depende de su relación con Cristo

El valor de un hombre depende de su relación con Cristo Jesús – una relación de arrepentimiento y salvación. Aquel que no cree ni quiere esto ha rechazado el amor de Dios que tiene poder para redimirlo. Un día él solo, no como parte de una multitud, tendrá que verse personalmente cara a cara con ese Dios. En ese momento no será más que un pecador sin arrepentimiento por quien los cielos lloran, y por quien el infierno se goza.

Para meditar

¿Cuánto vale usted ante Dios? Quizá sienta usted en este momento el inmenso peso de su pecado. La Biblia le da palabras de aliento: Dios ha pagado un infinito precio para salvar a pecadores – el precio de la sangre preciosa de su Hijo. Un pecador que se arrepiente de sus pecados y mira a Cristo como su única salvación llenará el cielo entero de gozo eterno.

◆◆◆

Sed santos, porque yo soy santo

Texto clave: *«Como Aquel que os llamó es santo, sed también vosotros santos en toda vuestra manera de vivir; porque escrito está: Sed santos, porque yo soy santo».*

I Pedro 1:15, 16

Objetivo: *Explicar cómo la santidad del creyente es un acto que desarrolla toda su vida – no significa la ausencia de pecado, sino no practicar el pecado.*

La santidad del creyente como un acto progresivo

El cristiano es considerado por Dios como un santo. Su vida está en manos del santo Jesucristo. Impulsada por el Espíritu Santo, ha sido redimido de su pecaminosa manera de vivir, y ha sido hecho nueva criatura Dios le ha prometido absoluta y total santidad – y es imposible que Dios mienta. El cristiano es santo; así lo llama el apóstol Pablo en sus cartas cuando escribe a los cristianos y les dice que son santos y fieles en Cristo. Y no sólo eso; el cristiano es un santo que quiere ser santo. Tal vez usted se pregunta cómo puede ser esto – ¿uno santo que quiere ser santo?

¿El cristiano es santo o no? Si es santo, ¿por qué quiere ser algo que ya es? El creyente, aunque es santo, también peca. Es triste y trágico ciertamente, pero el cristiano también peca. Hace lo contrario a la voluntad de Dios, viola sus leyes saludables, se mete en lugares donde no debe, y se ensucia las manos como los demás en su mundo. El cristiano también peca. Hay quienes demandan de los cristianos genuinos que no pequen. Los observan minuciosamente. Éstos dicen que los cristianos pecan como cualquier otro, y si esto es así, ¿por qué ser hipócrita y entregarse a Cristo? Sería verdaderamente lamentable que por esta razón usted nunca se acercase al único Salvador que puede curar sus males eternos. Es absolutamente cierto que el cristiano también peca, pero esto no debe impedir que usted se acerque a Jesucristo – ese Cristo es la única esperanza para usted y también para ese cristiano a quien usted observa.

Los creyentes caen en pecado, pero no practican el pecado

Las Escrituras demuestran categóricamente que el cristiano también peca. Dice el profeta Isaías, «Si bien todos nosotros somos como suciedad, y todas nuestras justicias como trapo de inmundicia» (Isaías 64:6). Incluso los mejores actos del que ha sido rescatado del mal, actos con los cuales desea honrar a Dios, son considerados como trapos de inmundicia. Observe la conducta de los gigantes de la fe bíblica y verá esas lagunas vergonzosas y esas manchas obscuras. Dice la Biblia que Noé fue un hombre justo y perfecto. Pero cuando salió ileso de la traumática experiencia del diluvio, quiso celebrar sus bendiciones – en lo cual no había nada de malo. El error fue que al celebrarlo llegó al punto de embriagarse ante los ojos de sus hijos. El cristiano también peca. ¿No fue Moisés un fiel siervo de Dios? Usted puede verlo, sin embargo, sacudido sin misericordia por ataques de ira y enojo, al punto de quebrar las tablas de la ley que Dios le había dado. El cristiano también peca. Y allí está el magnífico David – rey de fama universal y conocido según las Escrituras como el amigo de Dios. David fue precursor de enormes bendiciones para el mundo entero, y de su simiente ha venido el mismo Salvador y Mesías prometido. Pero David era humano y estaba sujeto a idénticas tentaciones como todos los demás. El amigo de Dios ordenó que se matase a un hombre inocente para que así él pudiese adueñarse de su esposa a quien amaba. Y no crea usted que estas son cosas de los tiempos antiguos solamente; encontrará exactamente lo mismo en las páginas del Nuevo Testamento. ¿Considera usted al apóstol Pedro como uno de los más grandes cristianos de la historia? Cuando ese mismo apóstol Pedro se vio en peligro de que alguien se burlara de su fe, sin vergüenza alguna negó rotundamente que conocía a Jesucristo. El cristiano también peca. Y allí está el insigne apóstol Pablo, quien dice honesta y abiertamente que tiene un gran conflicto en su ser: «Porque lo que hago, no lo entiendo; pues no hago lo que quiero, sino lo que aborrezco, eso hago» (Romanos 7:15). Tan grande era ese conflicto en su alma que exclama con profunda angustia: «¡Miserable de mí! ¿Quién me librará de este cuerpo de muerte?» (Romanos 7:24). El cristiano también peca.

a. El creyente, aunque cae en pecado, ama a Dios profundamente

No es que el cristiano quiera pecar. Es en esto precisamente que reside la radical diferencia entre el que es cristiano y el que no lo es. El cristiano también peca, pero ¡qué enorme diferencia hay entre él y quien jamás ha encontrado la paz de Jesucristo! En primer lugar, el cristiano ama a Dios de la misma manera que un niño ama a su padre. Un hijo tratará siempre de agradar y de ser obediente a su progenitor. El cristiano ama a Dios con todo su corazón, y todas sus fuerzas, y toda su alma; y por eso trata siempre de serle obediente y de agradarle. Al incrédulo poco o nada le importa si Dios se complace o se disgusta, si Dios lo ve o no lo ve – ni siquiera piensa si ofende a Dios con sus actos.

b. El creyente, cuando cae en pecado, se arrepiente y pide perdón a Dios

En segundo lugar, consideremos también lo que sucede después de que el cristiano peca. Ciertamente el hombre que no conoce a Cristo tiene restricciones, siente en mayor o menor grado ciertos temores de hacer el mal. Pero peca como si tal conducta fuese parte normal de la naturaleza humana. Tal vez utiliza la mentira como elemento natural de su estilo de vida. Miente de vez en cuando para evitarse complicaciones, para no disgustar a los demás, o por cualquier otra razón. Miente con relativa frecuencia, y jamás ha considerado siquiera si eso le llevará a la condenación eterna. El cristiano, sin embargo, cuando se da cuenta que ha mentido, se siente incómodo, se dirige a su Padre celestial y abiertamente le confiesa sus mentiras. Tal vez usted ha cometido adulterio alguna vez – y usted cree que sólo usted y la otra persona implicada lo saben. Sepa usted que Dios también lo sabe. Es posible que esto sea irrelevante para usted. Cuando un creyente cae en pecado y comete adulterio, está plenamente consiente de que Dios lo sabe, y eso le traspasa el corazón de dolor y de remordimiento, hasta el punto de llorar por lo que ha hecho. Posiblemente usted se considera muy hombre, muy culto y muy digno de haber cometido adulterio porque ha hecho lo que otros desean en su corazón. El rey David cometió adulterio como muchos otros que no son cristianos. Pero cuando David abrió los ojos y se dio cuenta de haber transgredido la ley de Dios, escribió una de las páginas más conmovedoras de toda la Biblia. Llora como un niño, deja de comer, se encierra en su cámara secreta, e implora al Dios del cielo que le perdone su iniquidad ¡He aquí la gran diferencia entre el cristiano que peca y el hombre que jamás ha encontrado salvación en Jesucristo! Alguien lo ha expresado así: «Quien vive genuinamente convencido que se merece el infierno, es probable que jamás llegue a tal lugar, y quien cree que es digno del cielo, cierto es que jamás entrará en aquellas mansiones de gloria.»

> Cuando el rey David se dio cuenta que había transgredido la ley de Dios, imploró al Dios del cielo que le perdonase su iniquidad.

c. Dios perdona al creyente que se arrepiente

Hay otra diferencia radical entre el cristiano que cae en tentación y el que no quiere saber nada de Cristo como el único Salvador: el cristiano puede ir a Dios, pedirle perdón, y obtener ese perdón eterno. ¿Cree usted que David tuvo que vivir el resto de su vida con el peso de su trasgresión aplastante? ¡Por supuesto que no! Dios tuvo misericordia de él y le perdonó sus faltas. ¿Cree usted que el apóstol Pedro vivió el resto de su vida como prisionero de su culpa? ¡Por supuesto que no! Dios lo perdonó por causa de Jesucristo, en quien había puesto su confianza y su fe. El cristiano de hoy en día que comete pecado tiene esos mismos recursos: puede ir a Dios, confesarle su maldad, recibir absoluto perdón, y sentirse completamente libre de esa culpa. Alguien afirmó alguna vez lo siguiente: «Jamás he visto tanta ansiedad, falta de seguridad y abundancia de culpa como la que encuentro hoy en día. No sólo hay gente enferma mental y emocionalmente, sino que hay indicaciones de que estos sentimientos están presentes aun en la gente aparentemente sana» ¿Por qué vive así el hombre? ¡Hay fuente de perdón para su culpa, hay perdón para sus pecados! Usted puede encontrarlo en la eterna cruz de Jesucristo. Esa cruz no es un invento del hombre para librarse de su culpa. La solución de la cruz de Cristo viene de Dios. Es el mismo Dios contra el cual el hombre peca que ofrece perdón a todo aquel que lo pide.

Es el mismo Dios contra el cual el hombre peca que ofrece perdón a todo aquel que lo pide.

◆◆◆

No me gusta pecar

Texto clave: *«¿Perseveraremos en el pecado para que la gracia abunde?»*

Romanos 6:1

Objetivo: *Enlistar las advertencias contra el pecado que el apóstol Pablo presenta en Romanos 6.*

El peligro del pecado: cuatro palabras de advertencia en Romanos 6

Hay gente burlona en este mundo. Tiene el concepto de Dios como un ser lejano que perdona los pecados que la humanidad entera comete. Cree que cuanto más peca el hombre, más perdona Dios. Y de aquí que piensan que lo bueno sería pecar lo más posible, viéndose beneficiados de ese modo con más perdón.

El peligro de pecar es constante y universal. El pecado rodea aún a los creyentes en Jesucristo. El apóstol Pablo bien lo sabía y menciona este serio peligro en su epístola a los Romanos. Utiliza cuatro palabras distintas para advertir a los creyentes del peligro de pecar y ensuciar así sus almas redimidas.

1. «Saber»

En primer lugar, emplea el vocablo «saber». Romanos 6 tiene cuatro versos que hablan de este saber. El versículo 6 es un ejemplo: «Sabiendo esto, que nuestro viejo hombre fue crucificado juntamente con Él, para que el cuerpo del pecado sea destruido, a fin de que no sirvamos más al pecado». De estas cosas hay que conocer, tener idea y conocimiento. Hay que estudiar, pensar, meditar y hacer determinaciones. Esto le da a usted la pauta de una dimensión bíblica que muchas veces se deja de lado. Se cree que en la experiencia cristiana todo es sentimientos, emociones, alegría, pero todo sin fundamento intelectual. Pero a través de toda la Escritura Dios acentúa la importancia de la razón y el conocimiento. Todas las cartas del apóstol Pablo contienen consejos prácticos para la conducta diaria, y en todos esos casos estos consejos son precedidos por doctrinas muy claras y definidas. Por ejemplo, I Corintios 15 describe la doctrina de la resurrección. Y después de exponer este ensayo doctrinal, Pablo enlista unos consejos prácticos: «Así que» – es decir, en base a toda esta bella doctrina, y como resultado lógico de todo este conocimiento – «hermanos míos amados, estad firmes y constantes, creciendo en la obra del Señor siempre, sabiendo que vuestro trabajo en el Señor no es en vano» (I Corintios 15:58). Para no pecar, hay que saber.

> La experiencia cristiana no es sólo sentimientos, emociones y alegría, es también un fundamento intelectual, razón y conocimiento.

2. «Considerar»

Otra palabra que utiliza el apóstol es «considerar». «Así también vosotros consideraos muertos al pecado, pero vivos para Dios en Cristo Jesús, Señor nuestro» (Romanos 6:11). Este vocablo indica la necesidad de sacar cuentas, de hacer cálculos, de estimar las realidades y de medir las consecuencias. Piense usted por un momento: Si usted ha muerto juntamente con Cristo, si su yo pecador ha sido crucificado en aquella cruz con el Hijo de Dios, considere usted si es lógico practicar el pecado. No sólo no es lógico, sino que es imposible. Los creyentes están muertos al pecado y vivos para Dios en Cristo Jesús. El apóstol Juan lo expresa así: «Todo aquel que es nacido de Dios, no practica el pecado, porque la simiente de Dios permanece en él» (I Juan 3:9), y «Sabemos que todo aquel que ha nacido de Dios, no practica el pecado, pues Aquel que fue engendrado por Dios le guarda, y el maligno no le toca» (I Juan 5:18).

3. «Presentar»

Un tercer término de advertencia contra el pecado es «presentar». Aquí ya se percibe una acción específica y no un mero sentarse a pensar o a aprender de forma pasiva. Estas son las palabras del apóstol Pablo: «No reine, pues, el pecado en vuestro cuerpo mortal, de modo que lo obedezcáis en sus concupiscencias; ni tampoco presentéis vuestros miembros al pecado como instrumentos de iniquidad, sino presentaos vosotros mismos a Dios como vivos de entre los muertos» (Romanos 6:12, 13). Para evitar el pecado, los cristianos requieren un activismo constante de no presentarse ante el mundo, sino ante Dios.

4. «Obediencia»

La cuarta palabra que utiliza el apóstol para advertir a los hermanos sobre el pecado es «obediencia». La vida cristiana no es un enloquecido libertinaje de hacer cuanto al alma se le ocurra. Esta no es la libertad en Cristo que gozan los hijos de Dios. La ley de Dios sigue en vigencia, y la realidad es que el hombre está sometido a alguna autoridad superior. Hay quienes son esclavos del pecado, y hay quienes son esclavos de sus creencias o tradiciones. Sin embargo, el creyente se somete a su vocación y llamado. El apóstol Pablo lo dice con estas palabras: «¿No sabéis que si os sometéis a alguien como esclavos para obedecerle, sois esclavos de aquel a quien obedecéis, sea el pecado para muerte, o sea de la

Para los que han sido redimidos por Cristo, la lealtad y la obediencia no son ya al pecado, sino a Dios.

obediencia para justicia?» (Romanos 6:16). Para los que han sido redimidos por Cristo, la lealtad y la obediencia no son ya al pecado, sino a Cristo. «Gracias a Dios, que aunque erais esclavos del pecado, habéis obedecido de corazón a aquella forma de doctrina a la cual fuisteis entregados» (v. 17).

El creyente, aunque peca, odia el pecado

Así es. Hay creyentes que pecan. Tienen que tener sumo cuidado; tienen que saber y aprender; tienen que considerar; tienen que mostrarse activos; y tienen que obedecer. En caso contrario serán tan culpables de pecado como aquellos que nunca han conocido a Dios. No es natural que el creyente practique el pecado. No es lógico porque ha muerto al pecado, porque está vivo en Cristo quien no conoció pecado. No es consecuente porque está unido a Cristo, quien es santo y perfecto. El creyente genuino no puede pecar sin romper las leyes más firmes de la lógica y la razón. Pero las tentaciones son muchas, y el enemigo engaña, ataca y ofrece recompensas. He ahí la importancia de considerar, presentar y obedecer.

La propia voluntad humana del creyente es a veces más fuerte que su deseo de cumplir la voluntad de Dios, y reconoce que pecar va en contra de la redención obtenida por Jesús.

No es natural que el creyente peque, pero tampoco es inevitable. Los más grandes santos de Dios se han dado cuenta de esta dura realidad. El sabio rey David cometió homicidio y adulterio. El apóstol Pedro negó a su Redentor y Señor. Pablo confesó que el bien que quiere hacer no hace, y el mal que no quiere hacer, eso hace. El creyente no quiere pecar. Ha sido redimido por la inmerecida gracia de Dios; ha sido conmovido hasta la médula por esa gracia redentora; admite que su condición natural era desastrosa y que ha sido tan sólo la gracia de Dios que lo ha sacado de las tinieblas y lo ha puesto en la luz maravillosa del reino de Dios. Ama a su Padre celestial, y lo que menos desea es ofenderle y contristarlo. No quiere pecar. Le resulta contrario a su voluntad. Desgraciadamente, esto no lo conserva totalmente alejado del pecado. En ocasiones cae en tentación. Su propia voluntad es a veces más fuerte que su deseo de cumplir la voluntad de Dios. Fracasa a veces en sus mejores intentos. Desfallece su fe y pone en duda las promesas de Dios. Cae víctima de las tentaciones de la carne. Se hace objeto de las burlas de los incrédulos por su conducta equivocada. Éstos se le ponen delante de su camino y le preguntan con tono burlón, «¿Dónde está tu Dios?». El creyente ha sido redimido en Cristo; no quiere pecar porque quiere obedecer a su Padre. Pero, lamentablemente, peca.

> Una cosa es caer en tentación sutil en un momento específico, y otra pecar por hábito, sin interrupción y sin molestias de conciencia – esta es la diferencia entre una fe genuina y una fe falsa.

El creyente peca, pero no le gusta. Su consciencia lo acusa. Su alma se siente desolada. Su espíritu está quebrantado. No le gusta el pecado. Lo odia con todas sus fibras. Sabe en su fuero interno que, como creyente que es, no puede ensuciarse con el pecado. Reconoce que pecar va en contra de la redención obtenida por la sangre de Jesús. Admite que no debería caer en pecado. Sabe que no debe vivirlo de forma cotidiana y habitual.

Una cosa es caer en tentación sutil en un momento específico, y otra cosa es pecar por hábito, sin interrupción, y sin molestias de consciencia. Quizá esta sea la prueba más clara de la fe genuina. No es que los cristianos no pecan, mientras que los demás sí. La enorme diferencia está en que, al creyente, el pecado le pesa y le molesta. Para el que no cree en Cristo como su Salvador, pecar es un elemento natural; le agrada y no considera las consecuencias. Sólo piensa en su placer inmediato. El creyente lucha a diario contra toda posibilidad de pecado, trata de eliminarlo de su vida y, cuando, muy a pesar suyo, cae en la red del mal, lo lamenta profundamente. Allí está de nuevo el caso del apóstol Pedro. Sí, sí, pecó con vergüenza, pero ¿cree usted que hizo una fiesta luego para celebrar sus faltas? Todo lo contrario. Dice Lucas que, después que Pedro negó conocer a Jesús, «vuelto el Señor, miró a Pedro; y Pedro se acordó de la palabra del Señor, que le había dicho: Antes que el gallo cante, me negarás tres veces» (Lucas 22:61). Lo vemos alejarse de aquel recinto para esconderse en las sombras de la noche y llorar amargamente. Pedro se arrepintió de su pecado, y Jesús le perdonó. Hay perdón eterno en Cristo para aquellos que son hijos de Dios, para aquellos que no les gusta pecar.

◆◆◆

SERIE V

Confesión y perdón

Texto clave: *«Bienaventurado aquel cuya transgresión ha sido perdonada, y cubierto su pecado».*

Salmo 32:1

Objetivo: *Enlistar los diferentes componentes de una oración de confesión y arrepentimiento, tomando como base el Salmo 32.*

Introducción: El agudo peso de la culpa

Tal vez usted ha visto a esa gente de lo más humilde y pobre que se arrastra ante un edificio religioso. ¡Arrastrándose sobre sus rodillas desnudas por el cemento frío y áspero! Estas personas vienen a descargar su culpa. Nadie sabe lo que han hecho, pero es obvio pensar que sienten una enorme culpa por ello. Se arrastran allí bajo el peso de su pecado y de su culpa. Y siguen arrastrándose. Pero no son felices. El peso de la culpa suele ser aplastante. Cierto es que hay gente que tiene cauterizada la consciencia y parece que no siente culpa alguna, pero es que usted no ha visto los recintos secretos de esas almas endurecidas. Esos corazones contienen cámaras de horror; quieren ser felices como el hombre a quien sus culpas y pecados le han sido perdonados por completo.

El Salmo 32: La confesión del rey David

El Salmo 32 es la epopeya de un alma sobrecargada de culpa y de pecado que llegó a las dulces y tranquilas praderas del perdón. No es que su autor había cometido un crimen monumental o un acto sin sentido humano. No se hace mención de un homicidio, ni de un desfalco, ni de una gran tragedia de funestos resultados. Se trata de un hombre común y corriente, de un hombre promedio y típico.

1. Un profundo remordimiento

Su sentido de culpa es tan agudo que su vida entera se ve amenazada. Así es el sentido de culpa en nuestro pecho cuando hemos pecado contra la gloriosa y magnífica santidad de Dios. Oiga usted cómo describe el salmista esas condiciones de culpa: «Mientras callé, se envejecieron mis huesos en mi gemir todo el día. Porque de día y de noche se agravó sobre mí tu mano; se volvió mi verdor en sequedades de verano» (vs. 3, 4). Este remordimiento de culpa es semejante al sentimiento de aquellos humildes que se arrastran sobre el áspero cemento en busca de algún alivio. Envejecen sus ojos. Se pasan los días gimiendo. El peso de sus culpas es inmenso y no pueden sobrellevarlo. Los aplasta. ¡Necesitan librarse de esa carga tan tremenda!

2. Una confesión a Dios

Dios nos dice que lo primero que hay que hacer para librarnos del pecado y de su culpa es confesarlo. Para el ser humano, ¡cuán terriblemente difícil se hace confesar el pecado! Es más propio del hombre excusarlo que confesarlo. Incluso Adán, que no había refinado aún el arte de las excusas, trata de librarse de su culpa diciendo que fue su compañera quien le incitó a pecar, y ésta a su vez trata de librarse de la culpa también, afirmando que fue la serpiente quien le indujo a desobedecer a Dios. Resulta sumamente difícil para el hombre confesar que ha hecho mal. El salmista mismo tuvo que experimentar los abismos del precipicio y del agotamiento casi total antes de sentirse obligado a confesar su pecado. No le fue fácil confesarle a Dios sus maldades, sus transgresiones y su condición lamentable, pero se los declaró en detalle. Ni siquiera hizo un mínimo esfuerzo de tergiversar o encubrir algún pequeño pormenor: «Mi pecado te declaré», nos dice, «y no encubrí mi iniquidad. Dije: Confesaré mis transgresiones a Jehová».

Dios ha enseñado al ser humano a través de su Palabra que no debe recurrir a intermediarios humanos para obtener perdón, sino que debe dirigirse personalmente a Él.

¿Confesar a quién? Esta es una pregunta importante. La Escritura da indicaciones muy claras. La tendencia casi inevitable del hombre es tratar de esconderse, o en el mejor de los casos de buscarse algún mediador ante quien confesarse. No tiene el ánimo suficiente como para dirigirse directamente al Dios que ha ofendido. ¡Por supuesto que siente temores de hacerlo! ¡Siente una gran culpa! Fue por esta razón que en todas las instancias posibles Dios ha enseñado al ser humano que no debe recurrir a intermediarios humanos, sino que debe dirigirse directa y personalmente a Él. Es claro que muchas costumbres referente a la confesión se han arraigado por generaciones, y muchas tradiciones se han establecido, pero la verdad es que Dios siempre quiso que sus criaturas se dirigiesen directamente a Él, porque es contra Él que se peca. Los salmos todos manifiestan esa línea de comunicación entre los hombres y Dios.

3. Una confesión abierta y transparente

Esa confesión ha de ser deliberada y bien pensada. Usted puede ver en este salmo las agonías de esta alma confesante. Peca, y por algún tiempo calla su culpa. No le habla a nadie de sus actos y menos de su sentir. Su cuerpo empieza a demostrar las angustias de su espíritu atormentado. Se pasa los días gimiendo de dolor interno. Seguramente inventa excusas y explicaciones para justificar lo que hizo. Pero nada de todo esto le concede paz para su alma y calma a su espíritu. Deliberadamente llega a la conclusión de que su único y último recurso es confesar su pecado a Dios, sin reservas, sin excusas, sin encubrir absolutamente nada.

4. Una confesión completa

Otra característica de la genuina confesión es que debe ser completa. El salmista menciona este factor cuando específicamente afirma que al declarar su pecado «no encubrí mi iniquidad» (v. 5). Es como si hubiese abierto su corazón de par en par, con todas sus puertas y ventanas, y hubiese invitado a Dios a entrar y a examinar minuciosamente todos los rincones. Es como si se hubiese puesto bajo el microscopio de Dios, y le hubiese pedido que indagara hasta el más insignificante detalle de su sucia condición. No encubrió absolutamente nada ante Aquel que todo lo ve. El salmista confesó esos grandes pecados que pesaban sobre su mente, y también aquellos que creía ya olvidados.

> El rey David no encubrió absolutamente nada ante Aquel que todo lo ve. Confesó los grandes pecados que pesaban sobre su mente, y también aquellos que creía ya olvidados.

¡Qué transformación tomó lugar! ¡Qué forma de describir lo que ocurre cuando el pecado se confiesa! Surge una especie de alivio indescriptible, de hondo suspiro, de paz interior, de quietud de espíritu. Esto es el perdón de pecados. Dios quiere perdonar los pecados del hombre, pero primero ha de haber una confesión. Así lo declara el apóstol Juan: «Si confesamos nuestros pecados, Él es fiel y justo para perdonar nuestros pecados, y limpiamos de toda maldad» (I Juan 1:9). Para obtener perdón hay que confesar.

Dios concede perdón a todo aquel que se arrepiente de sus pecados

¡Qué alivio siente el alma cansada al recibir el perdón de Dios! Es como esas largas enfermedades que mantienen al hombre atado a una cama en un hospital por meses enteros, y llega al fin el día en que es dado de alta. Este hombre sano irá a su casa, besará y abrazará a su esposa e hijos, y descansará en su propia alcoba. ¡Qué alivio es estar de vuelta en casa! Del mismo modo, ¡qué alivio siente el alma cuando Dios levanta al fin el enorme peso del pecado! Cuando Dios perdona, lo hace totalmente. El perdón de Dios no es como el perdón que muchas veces los hombres demuestran. Perdonan porque lo exige la etiqueta y el protocolo, pero debajo de la superficie queda un hondo resentimiento. Cuando Dios perdona, elimina y arranca de raíz toda culpa. Dice el profeta Miqueas, «Sepultará nuestras iniquidades, y echará en lo profundo del mar todos nuestros pecados» (Miqueas 7:19). El salmista declara, «Dije: Confesaré mis transgresiones a Jehová; y tú perdonaste la maldad de mi pecado» (Salmo 32:5). Qué triste es ver a tanta gente que sigue arrastrándose sobre el frío cemento, cargando toda su vida el enorme peso de su pecado. Si sus culpas no son llevadas a Dios, ese peso llevará a los cautivos a la destrucción final.

Cuando Dios perdona, elimina y arranca de raíz toda culpa. Dios ofrece un perdón absoluto y total.

Para meditar

El salmista comienza su poema declarando que «bienaventurado aquel cuya transgresión ha sido perdonada, y cubierto su pecado» (v. 1) La palabra bienaventuranza es muy bíblica – se refiere a la plenitud de la satisfacción; las cosas marchan según como deben marchar, sin desajustes y sin problemas. ¿Tiene usted idea de lo que es esta bienaventuranza? Es posible que usted viva rodeado de culpas que atacan su mente y hacen sangrar su corazón. No tiene paz ni tranquilidad. Aférrese a la eterna seguridad del perdón de Dios. Él ha prometido perdonarle si usted confiesa sus pecados sin encubrir nada. Así será bienaventurado.

¿Puede Dios perdonarme?

Texto clave: *«¿Quién puede perdonar pecados sino sólo Dios?»*

Marcos 2:7

Objetivo: *Enfatizar que el perdón de pecados es la necesidad primordial del hombre, antes que la satisfacción de sus necesidades de otras índoles, y realzar que sólo Dios tiene el poder y la autoridad para hacerlo.*

Somos culpables ante Dios

Hay un conocido refrán que dice: «Errar es humano; perdonar es divino». Dos verdades profundas e innegables. Pareciera que errar fuese lo más común y corriente aun en estos tiempos de precisión y avances científicos. Errar es humano y frecuente. Podemos enviar naves espaciales a la superficie lunar, pero no llevarnos bien con el vecino, el patrón o la suegra. Los hijos se rebelan; los padres se muestran incomprensibles; la amiga resulta traidora; el novio se enfada. Y siempre está presente el pensamiento recóndito de que todo fue por culpa nuestra. ¿Qué sería de este mundo sin el perdón? Francamente, no sería posible vivir.

Sin embargo, nuestra inquietud no es con el amigo, el hermano, el vecino, el patrón, el empleado, o el compañero de estudios. Es algo mucho más serio que eso. Aunque no hayamos pisado jamás una iglesia o leído un sólo libro de religión, sabemos que hemos errado contra Dios, el Creador, el Ser Supremo. Fallamos ante Aquel quien nos sabemos responsables. Es esa culpa la que nos persigue en las noches oscuras, la que nos mira a la cara en la cámara secreta, la que nos habla en murmullos a la hora del peligro, y la que nos convulsiona en la hora de la muerte. El hombre puede aparentar sentirse fuerte aunque por dentro sabe que es débil e inferior; puede hablar con dulzura aunque su corazón esté embargado por la amargura. ¿Puede Dios perdonarle?

Sólo Dios tiene poder y autoridad para perdonar pecados

Hay quienes consideran que el perdón de Dios no es necesario. Hace veinte siglos que el Hijo unigénito de Dios vivió entre los hombres. Su obra y sus enseñanzas están ampliamente documentadas en los evangelios. Hizo un sinfín de milagros, y las multitudes lo seguían dondequiera que iba. En cierta ocasión unos hombres querían llevar a su amigo paralítico ante Jesús. Pero la multitud era tal que la tarea se hizo imposible. ¿Sabe usted lo que hicieron aquellos hombres? Rodearon la casa donde estaba Cristo, se subieron al techo, llevaron allí a su amigo inválido, y luego de hacer una abertura bajaron el lecho donde yacía su amigo justamente ante los pies de Jesucristo. Sus más profundos anhelos eran ver a su amigo restituido a la vida normal. Jesucristo miró a este hombre y le dijo:

> La gente quiere paz y seguridad, pan y comprensión, pero no considera que el perdón de pecados sea necesario. Cristo está dispuesto a darle todo esto, pero no sin antes otorgarle el perdón de sus transgresiones.

«Hijo, tus pecados te son perdonados» (Marcos 2:5). Pero esto no era lo que aquellos hombres querían oír. No habían pensado en los pecados de su amigo inválido. La gente que presenció el incidente empezó a murmurar y a quejarse, preguntando qué derechos tenía aquel Jesús de perdonar pecados. Su poder para curar y dar de comer y enseñar era obvio. Pero, según ellos, no tenía el derecho de perdonar pecados – eso no era necesario. Pero Jesús, demostrando que tenía pleno poder y autoridad, dijo al hombre: «¡Levántate, toma tu lecho, y vete a tu casa!» (v. 11).

Nuestro mundo sabe que está enfermo, pero no quiere admitir que su enfermedad es el pecado. Quiere paz y seguridad, pan y comprensión, pero no considera que el perdón de pecados sea necesario. Cristo se presenta ante este mundo y ante usted mismo, y está dispuesto a darle sanidad, pero no sin antes otorgarle el perdón de sus pecados. La gente murmura y se queja de esto. No cree que a Cristo le corresponde decir, «Hijo, tus pecados te son perdonados.» Eso no es lo que quiere. Las personas exigen ser curadas de sus males, ser libradas de sus penas, y ser elevadas a pedestales de una vida fácil. Pero deben aprender que no hay sanidad de nuestras dolencias ni paz en nuestra agitación sin el perdón de pecados. No hay solución a nuestros problemas a menos que nos reconciliemos con Dios. Oigamos la voz de Jesús diciendo: «Tus pecados te son perdonados». Recién entonces podremos oír en medio de las tormentas de la vida, «Levántate, toma tu lecho, y anda» (v. 9).

Dios puede perdonar pecados. Sólo Él puede hacerlo. Los hombres quieren perdonar en representación de Dios, pero esto no es posible, pues es contra Dios que el pecado ha sido cometido, y no primeramente contra los hombres. Dios puede y quiere perdonar legalmente. Un juez puede perdonar a un criminal de su pena. Pero el perdón de Dios debe ser algo más que eso, puesto que el pecado es cometido contra Dios mismo, el Juez de toda la tierra. Debe producirse un reacercamiento entre Dios y el hombre. El Juez debe convertirse en el Padre; debe admitir al criminal nuevamente en su familia – y eso es mucho más que el perdón legal de un tribunal. Si usted es padre o madre seguramente entiende esto con más facilidad. Cuando su hijo hace algún mal, usted sabe que debe castigarlo. Pero si fuera posible, usted prefería llevar el castigo personalmente. Dios encontró la forma de cargar con la culpa del hombre. Él sabía que sus hijos jamás podrían pagar por sus pecados. Les llevaría toda la eternidad, y aun así, nunca serían capaces de satisfacer las exigencias de Dios, y nunca más volverían a ser sus hijos. ¡Tan grandes han sido sus pecados y sus ofensas! Así fue que Dios mismo descendió en la Persona de su Hijo y pagó por los pecados de los transgresores en la cruz del Calvario. Leemos por la pluma del profeta Isaías: «Mas Él herido fue por nuestras rebeliones, molido por nuestros pecados; el castigo de nuestra paz fue sobre Él, y por su llaga fuimos nosotros curados» (Isaías 53:5). Dios puede perdonar, y aun más, quiere admitir al más vil pecador en el seno de su familia.

Dios mismo descendió en la Persona de su Hijo y pagó por los pecados de los transgresores en la cruz del Calvario.

Dios puede perdonar pecados, incluidos los suyos. Dios tuvo que pagar un precio alto para ofrecerle a usted la liberación de su culpa – el precio de la muerte de su Hijo Jesús en la cruz. Los que han experimentado esta liberación casi no pueden describirla. Dios les hizo darse cuenta de que lo que necesitaban no era dinero, ni posición social, ni fama, sino perdón. Vieron sus vidas como una sucesión de actos violatorios de la voluntad del Creador. Se vieron responsables ante ese Creador a quien debían dar cuenta al fin de su carrera. Pero llegó el momento feliz cuando pudieron confesar y arrepentirse de sus culpas. Dios les ha concedido el perdón de sus pecados.

Para meditar

Los problemas del mundo brotan por el pecado. Los hombres han buscado soluciones, pero no las encontrarán fuera del perdón de Dios. Por siglos enteros Dios ha plantado en medio de la humanidad una cruz a través de la cual da solución al problema del pecado. Pero los hombres no quieren verla. Eso sí, aman las parábolas de Jesús, su noble ejemplo, sus enseñanzas profundas, pero no su sangre preciosa. El dio su vida para logar la liberación de aquellos que creen en Él. Millones han sido rescatados ya, y saben que no hay gloria más grande que el perdón de Dios. Pero millones todavía vagan perdidamente sin pensar que Dios puede perdonarlos. Vaya usted a Él y vea con sus propios ojos que Dios puede y quiere perdonarlo. Y cuando aún esté usted lejos en ese camino de regreso a Dios, Él le verá, y saldrá a su encuentro corriendo, y le abrazará y dirá: «Este mi hijo muerto era, y ha revivido; se había perdido, y es hallado» (Lucas 15:24).

◆◆◆

El padre que perdona

Texto clave: *«Padre nuestro que estás en los cielos...»*

Mateo 6:9

Objetivo: *Destacar cómo la oración del Padre Nuestro considera a Dios como el Padre Celestial de todos aquellos que creen en su nombre.*

El Padre Nuestro como una oración modelo

Es muy probable que alguna vez usted haya repetido diez veces el Padre Nuestro. Quizá puede recitarlo de memoria, de principio a fin. Permítame decirle que esto no quiere decir que usted sepa orar. Jesús no enseñó esta oración simplemente para repetirla sin sentido. Jesús explicó cómo debemos dirigirnos al Padre, y dijo: «Vosotros, pues, oraréis así» (Mateo 6:9). Jesús estaba enseñando una lección; estaba dando un modelo y no un formulario a repetir rutinariamente. El Padre Nuestro es un modelo como el que muestra el arquitecto que se propone edificar una casa. No se pretende que nadie viva en esa pequeña maqueta. El arquitecto sólo muestra un modelo de la casa en escala. De la misma manera, cuando Jesús enseñó a sus discípulos a orar, no les dio

El Padre Nuestro es una serie de principios fundamentales del arte de orar. Cada una de sus partes es una oración en sí misma.

una lista exhaustiva de las frases que podrían decir, sino una serie de principios fundamentales del arte de orar. Cada una de las partes de esta oración es una oración en sí misma y, en consecuencia, una lección más en el curso de estudios.

Considerar a Dios como Padre, no sólo como Creador, Rey y Juez

La primera lección trata del acceso a Dios. ¿Cómo el hombre ha de dirigirse a Dios? ¿Cómo ha de presentarse ante Él? Jesús empezó diciendo: «Padre nuestro que estás en los cielos.» Esto no significa que debemos empezar todas nuestras oraciones de esta manera; más bien es una indicación que Jesús nos da del concepto que uno debe tener de Dios antes de poder hablar con Él. Es necesario estar en condiciones de llamarle Padre antes de orar genuinamente. La belleza indescriptible de la oración reposa sobre esa íntima relación de amor mutuo entre Dios y el hombre. Todo aquel que ora debe amar a Dios como su Padre celestial.

No basta pensar en Dios como el Creador. Dios es Creador, ciertamente, pero debe ser mucho más que eso. Las plantas y los animales, por ejemplo, no saben de la oración verdadera – aunque los poetas a veces declaran que sí. Jamás podrán orar como Jesús enseña. Su existencia depende de Dios, pero no pueden dirigirse a Él en oración. Tampoco es suficiente pensar en Dios como el poderoso Rey y Soberano del universo. Él es, ciertamente, gobernador de las naciones, el Rey de reyes y Señor de señores, pero es mucho más que eso. Los súbditos obedecen, oyen, sirven, y temen a su rey, pero dificilmente podrán establecer una íntima comunión entre ellos y su rey como padre. Únicamente los hijos del rey disfrutan de ese privilegio y de ese tipo de contacto porque le conocen, no sólo como rey, sino como padre. Ni siquiera basta que se considere a Dios como Juez del cielo y de la tierra. Él es el Juez, pero debe ser mucho más que eso para que el hombre pueda dirigirle sus oraciones personales. El acusado ante los tribunales respeta, honra, y acepta el veredicto del juez, pero no puede dirigirse a él con amor de hijo. Sólo en su hogar podrá el acusado encontrar esa clase de intimidad.

Cómo pueden Dios y el hombre tener una relación Padre-hijo

Todo esto nos presenta con una seria interrogante: ¿Cómo podemos nosotros ser hijos de Dios – nosotros que somos pecadores por naturaleza y no aceptados delante de Dios? El hombre ha abandonado a Dios quebrantando su ley e hiriendo su corazón. ¿Cómo podrá, entonces, amarle o pretender que Él le ame con todas sus entrañas? El hombre muestra de mil formas que lo que menos quiere es ser hijo de Dios, o que Él sea su Padre. ¿Cómo respondió Jesús a la gente de su tiempo que se jactaba diciendo: «Un Padre tenemos, que es Dios»? (Juan 8:41). Su contestación desenmascaró a esos fariseos: «Si vuestro Padre fuese Dios, ciertamente me amaríais... Vosotros sois de vuestro padre el diablo, y los deseos de vuestro padre queréis hacer» (vs. 42, 44). Lo mismo diría Cristo a la gente de nuestros tiempos. Es por eso que resulta tan difícil comprender que Jesús enseña al hombre a empezar su oración diciendo, «Padre nuestro que estás en los cielos». ¿Cómo podrá el hombre pecador acercarse a Dios de esta manera tan íntima?

El hombre de hoy es como el hijo pródigo de la parábola que Jesús enseñó (Lucas 15:11-32). Este muchacho está al fin de su senda de degeneración, al grado de desear comer la comida de los cerdos que apacienta, e intentando a la vez hacer creer a otros que es hijo de un padre noble de tierras lejanas. Pero a simple vista nadie diría que tiene un buen padre y que proviene de un hogar decente. Los hombres son todos esencialmente iguales a este hijo pródigo. Al juzgar por la conducta humana hacia Dios, nadie diría que tales seres fueron creados para ser hijos de Dios. Antes de que el ser humano pueda llamar Padre a Dios, debe registrarse un cambio radical en su vida. ¡Hijos pródigos, aquellos que vagan sin rumbo por la tierra, vuelvan al hogar y diríjanse a Dios como su Padre; arrepiéntanse de su insensatez y sean perdonados!

> ¡Hijos pródigos, aquellos que vagan sin rumbo por la tierra, vuelvan al hogar y diríjanse a Dios como su Padre; arrepiéntanse de su insensatez y sean perdonados!

Esto nos pone frente a la realidad más estupenda y bendita que el hombre haya oído jamás: Dios es un Padre que perdona a sus hijos y los acepta nuevamente en el seno de su familia. Lo mejor en Dios es su amor redentor. ¡No solamente es un Dios creador que gobierna y juzga, sino un Dios que perdona! Este Dios tiene un único Hijo. De tal manera amó al mundo, que ha dado a ese Hijo para que muriese en la cruz a favor del ser humano. ¡Qué pensamiento tan estupendo: pueden los mortales aprender a orar al Padre de nuestro Señor y llamarle Padre también!

Tal vez estemos ahora hablando a un padre cuyo hijo alguna vez abandonó el hogar para vivir perdidamente. Ocurre con frecuencia en estos tiempos desastrosos. Los familiares y amigos pudieron ver el cruel sufrimiento de ese padre, y su corazón rasgado durante la ausencia de ese hijo. Pero cuando el hijo volvió al fin, esos familiares y vecinos vieron algo muy distinto en aquel padre. Aceptó

> Solamente un pecador perdonado puede acercarse a Dios en oración a través de Cristo. No hay otro camino de acceso a Dios Padre.

a su hijo nuevamente, lo apretó contra su pecho, y dio gracias a Dios en medio de sus abundantes lágrimas. Eso reveló en aquel padre un hombre de más calibre y mayor lustre. Este hombre nunca había dejado de ser el padre de este joven, pero ahora era un padre que perdona. Dios es así cuando sus hijos pródigos se arrepienten y vuelven al hogar diciendo: «Padre, he pecado contra el cielo y contra ti, y ya no soy digno de ser llamado tu hijo» (Lucas 15:21). Dios corre a recibirlos, los abraza tiernamente y en medio de lágrimas de gozo les dice: «Este mi hijo muerto era, y ha revivido; se había perdido, y es hallado» (v. 24). Ese es el concepto que Jesús enseñó a sus discípulos cuando les dijo que orasen «Padre nuestro que estás en los cielos». El quiso que los suyos entendiesen claramente que solamente un pecador perdonado puede acercarse a Dios en oración y que no hay otro camino de acceso a Él.

Para meditar

Amigo nuestro, ¿tiene usted dificultades cuando ora? ¿Duda que sus oraciones sean oídas? Tal vez el problema consiste en que usted no es un pecador perdonado. Si Dios es un extraño para usted, ¿cómo puede usted vivir en comunión con Él? O tal vez es usted un pecador perdonado, un hijo de Dios, pero incluso así tiene problemas con sus oraciones. Dios parece estar lejos, apenas visible al ojo de la fe, inaccesible; y por esa razón quizá usted no ora tanto como debiera. Resulta fácil dejar de orar. Tal vez la causa es que usted no piensa en Dios como Cristo nos lo indicó. Usted debe aprender a pensar en Él a la luz del sacrificio inmenso que Jesús hizo en la cruz del Calvario. Cristo pagó ese alto precio para que los hombres como usted fuesen sus hijos. Si piensa usted en Dios de esa manera no parecerá estar lejos ni escondido. Estará cerca, muy cerca, y Él será su Padre, y usted será su hijo.

Dios perdona

Texto clave: *«Deje el impío su camino, y el hombre inicuo sus pensamientos, y vuélvase a Jehová, el cual tendrá de él misericordia, y al Dios nuestro, el cual será amplio en perdonar».*

Isaías 55:7

Objetivo: *Asegurar al oyente que hay perdón de pecados total e incondicional en el nombre de Cristo para todo aquel que desee reconciliarse con Dios.*

El perdón de pecados – no descanse hasta obtenerlo

Nadie debe descansar hasta que sus pecados sean perdonados. Aunque tenga usted que ir hasta los confines de la tierra, o gastarse toda la fortuna amasada a lo largo de los años, usted debe obtener el perdón de sus pecados. Es mucho más importante que casarse con el mejor cónyuge, o darle la más integral educación a su hijo. Sin el perdón de sus pecados su vida es una tormenta incesante y su futuro es más oscuro que la medianoche. No se deje engañar por sutiles palabras que le dicen que el pecado es un invento de bandidos, o el vestigio cultural de una época pre-diluviana. Tanto el más culto personaje del presente siglo como el más humilde miembro de una tribu inculta están al mismo nivel en lo que al pecado se refiere. Ambos deben obtener el perdón de sus pecados. Nadie debe descansar hasta que sus pecados sean perdonados.

En el silencio de la noche solitaria, en los recesos escondidos de su alma, todo hombre sabe esta verdad. En sus momentos de confrontación, usted se da cuenta que necesita ser perdonado por Dios. Muchos eligen amortiguar el peso de sus pecados con trucos que ofrecen un alivio efímero. Esto puede hacerse en el terreno práctico, mental e intelectual. La intención de una persona hundida en los vicios no siempre es convertirse en un hombre vicioso – simplemente quiere olvidar que es pecador. Cuando una persona hace eco de las excusas que el mundo ofrece a mano llena, bien pudiera ser que quiere evadir su responsabilidad personal. Cuando alguien formula teorías filosóficas sobre el pecado humano, da la impresión de que quiere justificar los actos que no concuerdan con la voluntad de su Creador. El perdón de los pecados puede postergarse indefinidamente en este mundo. En efecto, muchos llegan a las puertas de la muerte con todos sus pecados al hombro.

Nadie debe descansar hasta que sus pecados sean perdonados. ¿Qué ha hecho usted para obtener tal perdón? La Biblia llama al hombre en cada una de sus páginas. Todo este volumen está diseñado para hacer ver al hombre que es pecador, y para mostrarle el camino de salida. ¿No es acaso una tragedia ver a los seres humanos en todos los niveles sociales y de todas las edades tratando de desenredarse de las redes del pecado? ¿No es igualmente trágico ver cómo las multitudes jamás hallan el sendero de la liberación genuina? La Biblia indica el camino de salida con toda claridad. Estas palabras, por ejemplo, son para todos los tiempos: «Deje el impío su camino, y el hombre inicuo sus pensamientos, y vuélvase a Jehová, el cual tendrá de él misericordia, y al Dios nuestro, el cual será amplio en perdonar» (Isaías 55:7) ¡Maravillosas palabras si se considera que vienen de Dios mismo! Son como un bálsamo tranquilizante para el corazón atormentado; son una fuente de agua fresca para el caminante sediento; son un festín suculento para el viajero hambriento. En esas palabras hay esperanza para el hombre perdido y para nuestra sociedad desorientada.

Todos pecamos

Es evidente, en primer lugar, que hay quien peca. Dios no dirigiría semejantes palabras a la humanidad si no fuesen necesarias. Al mirar usted a su derredor podrá ver las miles de formas y siluetas del pecado. Al contemplar su propio corazón verá usted ese monstruo que monopoliza su vida y que le roba el gozo y la alegría. La Biblia dice: «Por cuanto todos pecaron, y están destituidos de la gloria de Dios» (Romanos 3:23). El pecado le ha robado a usted el esplendor de la gloria de Dios. Dice también la Escritura, «Y vio Jehová que la maldad de los hombres era mucha en la tierra, y que todo designio de los pensamientos del corazón de ellos era de continuo solamente el mal» (Génesis 6:5). «No hay quien haga lo bueno, no hay ni siquiera uno» (Salmo 14:3). Usted puede discutir este veredicto, pero sus palabras serán como las del reo que ya ha sido debidamente juzgado y condenado, y que aún asegura ser inocente. El ser humano peca con sus actos opuestos a los propósitos fijados por Dios para sus criaturas; usted puede llamarlo mentiras u odio, violación de leyes u homicidio – miles y miles son los actos humanos que no son otra cosa que pecado ante Dios. Pecan los hombres en su fuero interno; llámese esto codicia, malos pensamientos, concupiscencia, malos deseos, ira, enojo, amargura, o malicia. Todos pecamos.

El ser humano peca al cometer actos opuestos a los propósitos fijados por Dios.

Todos necesitamos proceder en sentido contrario al pecado

En segundo lugar, es preciso volverse del pecado. Supóngase que usted está en el ascensor de un edificio de veinte pisos. Si presiona el botón del vigésimo piso, el ascensor lo llevará rápidamente hasta su destino. Desde el momento de su nacimiento usted ha apretado el botón que lleva a la condenación. Hay que volverse.

> El hombre no sabría retroceder de su senda de pecado a menos que Dios le indique el camino. Volverse a Jehová requiere acción y voluntad.

Esto no siempre es fácil de entender para el hombre pecador. Por eso es que Dios, por medio del profeta Isaías, dice al hombre: «Porque mis pensamientos no son vuestros pensamientos, ni vuestros caminos mis caminos, dijo Jehová» (Isaías 55:8). Tristemente el volverse a Dios no es parte de la experiencia humana de cada día, como comer y dormir, o aun trabajar para ganarse el pan. Es por esta razón que la Biblia habla tanto de volverse – no lo sabría el hombre a menos que Dios se lo dijese; está más allá de sus pensamientos y más allá de sus caminos. Nótense los términos concretos que se usan para llamar al arrepentimiento: «Deje el impío su camino, y el hombre inicuo sus pensamientos, y vuélvase a Jehová» (v. 7). Esto requiere acción y voluntad. Involucra detenerse en el camino, mirar el sendero recorrido, hacer un análisis de las cosas, y deliberadamente abandonar la senda, y volverse a otra dirección.

Hay perdón en Cristo

> No importa cuan pecador ha sido el hombre, no importa cuanto tiempo ha vivido en rebelión – si se vuelve a Cristo, Dios tendrá de él misericordia, y será amplio en perdonar.

Lo más conmovedor de todo este proceso es que hay perdón. Dios promete al hombre que tendrá de él misericordia, y que será amplio en perdonar. Esta es la dulce nota al oído del que ha pecado. ¿Se imagina usted la angustia de quien reconoce su pecado, anhela volverse, pero no sabe si será aceptado? No hay cosa más cruel que ver un hijo que, luego de vivir perdidamente por el mundo, regresa a sus padres, y estos se niegan a darle entrada en casa. Esto no ocurre con Dios jamás. No importa cuan pecador ha sido el hombre, no importa cuánto tiempo ha vivido en rebelión, no importa si se ha convertido en una piltrafa humana – Dios tendrá de él misericordia, y será amplio en perdonar.

Para meditar

Tal vez ha llegado el momento de reflexionar sobre la realidad de su pecado. Es posible que haya llegado usted a la inevitable conclusión de que es pecador. Su pasado es una vergüenza y su futuro es densa tiniebla, y no encuentra la paz que su alma tanto anhela. Está cansado de pecar, de huir de Dios, del engaño y del sufrimiento espiritual y mental. Estas palabras son para usted: Dios tendrá misericordia y será amplio en perdonar a través de Jesucristo. La imagen de una cruz y la silueta de un hombre se dibujan en las neblinas de su recuerdo. ¿Sabía usted que este Jesucristo ofreció el perdón de pecados a los publicanos y pecadores cuando vivió en este mundo? El pecador busca a Jesucristo. Él tiene algo para ellos, algo que no pueden encontrar en ningún otro ser. Los que se consideran justos y casi perfectos no se sienten atraídos por Jesús, pero usted que siente el peso aplastante de su pecado puede encontrar en Él un refugio seguro en medio de la tormenta. Nadie debe descansar hasta que sus pecados sean perdonados. Si alguien se cree tan justo que no necesita perdón, allá él. Usted sí lo necesita y puede obtenerlo ahora mismo a través de Cristo, porque Dios perdona.

Perdón y olvido

Texto clave: *«Perdonaré la maldad de ellos, y no me acordaré más de su pecado.»*

Jeremías 31:34

Objetivo: *Presentar el sacrificio de Cristo en la cruz como la solución que Dios ha dado al hombre para el perdón eterno de sus pecados.*

Introducción: El sentido de culpa – nuestro fiel compañero

Las cartas que recibimos indican que una gran cantidad de prisioneros escuchan este programa radial. En su monótona existencia dentro de una cárcel triste, estos excluidos de la sociedad encuentran un débil rayo de esperanza. Muchos de ellos dan gracias a Dios por haberlos llevado a esas prisiones, pues encontraron allí algo que jamás esperaban recibir. Son culpables de algún crimen cometido en un momento de debilidad o como culminación de una vida errante y equivocada. Al cumplir la sentencia que la autoridad impuso sobre sus delitos descubrieron que su culpa podía ser totalmente perdonada.

Pero, ¿qué de los que jamás han entrado en una cárcel? También ellos tienen un profundo sentido de culpa. Es una realidad universal. Considere a los padres que piensan que no educan bien a sus hijos, o que les dieron castigos mayores de los que merecían, o que no les dieron la oportunidad de estudiar. Alguien puede sentirse culpable por no saludar a su vecino, o por no cumplir con su deber de ciudadano. Este sentido de culpa es nuestro fiel compañero desde la cuna hasta la tumba. A veces los mismos remedios traen mayor culpa todavía. Así, por ejemplo, un joven puede rebelarse contra sus padres, para años más tarde, darse cuenta de lo grotesco de su conducta. Siente mayor culpa todavía y con atención desmedida trata por todos los medios de reparar el daño hecho a su familia.

La culpa merece castigo

Lo peor no es el temor al castigo. Sabemos que lo merecemos. Sabemos que nuestra culpa debe ser castigada. Esto es lo que mueve a algunas personas a castigarse a sí mismas. El criminal en la cárcel por lo menos tiene la satisfacción de que su culpa será castigada, y pagará así su deuda ante las autoridades y ante la sociedad, pero para la gran mayoría de nosotros ese sentido de culpa persiste, acusándonos y asegurándonos que algún día pagaremos por nuestros actos. Este sentido de culpa puede cubrir el cielo de nuestra vida con negros nubarrones. ¿No se sentiría usted libre si pudiese olvidar su culpa por completo, especialmente sus culpas cometidas contra Dios? La persona consciente sabe en su fuero interno que ha ofendido a Dios, y que es culpable.

Dios ha dado solución al problema de la culpa

El mensaje de la fe cristiana nos da una solución oportuna a esta crisis. La Biblia entera está dirigida a ese problema básico del hombre; es una repuesta al conflicto universal de la culpa humana. Quien cree este mensaje puede ser categóricamente libre de toda culpa. Por eso es que el Credo Apostólico contiene esta preciosa frase: «Creo en el perdón de los pecados.» El mensaje cristiano dirige sus flechas precisamente al problema de la culpa. Ya desde el Antiguo Testamento Dios dijo que perdonaría la iniquidad del hombre y se olvidaría de sus pecados.

Lamentablemente hay muchos que consideran a Dios como un ogro, un monstruo sin compasión, un juez inflexible, o un tirano. Algunos segmentos de la iglesia misma han sembrado esa imagen de Dios en la mente de muchos. Pero esa no es la naturaleza de Dios. Él es justo ciertamente, pero es también grande en misericordia. Hay otros, por el contrario, que han hecho de Dios un pobre anciano, débil y bondadoso, que no tiene el valor de castigar al que desobedece sus leyes de amor. Esta imagen de Dios también es falsa. ¿Qué clase de Dios sería Él si cerrase sus ojos al mal? Sería como el padre que no corrige a su hijo, o como el gobierno que no castiga al delincuente, que deja en libertad al homicida, y que no hace justicia a los que violan las leyes del país. No; Dios no es así tampoco. Dios es justo, y a la vez es compasivo, santo, y grande en misericordia. Por eso es posible alzar la voz y clamar: «Creo en el perdón de los pecados.»

Cristo recibió el castigo por la culpa del pecado del hombre

Dios no puede dejar el pecado sin castigo. Él es demasiado justo para eso. Tampoco quiere castigar al pecador como merece ser castigado. Es demasiado compasivo para ello. La Biblia enseña que el hombre por sí mismo no puede librarse de su culpa. Nace con ella, crece con ella, vive con ella y está destinado a morir con ella. Es parte de su vida natural, sencillamente porque es miembro de la raza humana. Pero Dios, en su gran compasión, encontró la forma de librar al hombre de su culpa eternamente. Sabe que el hombre es incapaz de hacerlo por sí mismo, pues sus ofensas son tan serias y tan graves que merecen igualmente un castigo tormentoso. Ahora bien, Dios mismo vino a este mundo en la Persona de su Hijo Jesucristo y pagó por los pecados de su pueblo con su vida y con su muerte en la cruz. Esta era la necesidad urgente del mundo entero. Y esta es la única solución al vasto problema del pecado humano y de la consecuente culpa del hombre. A lo largo de la historia el hombre ha intentado librarse de esa culpa. Lo ha hecho ofreciendo sacrificios a ídolos mudos; lo ha hecho por medio de imágenes de su propia fabricación; lo ha hecho con esfuerzos sobrehumanos similares a los que hacían los fariseos del tiempo de Cristo. Y todo para descubrir con el pasar del tiempo que ha sido en vano.

Dios plantó en medio de este mundo lleno de culpas una cruz que ha echado sus sombras hasta nuestro siglo. ¿Cuál cree usted que es el significado de la cruz de Cristo? Fue la solución al problema de la culpa humana. Cristo fue elevado en esa cruz para pagar por los pecados de los que formarían su Iglesia cristiana universal. La obra de Cristo cubre totalmente la deuda de todos los culpables, desde el más noble ciudadano hasta el más ruin de ellos. Pero no debe esto entenderse como si la culpa de todos es, en efecto, borrada. En su voluntad divina, Dios ha decretado que, para que el hombre obtenga el perdón eterno de sus pecados, debe ir a Cristo, confesar su culpa delante de Él, implorarle misericordia, y recibir de su mano fuerte el perdón que anhela. Y Dios perdona. Ya no es Juez, sino Padre. La Iglesia cristiana confiesa esta asombrosa verdad con las palabras «Creo en el perdón de los pecados».

> Para que el hombre obtenga el perdón eterno de sus pecados debe ir a Cristo, confesar su culpa, implorarle misericordia, y recibir el perdón que anhela.

Dios, en su gracia, envía al Espíritu Santo a morar en el corazón de aquellos que desean este perdón; Él transforma su ser, corrige su vista, y los lleva a Cristo. Y lo hace a través de la predicación de su evangelio, que es «poder de Dios para salvación a todo aquel que cree» (Romanos 1:16). Por eso lo predicamos; por eso queremos que abarque hasta lo último de la tierra; por eso llegamos hasta usted a través de este programa radial. No hay otra forma de librarse del sentido de culpa. Tal vez usted cree que puede librarse a sí mismo de esta carga con una vida más o menos recta, o con un visita a un funcionario eclesiástico, o sentándose en el banco de una iglesia. Se equivoca. Si así fuera, Dios no hubiera enviado a su Hijo a este mundo a sufrir la despreciable muerte de cruz. Esta fue la única solución divina al profundo y grave problema del pecado. ¡Qué maravilla! ¡Dios perdona!

Tal vez usted cree que puede librarse a sí mismo de la carga de su culpa con una vida más o menos recta, o sentándose en el banco de una iglesia. Se equivoca. Si así fuera, Dios no hubiera enviado a Su Hijo a morir en una cruz.

Cerca de la ciudad de Nueva York hay un cementerio en el que se puede observar una tumba cuya lápida contiene una sola palabra: «Perdonado». No hay nombre ni fechas; no se alaba al difunto ni se cantan sus actos de heroísmo. Una simple roca y una sola palabra: «Perdonado». Eso es lo más estupendo que puede caracterizar a cualquier ser, vivo o muerto. Y eso es exactamente lo que puede decirse de todo aquel que cree en el Señor Jesucristo como su único y perfecto Salvador – Dios ha perdonado todos sus pecados, ha borrado su culpa y ha olvidado para siempre toda su iniquidad.

Para meditar

Crea usted, sinceramente y en obediencia, y descubrirá la libertad de clamar sin reservas: «Creo en el perdón de los pecados» – de mis pecados personales. Dios le perdonará y echará al olvido toda su culpa. Esto es lo que Dios le ofrece ahora mismo: perdón y olvido.

SERIE VI

De la duda a la fe

Texto clave: *«He aquí que aquel cuya alma no es recta, se enorgullece; mas el justo por su fe vivirá.»*

Habacuc 2:4

Objetivo: *Mediante la historia del profeta Habacuc, declarar que el justo será preservado en el día de la aflicción porque su fe ha dependido de Dios.*

Introducción: El sendero que conduce de la duda a la fe

La duda en sí no es mala, pero es devastadora si no conduce a la fe. Hoy en día son más los que dudan que los que creen. Miguel de Unamuno, el místico ensayista español, vivió también sobre las olas de la duda. Esto dijo a su posteridad en uno de sus escritos: «Hace años, cuando por culpa de esa condenada filosofía, chapoteaba yo en el ateísmo teórico, cayó en mis manos cierto libro de Carlos Vogt, en el que leí un pasaje que decía más o menos así: «Dios es una equis sobre una gran barrera situada en los últimos límites del conocimiento humano; a medida que la ciencia avanza, la barrera se retira.» Recuerdo que escribí algo al margen de estas palabras. De la barrera acá, todo se explica sin Él; de la barrera allá, ni con Él ni sin Él. Dios, por lo tanto, sobra. ¿Y hoy? Hoy me parece que eso que escribí entonces es una completa barbaridad. Lo que hay entre la Acrópolis y nosotros es el cristianismo, la terrible verdad del cristianismo. Entre nosotros y la razón helénica está la Cruz, la sublime locura de la Cruz.»

Habacuc – la fe del pueblo de Dios sería probada por los caldeos

Unamuno viajó por todo el trayecto de la duda a la fe, y ese mismo trayecto es el que recorrió el profeta Habacuc. También él tuvo sus hondas dudas, y con sobrada razón, en cierto sentido. Recibió una revelación con respecto a las cosas que tomarían lugar. Se levantaría una fuerte nación, los caldeos, despóticos, crueles, y malvados. Afligirían al pueblo de Dios sin misericordia. Esto plantó la duda en el profeta. Lo obligó a pensar; reflexionó sobre el sentido de la religión; vio las desigualdades de su tiempo con el elevado concepto de Dios y de sus actos, pero no se deprime en medio de sus punzantes preguntas. No huye de Dios ni habla contra Él. Habla con Dios; lleva su problema al único que puede resolverlo. Y al hacerlo, su fe, sin quemarse, sale más triunfante, más refulgente, más digna de imitarse. Viajó desde la duda hasta la fe.

Las preguntas de Habacuc eran lógicas. Esos caldeos no eran santos ni mucho menos. Sus planes de destrucción y opresión eran repulsivos. ¿Cómo puede Dios permitir tal cosa? ¿No puede detener el furioso avance de esos siervos del mal? Pero eso no era todo. Con una naturalidad que deja pasmado al profeta, Dios procede a decirle que no solamente se levantarán los caldeos, sino que Él mismo sería su prometer; Él mismo les daría triunfos de modo que se reirán de reyes, se burlarán de príncipes y de toda fortaleza militar. Esa vibrante y naciente nación sería elevada para castigo del pueblo de Dios por su desobediencia y por su alejamiento del Dios que los había redimido. Fue allí donde el profeta llega casi a la desesperación. ¿Dios ha de utilizar una nación de malvados déspotas para castigar a su propio pueblo? ¿Cómo puede Dios hacer tal cosa? ¡Imposible!

Es entonces cuando llegan las palabras de Dios nuevamente: «He aquí que aquel cuya alma no es recta, se enorgullece» (Habacuc 2:4). ¡Ese es el veredicto de Dios! Poderoso, sí, útil en sus manos, cruel y despótico, triunfará sobre muchos y aplastará sus cabezas, pero su alma no es recta en él. ¿De qué valen todos los triunfos de la vida, personales o nacionales, si el alma no es recta? ¿De qué aprovechará el hombre si ganare todo el mundo y perdiere su alma? «Mas el justo por su fe vivirá» (Habacuc 2:4). Este el centro de la fe cristiana, claramente revelado en una antigua profecía. Lutero no fue el primero que descubrió la preciosa doctrina de la justificación por fe durante la Reforma del siglo XVI. El pueblo judío ya la había recibido de los labios mismos de Dios. Efectivamente, el pueblo de Dios sería zarandeado, sacudido, tentado por los bárbaros caldeos, pero su fe y su perseverancia serían su triunfo. Los caldeos caerían por su soberbia.

El pueblo de Dios sería zarandeado, sacudido, tentado por los bárbaros caldeos, pero su fe y su perseverancia serían su triunfo.

Dios hace ver lo que les espera a los caldeos, luego de sus efímeros triunfos. Pronuncia cinco «ayes» que bien pueden escucharse también en nuestro siglo:

- «¡Ay del que multiplicó lo que no era suyo!» (v. 6). ¿Los caldeos multiplicaban lo que no era suyo? Ciertamente, pero también hoy pululan por el mundo los que desean tomar lo ajeno como suyo, explotarlo como propio, destruyendo todo derecho a la propiedad fijado por Dios, por las leyes y por la naturaleza. Los que saquean serán saqueados, y los que despojan serán, al final, despojados.
- «¡Ay del que codicia injusta ganancia para su casa, para poner en alto su nido, para escaparse del poder!» (v. 9). ¿Los caldeos codiciaban las ganancias injustas? Ciertamente, pero

los que hoy en día amasan sus fortunas sin reparar en sentimientos o en derecho hacen exactamente lo mismo. En su egoísmo acumulan y acumulan, ponen un montón sobre otro, esperando así elevarse tanto que nada ni nadie podrá jamás tocarlos ni dañarlos. Tal norma de conducta es nada menos que suicidio, y muchos ya lo están viviendo.

- «¡Ay del que edifica la ciudad con sangre, y del que funda una ciudad con iniquidad!» (v. 12). ¿Los caldeos cimientan pueblos con sangre? Ciertamente, pero también entre las potencias de hoy se edifican ciudades sobre bases sangrientas para librarse de la oposición, y se echan cimientos utilizando las reglas más patentes de la iniquidad del corazón humano. Tales ciudades y pueblos serán destruidos; no tienen futuro porque su base está corrompida.
- «¡Ay del que da de beber a su prójimo! ¡Ay de ti, que le acercas tu hiel, y le embriagas para mirar su desnudez!» (v. 15). ¿Los caldeos emborrachan a sus prójimos? Ciertamente, pero también las páginas de nuestra historia están manchadas con esa negra nube. No fue una sola vez que con la bebida inflamadora se explotó al prójimo, se le quitó lo que era suyo, se le avergonzó y se le destruyó. Los hombres no necesitan ser caldeos para descubrir los beneficios inmorales que pueden obtenerse por un medio tan potente como la bebida. La historia de muchos está cubierta por ese mismo pecado. Pero con la misma medida con que midieron, les será medido.
- «¡Ay del que dice al palo: Despiértate; y a la piedra muda: Levántate! ¿Podrá él enseñar? He aquí está cubierto de oro y plata, y no hay espíritu dentro de él» (v. 19). ¿Los caldeos pretender despertar a los leños con gritos? Ciertamente, pero aun en medio de este siglo hay quienes se inclinan ante mudas estatuas y tétricas imágenes, ante la plata brillante y reluciente, como si de esa fuente viniese su socorro y ayuda. La idolatría no es otra cosa que una estupidez irracional. Jehová está en su santo templo – ¡guarde silencio delante de Él toda la tierra!

Los caldeos, sin Dios, no tienen un futuro halagador. Son meros instrumentos en las manos divinas para realizar sus vastos y sabios planes mundiales. Y cuando nosotros temblamos ante la fuerza avasalladora de ideas ateas y materialistas, debemos preguntarnos: ¿No estará Dios haciendo una obra en nuestros días? ¿No estará Dios levantando esos gigantes malvados para castigar a los que, conociendo a Dios, no le glorificaron como a Dios? Puede ser. Pero también es cierto que almas tan ensoberbecidas como esas no son rectas – su brillo es sólo exterior y efímero. El justo, empero, por su fe vivirá.

Para meditar

Al ver las tragedias de la vida moderna, ¿siente usted dudas? No es de extrañarse. No es usted el primero y, podemos asegurarle, no será el último. Lo trágico no es que surjan dudas. ¡Ojalá cada día más personas tuviesen tal inquietud en vez de letárgicamente aceptar la vida tal como es! Tal vez los jóvenes revolucionarios de nuestro tiempo, esos visionarios de cabello abundante y pies descalzos, están empezando a ver las cosas. Dudar no es la tragedia. La tragedia es seguir dudando. La gloria del hombre es viajar desde esa duda, lógica y comprensible, hacia la fe, como Unamuno y como Habacuc, quien escribió: «Con todo, yo me alegraré en Jehová, y me gozaré en el Dios de mi salvación. Jehová es mi fortaleza» (Habacuc 3:18, 19). Alguien ha aconsejado: «Procede como si hubiera Dios, y descubrirás que lo hay.» Esta es la clave para la solución de toda duda.

> El viaje de la duda a la fe no es fácil, pero lleva al gozo perdurable, a la certeza inquebrantable y a la salvación eterna.

El viaje desde la duda hacia la fe no es fácil, pero una vez hecho el viaje se llega al gozo perdurable, a la certeza inquebrantable, y a la salvación eterna. ¿En qué se regocija usted, amigo oyente? Cristo le dice hoy mismo: «Venid a mí todos los que estáis trabajados y cargados, y yo os haré descansar» (Mateo 11:28). Dios cumple lo que promete.

◆◆◆

¡Tu fe te ha sanado!

Texto clave: *«Y le dijo: Levántate, vete; tu fe te ha salvado».*

Lucas 17:19

Objetivo: *Describir la actividad sanadora de Jesús, tanto física como espiritual.*

El proceder de Jesús ante los enfermos

Había muchos enfermos en los días de Jesucristo. Los moribundos y débiles siempre andaban en búsqueda de curación y sanidad. A nadie le agrada estar enfermo o ser víctima de algún desorden incurable. Millones de personas gastan sumas considerables de dinero para recobrar la salud o mantenerla. Las clínicas y los centros médicos de investigación son parte integral de las ciencias médicas modernas. En los días de Jesús la gente deseaba curarse En cuanto se corrió la noticia de que Jesús tenía el poder de sanar, mucha gente salió en su búsqueda en aldeas y ciudades, en casas particulares, a la costa de un lago, o a la orilla del camino. ¿Cómo vio Jesús a todos estos enfermos? Varios sentimientos se descubren al contemplar a Cristo frente a la gente enferma de su tiempo.

a. Jesús sintió tristeza y compasión

En primer lugar, sintió una profunda tristeza al estar delante de toda esta gente herida. Recuerde que había sido Él, según el testimonio del apóstol Juan, que había participado directamente en la creación (véase Juan 1:3). Todo había salido de esas manos creadoras en óptimas condiciones. «Y vio Dios todo lo que había hecho y he aquí que era bueno en gran manera» (Génesis 1:31). En el principio había armonía y alegría, desarrollo y descanso. Ahora, el mundo parece un asilo donde ambulan los menesterosos, donde se abandona a los enfermos, y donde los desesperados no hallan refugio. Hay brazos rotos, oídos que no oyen, ojos que no ven, piernas que no caminan. En el tiempo de Jesús, la suegra del apóstol Pedro sufrió de una fuerte fiebre. Había leprosos, cuerpos saturados de espíritus demoníacos, ciegos, mudos, cojos, moribundos. ¡Qué agonía habrá sentido el corazón tierno de Jesús al ver los estragos del pecado humano sobre el mundo que una vez había sido declarado como «bueno en gran manera»!

¡Qué agonía habrá sentido el corazón tierno de Jesús al ver los estragos del pecado humano sobre el mundo que una vez había sido declarado como «bueno en gran manera»!

b. Jesús sanó a personas con graves enfermedades y dolencias

En segundo lugar, Jesús no se ocupó de pequeñas molestias. Las enfermedades que trató eran de carácter mayúsculo. Aun la fiebre de la suegra de Pedro era de tal naturaleza que los evangelios la designan como una «gran fiebre» (Lucas 4:38). Esto indica que ya era víctima de la enfermedad, quizá a pocos pasos de la muerte misma, consumida por la intensa fiebre. Jesús sanó a un ciego de nacimiento, alguien que jamás había visto los rayos del sol, ni disfrutado de los colores de las flores ni de las sonrisas en rostros humanos. Y allí están los leprosos, destinados por el resto de sus vidas a ser excluidos del resto de la humanidad, sabiendo que jamás serían restaurados de su dolencia. Jesús no se encontró con enfermedades insignificantes, sino que lidió con un mundo sombrío, frustrado, y sin esperanza. Fue en esa negra cueva de desesperación que Jesús entró para convertir las densas nieblas en luz brillante, y los suspiros en canciones de gozo.

c. La sanidad que Jesús ofreció fue siempre efectiva

No hay fracasos en la acción sanadora de Jesús. Sus métodos eran simples y sencillos. Nada de aparatosidad y malabarismos emocionales. Nada de pompas y ceremonias especiales. Unas veces Jesús ordena que la sanidad invada aquel cuerpo; otras veces toca al enfermo, o le ordena seguir algún rito especial (como taparse los ojos o lavarse en alguna fuente); Jesús ordena a los espíritus inmundos que salgan de sus víctimas. No hay fracasos en Jesús. La gente trae a Jesús enfermos de todo tipo de dolencias, y a todos ellos sana y restaura a una vida normal. ¿Había esperanza de sanidad para uno que era ciego de nacimiento en aquellos tiempos primitivos? ¿Cómo hubiera sido posible para un leproso verse totalmente limpio de su odiosa dolencia? Jesús los sanó. No hubo fracasos en su ministerio de sanidad. Los que fueron sanados fueron curados total y definitivamente. Después de ser sanada, la suegra de Pedro se levantó al instante para servir a sus invitados. El paralítico, después de ser curado por Jesús, se levantó sobre sus pies y llevó su lecho.

d. Jesús sanó a individuos, no a multitudes

Es interesante notar que Jesús no esparció sus poderes sanadores sin distinción como si fuese un beneficio para todos los hombres. Su poder de sanidad se limitó al sendero que caminó y a los lugares que visitó. Nunca se convirtió en un ministerio universal y general. Más bien era un poder dirigido específica y particularmente a ciertas personas y en obediencia a ciertos lineamientos. Jesús no se negó jamás a prestar su poder para sanar. El había dicho a las multitudes: «Pedid, y se os dará» (Mateo 7:7), y cuando un enfermo pedía, Él siempre daba. No necesariamente era el enfermo mismo el que pedía el poder maravilloso de Jesús para curar, sino otros que amaban al enfermo. Y en ocasiones el pedido de sanidad ni siquiera se formulaba verbalmente. Allí está este grupo de amigos que deseaba traer a su compañero paralítico a Jesús, pero descubre que Jesús está literalmente rodeado de multitudes, y que no le era posible llegar hasta donde Él estaba. Y con ese ingenio nacido de la necesidad y de la fe, los amigos levantan al enfermo con cama y todo hasta ponerlo sobre el techo de la casa donde Jesús se hallaba. Más ingeniosamente aún, hacen una abertura en el techo y bajan el lecho con el enfermo encima hasta dejarlo prácticamente en frente del Hijo de Dios. Eso no requirió petición ni oración verbal, pero ¿existe acaso alguna duda sobre el fuerte deseo de aquel enfermo y de sus amigos de recibir salud? Al ver semejante fe, Jesús sin demoras pronunció: «Ten ánimo, hijo; tus pecados te son perdonados» (Mateo 9:2).

e. Jesús sanó con gozo y satisfacción

Jesús sanaba con alegría e indescriptible satisfacción. Su alma tierna se sentía atraída ciertamente hacia los enfermos y débiles. Para Él, las enfermedades eran como la cizaña que se había plantado en los campos de su Padre, y como manchas en la preciosa creación de Dios. De allí nace su ternura y su deseo ardiente de sanar lo enfermo y de enderezar lo torcido.

f. Jesús no sólo sanó cuerpos – también curó almas

Jesús sentía una enorme satisfacción al librar a la víctima, no sólo de sus dolencias, sino de sus pecados. Jesús no sólo se interesó en curar la proliferación de enfermedades graves de su tiempo, sino más aun le concernía la condición espiritual del hombre. El pecado de la humanidad es el gran mal y la grave enfermedad de todos los tiempos. Jesucristo no sólo vino a curar cuerpos, sino a perdonar pecados.

Diez leprosos le ruegan en su desesperación a Jesús que los cure. «¡Jesús, Maestro, ten misericordia de nosotros!» (Lucas 17:13). El Señor les ordena que cumplan con la ceremonia acostumbrada de ir y mostrarse a los sacerdotes, y los diez son curados de su maldición. Uno de ellos siente tan honda gratitud que vuelve sobre sus pasos para darle las gracias al Señor. ¡Conmovedora escena la que nos presenta el evangelio! Se postra delante del que le ha devuelto la sanidad, y le da las más efusivas gracias, «glorificando a Dios a gran voz» (v. 15). Tras esta breve conversación, esto es lo que el gran Maestro le responde: «Levántate, vete; tu fe te ha salvado» (v. 19). ¿Nota usted esa inmensa diferencia? Este hombre no sólo había sido sanado de su lepra, sino que, mucho más importante incluso, había sido hecho digno del reino de Dios. Sus pecados habían sido perdonados y lavados para siempre. Había sido hecho ciudadano del reino de Dios y heredero de la vida eterna. ¿Qué objetivo puede ser más noble y más digno de seguir? Sí, las enfermedades y las debilidades del cuerpo pueden ser una pesada cruz a cargar, pero ¿no es acaso mucho mayor el peso el pecado que nos asedia? Jesús quiere limpiar el pecado del mundo. Es casi con palpable pena que Jesús pregunta al hombre agradecido dónde están los otros nueve que no volvieron para darle gracias. Hay una especie de tristeza en sus palabras: «¿No son diez los que fueron limpiados? Y los nueve, ¿dónde están?» (v. 17). Los nueve sólo recibieron parte de la bendición – su fe les había sanado. Pero para aquel hombre, el que volvió, fueron dichas las palabras más maravillosas y preciosas del Maestro: «Tu fe te ha salvado»

> Las enfermedades y las debilidades del cuerpo pueden ser una pesada cruz a cargar, pero ¿no es acaso mucho mayor el peso del pecado que nos asedia?

Acto de fe

Texto clave: *«Asimismo muchos de los que habían practicado la magia trajeron los libros y los quemaron delante de todos.»*

Hechos 19:19

Objetivo: *Destacar cómo el evangelio de Cristo transforma radicalmente la vida del hombre.*

Introducción

Quemar libros es un crimen, pero puede ser también un acto de fe. Los buenos libros son fieles compañeros; elevan el espíritu, extienden el pensamiento y educan al lector. Es interesante observar la cantidad de nuevos títulos que se publican. Los tres países de habla hispana que más libros producen son España (con unos veinte mil títulos anuales), México (con unos cinco mil) y Argentina (con alrededor de cuatro mil). Seguramente la inmensa mayoría de estos libros son buenos compañeros del hombre moderno. Sería un crimen quemarlos o destruirlos. Pero hay también libros sumamente dañinos. Proclaman errores que confunden. Enseñan ideas gestadas en los mismos infiernos. Roban al hombre de la plenitud de su vida delante de Dios. Y tuercen los caminos que el Creador ha señalado para que sus criaturas caminen en ellos. Bueno sería quemarlos, y cuanto antes mejor.

La quema de libros de magia por los efesios convertidos al cristianismo

Eso es lo que ocurrió en la ciudad de Éfeso cuando alguien encontró el único mensaje que satisface las necesidades humanas. Éfeso podría compararse con cualquier ciudad moderna: el templo de la diosa Diana era el centro, lo cual le daba un particular colorido; los religiosos profesionales dedicados a su diosa se habían convertido en los banqueros del mundo; proliferaban los ricos y las riquezas. Las masas proveían tales fondos monetarios para los ricos, pues estaban siendo engañados por los numerosos impostores de la ciudad que decían poseer toda clase de artificios: fórmulas mágicas, artefactos religiosos, consultorios espirituales, dones especiales, contacto con espíritus, percepción extra sensorial, conocimiento de los astros, y adivinaciones.

> El evangelio de Jesucristo penetró en la ciudad de Éfeso con poderes extraordinarios, y extraordinario fue también lo que aquellos convertidos hicieron para demostrarlo.

Aparentemente una enorme cantidad de libros sobre estos temas se vendían en la ciudad. Pero llegó con poder excepcional el mensaje de Jesucristo a las puertas de Éfeso. Si el diablo con sus huestes malévolas puede manipular a las multitudes, el Espíritu Santo puede producir milagros transformadores en estas mismas muchedumbres. Si las fuerzas del mal asombran a las masas, el Espíritu Santo puede mostrarles su poder infinitamente superior. Dios ejecuta milagros allí donde sean necesarios para sus fines redentores; los lleva a cabo de forma incomparablemente superior a los que cualquier mago o adivino puede hacer. El evangelio de Jesucristo penetró en la ciudad de Éfeso con poderes extraordinarios, y extraordinario fue también lo que aquellos convertidos hicieron para demostrarlo. Imagínese usted la situación: se reunieron un día todos ellos. Juntaron sus amuletos con inscripciones mágicas, sus pergaminos llenos de símbolos, y sus libros de toda clase de ciencias ocultas. Se congregaron en la plaza de la ciudad, y ante la mirada incrédula de la población le prenden fuego a todo eso. Una inmensa fogata despide una columna de humo espeso que se eleva desde las calles efesias hacia los cielos azules. Uno puede preguntarse cómo era posible que esta gente supersticiosa se atreviese a quemar públicamente sus preciosas posesiones espirituales. La respuesta es simple: estas personas habían encontrado algo que era infinitamente mejor que todo eso; habían recibido una nueva sabiduría, un nuevo entendimiento, y un nuevo valor en sus relaciones con el prójimo. Tres sucesos deben notarse en ese acto de fe.

a. Este acto manifestó un rompimiento con el pasado

Primero, la quema de libros muestra un total rompimiento con el pasado. Cuando Cristo llega a una vida, cuando el evangelio penetra en un corazón, se produce un cambio radical, una transformación total. Así lo expresa el apóstol Pablo: «De modo que si alguno está en Cristo, nueva criatura es; las cosas viejas pasaron; he aquí todas son hechas nuevas» (II Corintios 5:17). ¿Qué valor tenían ahora aquellos vetustos rollos de magia, de engaños sutiles, de ciencias ocultas y de espiritismo? A la luz del evangelio, todo eso pasa a ser densas tinieblas, juguetes espirituales, fantasías de imaginaciones infecundas. Junto a Cristo se inicia, no una nueva etapa, sino una nueva vida, algo que está en directa oposición a los métodos antiguos de vida, y a los conceptos y creencias pueriles del pasado. Cuando Jesucristo llegó a las vidas de los efesios, el interés por las cosas insensatas se desvaneció.

Tal vez usted cree estar buscando a Jesucristo, pero aún tiene su mano aferrada al mundo ilusorio del pecado y a su antigua forma de vivir. Ésta no es una búsqueda genuina. Las ricas bendiciones del Señor no se pueden disfrutar así. Usted debe romper totalmente con ese pasado odioso si ha de tener la aprobación de Dios. Debe abandonar esas costumbres que en nada honran a su Salvador. Debe examinar esas relaciones amigables que tiene con los enemigos del evangelio. Sus hábitos y su estilo de vida deben ser reemplazados, pues Cristo no desea ocupar el segundo lugar en su vida, ni quiere tampoco compartir su soberanía con otros. O usted es de Cristo, total, radical y eternamente, o no es de Él. No se puede dar una mano a Cristo, y otra a los dioses paganos. Esto no es cristianismo, y quien le haya dado ese nombre poco sabe de la esencia del plan redentor de Dios.

Cristo no desea ocupar el segundo lugar en su vida, ni quiere tampoco compartir su soberanía con otros. O usted es de Cristo, total, radical y eternamente, o no es de Él.

b. Este acto fue una manifestación pública de fe

En segundo lugar, aquellos efesios hicieron un repudio público de su pasado. No eran cristianos secretos en horas oscuras de la noche reunidos en cavernas subterráneas. Llevaron su entusiasmo espiritual a la calle, al mercado y a la plaza pública. Bien pudo cada uno poner sus libros venenosos en la basura, sin pompa alguna ni manifestación clara, pero no lo hicieron así, sino que «trajeron los libros y los quemaron delante de todos» (v. 19). Muchas veces a través de la historia los creyentes han tenido que esconderse para sobrevivir, para adorar a su único Salvador – era cuestión de vida o muerte. Pero es muy distinto desaprovechar las oportunidades de dar testimonio de nuestra fe ante las masas que no conocen la verdad. Los efesios se habían enterado que los magos y adivinos descubrieron el engaño de su falsa religión. Allí se veían esos grupos de creyentes quemando sus libros delante de todos. Aunque no hubiesen dicho una sola palabra, estaban dando testimonio innegable al mundo incrédulo. No siempre es necesario ser un elocuente orador para testificar de la verdad. Esa verdad también se vive y se manifiesta en la conducta diaria, en el día a día. No es en vano que el autor de este pasaje bíblico declare que «así crecía y prevalecía poderosamente la palabra del Señor» (v. 20). Públicamente se testifica de esa manera que, sin temor alguno, los cristianos enarbolan el estandarte de Jesucristo, y que en verdad son la luz del mundo. La humanidad entera necesita frenar su carrera enloquecida, escuchar, prestar atención y beneficiarse de inmediato del mensaje salvador de Cristo Jesús.

c. Este acto representó un sacrificio personal

Y algo más. Quemar esos libros constituyó un verdadero sacrificio para aquellos felices creyentes. Esos objetos eran lo más precioso que tenían. Pero llegado el momento crucial, no importan los sacrificios. Escuche la declaración del apóstol Pablo: «Cuantas cosas eran para mí ganancia, las he estimado como pérdida por amor de Cristo. Y ciertamente, aun estimo todas las cosas como pérdida por la excelencia del conocimiento de Cristo Jesús, mi Señor, por amor del cual lo he perdido todo, y lo tengo por basura» (Filipenses 3:7, 8). ¡Fuera todo aquello que engaña y aprisiona el espíritu, y que empequeñece la vida humana! ¿Qué importa su precio? La salvación que Cristo da no tiene valor monetario. ¡A quemarlo todo! La consagración a Cristo siempre demanda sacrificios personales; puede significar perder un empleo que requiere su tiempo los domingos para así poder asistir a la iglesia, o dejar atrás ciertos caprichos para obtener una ideología integral, o renunciar a ciertas amistades que merman su relación con el Señor.

Para meditar

¿Cómo es su cristianismo? ¿Está mezclado con supersticiones pasadas? Examínese bien. Asegúrese de que su cristiandad no sea un disfraz, sino el ejercicio de una vida transformada para la gloria de Dios, libre de las ataduras y del poder del pecado.

◆◆◆

Filosofía y fe

Texto clave: *«Mirad que nadie os engañe por medio de filosofías y huecas sutilezas, según las tradiciones de los hombres, conforme a los rudimentos del mundo, y no según Cristo.»*

Colosenses 2:8

Objetivo: *Describir cómo el apóstol Pablo se ocupa del problema de la infiltración de la filosofía humana en la iglesia de Colosas.*

Introducción: El peligro de la filosofía humana

La filosofía es importante y a la vez peligrosa. Es tan importante que determina la conducta personal y la de los pueblos. Y, por otro lado, es tan peligrosa que puede engañar desastrosamente a la humanidad y llevarla a senderos de total frustración. Es tan importante que es en su terreno que se triunfa o se fracasa. Y es, a la vez, tan peligrosa que puede desviar al hombre del propósito mismo de su existencia. Los filósofos no producen nada, y sin embargo, controlan el mundo; son pocos, pero dominan a las masas. De ahí su importancia y su peligro.

Pitágoras inventó la palabra *filosofía*. Quienes hayan estudiado matemáticas seguramente han oído su nombre. Pitágoras era muy sabio; tan sabio era que se dio cuenta que un hombre común y corriente, un ser humano como él, no era digno de llamarse «sabio». Se dio cuenta que es más sabio el que sabe que no lo es, que el que lo propaga a los cuatro vientos. Fue así que inventó el término *filósofo*, es decir, amante de la sabiduría. La filosofía es un sistema de pensamiento que trata de poner en su lugar todos los enigmas de la existencia, de unir los conocimientos, de dar una base al qué y al por qué de las cosas. Ha sido desde tiempo inmemorial un pasatiempo favorito de la humanidad. Busca, investiga, demanda respuestas, quiere explicaciones, es curioso. Usted puede ver de inmediato el peligro de la filosofía – si es incorrecta, todo lo demás lo es también. Si el hilo que une los sucesos es falso, los sucesos serán hilados en orden confuso. Si los cimientos de la casa tiemblan, temblará todo el edificio.

La iglesia en Colosas – ¡alerta contra la infiltración de la filosofía humana!

La filosofía ha sido un peligro amenazante para la iglesia de Cristo. La iglesia está formada por seres humanos con las mismas inquietudes e imperfecciones que afectan al resto de la humanidad. En tiempos antiguos, en una iglesia ubicada en la ciudad de Colosas, se registró este fenómeno tan común. Este incidente se ha estado repitiendo desde entonces hasta nuestros propios tiempos. Es hoy en día tan necesario como entonces que Dios diga: «Mirad que nadie os engañe por medio de filosofías y huecas sutilezas, según las tradiciones de los hombres, conforme a los rudimentos del mundo, y no según Cristo» (Colosenses 2:8). Allí está precisamente el centro del problema. Hay dos tipos de filosofía: la filosofía humana, y la filosofía que se manifiesta, se cumple y se completa en Cristo. La iglesia de Colosas conocía el misterio de Cristo, pero, estando compuesta por humanos al fin y al cabo, estaba gradualmente entregándose a filosofías humanas, de la misma forma que los cristianos lo han hecho y lo hacen en nuestros tiempos. Se entrona al hombre en el centro de todo y se expulsa categóricamente la presencia de Dios. La filosofía humana se niega a ver al Creador en la creación; es racionalismo puro y completamente ciego ante las más profundas verdades del universo. Eleva al hombre al pedestal supremo sólo para rebajarlo al nivel de las bestias que perecen. Hace al hombre un gigante, pero un gigante que, como los toros salvajes, muere al fin sin dejar más que un cadáver. Es hueca sutileza, pero se presenta con palabras persuasivas y engañosas. Es exclusivamente tradiciones de hombres, y jamás toma en cuenta la realidad de Dios. Siendo tal cosa sólo puede calificarse como «rudimentos del mundo». Puede ser lógica humana pura, podrá ser presentada por labios elocuentes y con una retórica brillante, pero es un sistema inestable porque elimina la esencia de la verdad de Dios. ¡Qué triste que los cristianos se dejen arrastrar por tales huecas sutilezas y rudimentos del mundo! Los creyentes han conocido la plenitud de la sabiduría, han descubierto el misterio de la realidad, han visto los hechos en su relación mutua y hermosa. Es en Cristo que el secreto se revela y el renuevo florece. Bien dice el apóstol Pablo: «Porque en Él habita corporalmente toda la plenitud de la Deidad, y vosotros estáis completos en Él» (vs. 9, 10). Si usted quiere una filosofía que valga la pena tendrá que buscarla por medio de la fe de Jesucristo.

La filosofía puede ser lógica humana pura presentada por labios elocuentes y con una retórica brillante, pero es un sistema inestable porque elimina la esencia de la verdad de Dios.

1. La filosofía humana impone reglamentos

Cuando el hombre echa su suerte en la filosofía humana surgen pronto otros problemas. En Colosas, el apóstol se vio obligado a decir: «Nadie os juzgue en comida o en bebida, o en cuanto a días de fiesta, luna nueva o días de reposo» (v. 16). ¿Sabe usted qué había pasado? En base a alguna filosofía humana, alguien quería imponer sobre los cristianos toda clase de reglamentaciones sobre lo que se podía comer y lo que no, lo que se podía beber y lo que no, y sobre la santidad de ciertos días. Esto negaba el potente mensaje de Dios que dice: «Porque el reino de Dios no es comida ni bebida, sino justicia, paz y gozo en el Espíritu Santo» (Romanos 14:17). Esta filosofía humana aún persiste. Miles creen, con toda sinceridad y seriedad, que serán salvos porque han guardado y respetado esas leyes y reglamentos. Nuevamente, esto es poner al hombre en el centro de la vida, como si pudiese ganar el acceso a Dios con sus actos y su conducta general. Esto es negar el poder redentor de Cristo. Es creer que los terribles sufrimientos del Salvador en la cruz no son suficientes para redimir al hombre, como si Jesús necesitase la ayuda y la cooperación de los hombres. Profesan que Dios no es soberano al afirmar que somos salvos o no, según nuestros actos. ¡Vergonzoso desprestigio de los poderes divinos! ¡Qué forma de disfrazar con colores agradables al ser humano!

2. La filosofía humana declara que toda materia es impura

Otra trágica faceta de las filosofías humanas en Colosas argumentaba que lo material es impuro, sucio y desagradable; que todo lo relacionado con el cuerpo es puramente mundanal y temporal. Y siendo así, ¿cómo podría el hombre intentar acercarse a Dios? Su cuerpo repulsivo era siempre parte de él; esa materia aprisionaba su espíritu. Como resultado directo de esta forma de pensar se empezaba ya a vislumbrar una verdadera tragedia: el hombre debía buscarse mediadores que pudiesen interceder por él ante Dios. Decían que el hombre, tal como es, no puede pretender alcanzar a Dios; necesita intermediarios, ángeles o ser etéreos que no tengan estas ataduras carnales. Maestros de tales filosofías quisieron introducir un nuevo paganismo: los mediadores serían, ya no los dioses griegos y romanos, sino los mismos ángeles del cielo. Por eso les escribe Pablo estas palabras: «Nadie os prive de vuestro premio, afectando humildad y culto a los ángeles, entremetiéndose en lo que no ha visto, vanamente hinchado por su propia mente carnal» (v. 18). ¿Qué necesidad tiene el hombre de tales cosas, cuando el Hijo mismo de Dios ha descendido a este mundo, ha tomado nuestra forma humana, ha muerto nuestra muerte, ha resucitado nuevamente y ha llevado nuestra misma naturaleza a los pórticos del cielo? ¡Alabado sea Dios que no necesitamos la intervención de ángeles! ¡Cristo mismo es nuestro eterno Mediador! «Porque hay un solo Dios, y un solo mediador entre Dios y los hombres, Jesucristo hombre» (I Timoteo 2:5).

¿Por qué el hombre busca a los ángeles cuando el Hijo mismo de Dios ha tomado nuestra forma humana, ha muerto nuestra muerte, ha resucitado y ha llevado nuestra naturaleza a los pórticos del cielo?

3. La filosofía humana declara al hombre superior a Dios

La filosofía humana coloca al hombre y a sus razonamientos en la cúspide del rascacielos Y esto da pie a innumerables variaciones de conducta. Quien no vive bajo la influencia de la fe cristiana, terminará negando a Dios y elevando al hombre a niveles de divinidad. Si Cristo no filtra el pensamiento, la filosofía enseñará al hombre que sólo puede acercarse a Dios por medio de estatuas o ángeles. Si el perfecto Salvador no domina y transforma la forma de pensar, el hombre elevará oraciones y repeticiones, y ofrecerá sacrificios exigentes que arrancarán lágrimas de dolor de sus ojos. Y esto sólo producirá el volver a los rudimentos del mundo. Tales prácticas se ejercían ya en este mundo mucho antes de que Cristo viniese. Estos ejercicios eran cosa común en las civilizaciones paganas, y siguen siéndolo en aquellas que aún no han sido alcanzadas por el mensaje libertador del evangelio. ¿No le parece vergonzoso que de esa manera se esclavicen nuevamente las mentes de los hombres y se envenenen sus pensamientos?

Para meditar

Cristo es la respuesta. Cualquier otro fundamento será destruido. ¿Cuál es su filosofía de la vida? ¡Ojalá sea la filosofía de la fe! Esto haría de usted el hombre más libre y más sabio del mundo.

No es fácil vivir la fe

Texto clave: *«Viendo, pues, el peligro, se levantó y se fue para salvar su vida».*

I Reyes 19:3

Objetivo: *Animar al creyente a perseverar en la fe a pesar de las dificultades, tomando como ejemplo la vida del profeta Elías.*

Introducción: La fe cristiana como estilo de vida

Profesar la fe cristiana, decir a quien escuche que somos de Cristo, dar testimonio en alguna reunión de lo que Dios significa en nuestra vida, es cosa fácil – por lo menos mucho más fácil que vivir esa fe. Usted sabe que es relativamente fácil decir en nuestra cultura que somos cristianos. Entre algunos escritores de bastante fama latina se usa el término *cristiano* como sinónimo de *humano*. Sería muy difícil decirle a un pariente que somos ateos porque él presupone que somos cristianos. Es fácil afirmar que somos de Cristo porque Cristo es una figura histórica que se da como ejemplo digno de imitarse. Es fácil ponerse de pie en una reunión ante un grupo selecto de hermanos y hermanas que aplauden cuando oyen que uno antes era así de malo y ahora Cristo lo ha hecho así de bueno. Eso es fácil. Lo que no es fácil es vivir la fe. La fe no es una mera profesión, o un decir de los labios, o un testimonio bonito. La fe cristiana no es asunto de domingos ni de templos, sino una forma de vida, un estilo de conducta, una acción diaria, y tiene influencia sobre todas las facetas del ser humano.

La vida del profeta Elías

Las dificultades de vivir la fe se ven de forma patente en el relato bíblico de las experiencias del profeta Elías, un hombre que fielmente representa al pueblo de Dios en la tierra. Hay claras evidencias de lo difícil que es vivir la fe en la trayectoria luminosa de este hombre de Dios.

a. Elías sufre en un ambiente hostil

La vida de Elías no es tan sólo un rico símbolo de la realidad, sino un oportuno recordatorio de que el cristiano vive en este mundo como un mero huésped. El creyente es un peregrino, un viajero que camina con destino a sus moradas celestiales. Elías era un fiel siervo de Dios y, como tal, se vio en la necesidad de vivir una vida errante. No tuvo un hogar. Por un tiempo fue obligado a vivir con una viuda pobre; también tuvo su estancia junto a un arroyo donde los cuervos le traían de comer. Ni siquiera el rey, con todos los poderes del reino, pudo jamás determinar su residencia. En un momento de la historia, cuando la situación de Israel se torna insoportable, el rey Acab ordena que su asistente Abdías recorra el país en busca de socorro. Abdías sale de camino e, inesperadamente, se encuentra con el profeta quien le ruega volverse al rey con un mensaje. Esta es la respuesta que da Abdías al oír aquella orden: «¿En qué he pecado, para que entregues a tu siervo en mano de Acab para que me mate? Vive Jehová tu Dios, que no ha habido nación ni reino adonde mi señor no haya enviado a buscarte, y todos han respondido: No está aquí; y a reinos y a naciones él ha hecho jurar que no te han hallado» (I Reyes 18:9, 10). Huyendo de un lugar a otro, escapando de las redes oficiales, escondiéndose de manos traidoras, viajando de un lugar a otro, casi siempre corriendo y con miedo de ser descubierto; así vivió Ellas por la única y sencilla razón de su fe. Era siervo y profeta de Dios; era parte del pueblo de Dios. Vivir esa fe era sinónimo de angustia. No es fácil vivir la fe.

b. Elías sufre por acusaciones de las autoridades

No era tan sólo el ambiente que era hostil a la fe, sino las mismas autoridades del reino. Acab era el rey y el soberano de la nación, y más de una vez, al encontrarse con este siervo de Dios, lo acusa de ser un elemento negativo para el bienestar nacional y de destruir la unidad del país. Cuando Acab se encuentra cara a cara con Elías le hace la insensata pregunta: «¿Eres tú el que turbas a Israel?» (v. 17). Esta pregunta estaba cargada de acusación, como diciéndole a Elías que era una persona subversiva, indeseable para el país. Estas palabras se oyen siempre que el pueblo del Señor hace sentir su presencia. Las autoridades, temerosas de la competencia o en defensa de falsas doctrinas, consideran que los cristianos son un factor negativo para el pueblo y buscan destruirlos. Creen que Cristo y sus seguidores turban a las masas, confunden a las muchedumbres, y ponen en peligro la estabilidad del país. Ocurre hoy mismo tanto en tierras donde prolifera la tecnología avanzada, con enormes tradiciones y sueños inéditos para el futuro, como en regiones rurales y apartadas donde en vez de la razón prevalece el fanatismo de los ignorantes y los prejuicios de épocas oscurantistas. Con seriedad preguntan si los seguidores de Cristo son los que turban al país. En otra oportunidad, el rey Acab le pregunta a Elías: «¿Me has hallado, enemigo mío?» (I Reyes 21:20). Las autoridades rebeldes contra Dios no pueden aceptar a quienes

Las autoridades, temerosas de la competencia o en defensa de falsas doctrinas, consideran que los cristianos son un factor negativo para el pueblo y buscan destruirlos.

toman a Dios en cuenta en su diario trajinar; los consideran enemigos. Sin embargo, la verdad es que ni Acab ni ninguna otra autoridad en la historia ha tenido mejores amigos que quienes sirven fielmente a Dios. Esos ciudadanos son genuinos, honestos, fieles, y con su obediencia aseguran que las bendiciones del cielo sean derramadas sobre la nación.

c. Elías sufre por las fuerzas del mal

Y allí está la bellísima pero sangrienta reina Jezabel. Esta mujer representaba las fuerzas paganas de dioses extraños o, mejor dicho, las potestades invisibles del aire, las fuerzas que buscan destruir la bondad de Dios con sus maldades y sembrar el odio donde Dios quiere que crezca el amor. Jezabel no tuvo escrúpulos de ninguna clase; había salido a perseguir a los hijos de Dios como quien caza conejos en los bosques. Los profetas de Dios fueron muertos a espada por esta mujer sanguinaria y sólo algunos pocos pudieron escapar al esconderse en cuevas, alimentándose con pan y agua. Esta reina jura por sus dioses que cortará la cabeza del intrépido Elías para así vengarse de vergüenzas pasadas. No es fácil vivir la fe en momentos así. La cólera de los demonios a veces se desata sobre aquellos que han sido lavados en la sangre de Jesús. La furia de Satanás y sus secuaces se hace presente muchas veces para hacer caer al abismo al hijo de Dios. No es fácil vivir la fe.

d. Elías sufre de soledad

Errante por un mundo que lo odia o que quiere atraparlo en sus redes, mal visto por autoridades que dicen ser responsables y estar legítimamente constituidas, no tarda mucho Elías en verse afectado por la cruel soledad. Se ven aquí los rasgos humanos de este hombre de Dios. No ve el cuadro total, pues no estaba solo; no ve ya al Dios que lo había protegido siempre. Se había convertido en víctima de la soledad. Marcha hacia las montañas. Ni siquiera desea que su criado le siga los pasos; le ordena quedarse atrás. Oiga usted sus lúgubres lamentos cuando Dios le pregunta, «¿Qué haces aquí, Elías?» (I Reyes 19:9). Elías responde: «He sentido un vivo celo por Jehová Dios de los ejércitos; porque los hijos de Israel han dejado tu pacto, han derribado tus altares, y han matado a espada a tus profetas; y sólo yo he quedado, y me buscan para quitarme la vida» (v. 10). ¡Cuán fácil es caer en la trampa de la soledad! El mundo nos pasa de largo; entretiene a sus huéspedes con las delicias de la carne; incluso los amigos mas íntimos son arrancados de nuestro lado por la vorágine del mundo; los miembros de nuestra propia familia se rinden ante los susurros de la tentación. Nos miramos en el espejo, y con lágrimas en los ojos decimos, «Sólo yo he quedado, y me buscan para quitarme la vida.»

> ¡Cuán fácil es caer en la trampa de la soledad! El mundo nos pasa de largo; nuestros amigos nos desprecian; nuestra familia se aleja, y fácilmente olvidamos que Dios continúa con nosotros.

e. Elías vive una vida victoriosa de fe en Dios a pesar de sus sufrimientos

No es fácil vivir la fe, pero es lo mejor. Dios se manifiesta a Elías de dos maneras. Primero, le da una visión de lo que Dios es, de sus virtudes y de sus poderes: puede ser que Dios no sea un fuerte viento, o un quemante fuego, o un terremoto que destruye, pero Dios es y está – está en un silbo apacible y suave. Dios no es torrente, sino calma. Dios no hace ruido, pero se deja oír. En segundo lugar, Dios asegura al solitario profeta que no es verdad que está solo, y que no es el único que ha quedado. Dice Dios: «Y yo haré que queden en Israel siete mil, cuyas rodillas no se doblaron ante Baal, y cuyas bocas no lo besaron» (v. 18). No es fácil vivir la fe, pero Elías y siete mil la vivieron. ¿Ha pasado usted del dicho al hecho en su fe? Es fácil profesarla. Lo dificil es vivirla.

Gracias por la gracia

Texto clave: *«Bástate mi gracia; porque mi poder se perfecciona en la debilidad.»*

II Corintios 12:8

Objetivo: *Destacar el papel de la gracia soberana de Dios en la salvación del hombre.*

La gracia de Dios – el remedio divino al problema humano

Usted no puede encontrar a Dios; es Dios quien lo encuentra a usted. En la búsqueda de Dios quizá esta verdad es una de las más difíciles de entender, especialmente en estos tiempos de tecnología avanzada. El hombre posee recursos incalculables con los que ha podido dominar las torrentosas aguas del río Nilo, ha robado terrenos al mar convirtiéndolos en preciosos jardines, ha formulado medicamentos maravillosos, y hasta ha conquistado espacios fuera del planeta tierra. Esta es una de las características más perniciosas de nuestros tiempos. El hombre se ve muy capaz de resolver cualquier problema. Le es inconcebible que no pueda hallar a Dios. Pese a ello, usted no puede encontrar a Dios; es Dios quien le busca a usted, y lo hace por pura gracia. Este vocablo no siempre es entendido correctamente. ¿Qué es la gracia de Dios? Alguien ha definido este concepto diciendo que es el remedio divino que cura la enfermedad humana del pecado. Excelente definición, salvo que posiblemente no muchos la entiendan como se debe. El hombre ha perdido el camino. Hubo tiempos en que él y Dios caminaban juntos. El hombre fue creado para vivir junto a Dios y caminar a su lado. Pero el hombre perdió el camino y ahora ambula por el mundo en total desorientación. En medio de sus vicisitudes desea encontrarse nuevamente con Dios, pero le resulta imposible. La razón es simple: el hombre se ha cubierto de pecado, tanto el de su raza como el suyo propio. Este manto de pecado que lo cubre le impide ver con nitidez; ha cerrado los canales de su mente, la fuente de sus emociones y la fuerza de su voluntad. Ese mismo manto de pecado lo convierte en repelente, como ese producto químico que uno se pone para que los mosquitos no molesten. Dios es santo y perfecto, y no puede acercarse al hombre pecador porque es contrario a su naturaleza. Pero Dios mismo ha diseñado el remedio divino que cura la grave enfermedad humana del pecado – su gracia.

En su soberano propósito, Dios hizo provisión para perdonar al hombre su pecado – Él mismo vino en la Persona de Jesucristo para pagar la culpa del pecado del hombre. La deuda ha sido saldada.

En su búsqueda de Dios, el hombre invariablemente yerra el camino. Cualquier camino que siga lo lleva aun a mayor desesperación En su búsqueda del hombre, sin embargo, Dios jamás se equivoca de sendero. En su soberano propósito, Dios hizo provisión para perdonar al hombre su pecado. Él mismo vino en la Persona de Jesucristo a este mundo vil y contaminado para pagar la enorme deuda del pecado humano. Allá, sobre aquella cruz que echa sus sombras por los corredores de los siglos, murió Jesucristo por los pecados del hombre. La deuda ha sido saldada. Pero, ¿la deuda de quién? De aquellos a quienes Dios, en su gracia soberana, quiere redimir para integrarlos a la nueva humanidad.

Usted recuerda el caso de Saulo de Tarso. Estaba equivocado con respecto a Dios y la salvación humana. Creyó que Jesús era un oportunista y un demagogo que quería destruir las ideas vigentes. Se puso en campaña para destruir hasta el último vestigio de Cristo. De pronto, en una carretera aislada, se encontró con ese Cristo. Imagínese usted la consternación de aquel gran patriota hebreo. ¡Cómo le habría molestado su conciencia, y cuán profundamente habrá sido herida su alma! Las escenas de cristianos muriendo en las cárceles, y la sangre fluyente y los huesos rotos de Esteban, ocuparon su mente. Pero Jesucristo lavó su corazón, le perdonó sus pecados, pagó su deuda infinita. Ese oscuro pasado fue echado al olvido, como si jamás hubiese ocurrido. La gracia de Dios buscó a Saulo; la gracia de Dios lo encontró en aquel camino a Damasco; la gracia de Dios le perdonó todos sus pecados; la gracia de Dios le concedió completa certeza de su vida en esta tierra y en la eterna. Había recibido la gracia divina que cura la enfermedad humana del pecado.

¡Gracias a Dios por su gracia! Si no fuese por esa gracia divina, no habría salvación, no habría ese encuentro feliz entre el Creador y la criatura Si no fuese por la gracia de Dios, el hombre debería seguir en su camino errado, hundiéndose cada vez más en el fango de sus frustraciones. Es Dios quien, en su gracia inmensa, viene en búsqueda del hombre. Lo hace ahora y lo ha hecho siempre. En efecto, esa gracia ha sido la fuerza generadora de una nueva raza hu-

> El hombre no podrá nunca encontrar a Dios. Es Dios quien viene en búsqueda del hombre y lo encuentra para salvarlo y para darle una vida nueva.

mana. De las cenizas de la vieja humanidad se levanta una nueva generación vestida de la gracia soberana de Dios. Para ellos las cosas viejas pasaron, he aquí todas son hechas nuevas. Cuando el apóstol Pablo viajó de ciudad en ciudad por el imperio romano afectado por una moribunda decadencia, predicaba el poderoso evangelio de la gracia de Dios. Ese mensaje descendió sobre las ruinas morales de ciudades tan corrompidas como Roma y Corinto, y de ellas surgió un titilante rayo de luz. La gracia de Dios las había alcanzado, y entraron así a formar parte de la nueva humanidad. Esa misma línea de hombres y mujeres redimidos ha continuado hasta el presente y se manifiesta aún en los cuatro rincones de la tierra. El hombre no podrá nunca encontrar a Dios. Dios encuentra al hombre.

La gracia de Dios perfecciona al creyente

Esa gracia de Dios no solamente rescata de las cenizas consumidas. También vigoriza, alimenta, empuja la nueva vida hacia la perfección. El apóstol Pedro lo describe con estas palabras: «Mas el Dios de toda gracia, que nos llamó a su gloria eterna en Jesucristo, después que hayáis padecido un poco de tiempo, Él mismo os perfeccione, afirme, fortalezca y establezca» (I Pedro 5:10). En su gracia, Dios redime al hombre, y también en su gracia, lo cuida y le da crecimiento.

Un escritor nos dice que en cierta oportunidad se inició una discusión en los corredores del cielo sobre quién sería el mayor monumento de la gracia de Dios. Todos los secretos se pusieron sobre la mesa y cada uno habló de los graves pecados que la gracia de Dios había perdonado. Al fin, parecía como que el monumento más grande sería cierto pecador que había cometido prácticamente todos los pecados habidos y por haber. Explicó cómo la gracia de Dios lo había salvado de tanta maldad en su lecho de muerte. Pero un momento antes de la votación vino al frente otro de los redimidos para relatar su historia. Era esta: Había llegado a conocer a Jesucristo en su tierna infancia, viviendo cerca de Dios su vida entera. Dijo que por la gracia de Dios se había librado de cometer los muchos pecados que se habían mencionado hasta ese momento. Se procedió luego a la votación. No fue el adúltero, ni el ladrón, ni el homicida, ni el blasfemo el mayor monumento a la gracia de Dios. Lo fue el hombre que había seguido a Cristo todos sus días, y quien, por la gracia de Dios, había sido guardado de tanta maldad. La gracia de Dios no sólo rescata del pecado al hombre, sino que además lo protege y lo bendice después de encontrarlo. Esa es la nueva humanidad.

Para meditar

Se cuenta la historia de un barco que se hallaba perdido en alta mar. La tripulación estaba desesperada, sin agua fresca. Se temía la más horrible muerte para todos ellos. Cuando habían ya casi perdido toda esperanza, los marineros divisaron otro barco a la distancia. Hicieron señas comunicando su falta de agua. Inmediatamente llegó la respuesta en señales: «Saquen agua del mar». ¡Qué burla tan cruel decir a una tripulación sedienta que tomen agua salada! Repitieron la llamada de auxilio, y obtuvieron la misma respuesta. Desesperados, sacaron agua del mar con un cubo. Y efectivamente, era agua fresca y dulce. El barco no estaba en alta mar, sino en la boca del vasto río Amazonas.

¿No es así su vida? La gracia de Dios lo rodea, pero usted sigue desesperado. Oiga hoy el llamado de Dios y empiece una nueva vida, obteniendo el perdón de todos sus pecados. Podrá así caminar con Dios. ¿Desea usted la gracia de Dios? ¿De verdad? Está a su alcance. Sólo necesita creer en Cristo y rendirse en total sumisión a Dios. Él viene en búsqueda del hombre. Entréguese a Jesucristo y reciba el perdón de sus pecados ¡Gracias por la gracia!

Por gracia solamente

Texto clave: *«Porque la gracia de Dios se ha manifestado para salvación a todos los hombres».*

Tito 2:11

Objetivo: *Presentar el fundamento de la fe cristiana: la salvación es provista al hombre por la pura gracia de Dios, y no por méritos humanos.*

Introducción: Vernos tal como somos

¿Me permite pedirle un favor? Escuche usted estas palabras y dígame quién las pronunció: «Porque nosotros también éramos en otro tiempo insensatos, rebeldes, extraviados, esclavos de concupiscencias y deleites diversos, viviendo en malicia y envidia, aborrecibles, y aborreciéndonos unos a otros».

Parecería que éstas fuesen las palabras de un ser verdaderamente malvado, alguien a quien no permitiríamos que entrase en nuestro hogar, alguien cuyas facultades mentales posiblemente se encuentran fuera de equilibrio. ¿Quién, en su sano juicio, hablaría así de sí mismo? Ciertamente, poca importancia daríamos a tal persona, pues expone precisamente la verdad con respecto a él mismo y con respecto a miles y miles de sus semejantes.

Estas palabras fueron dichas por Pablo, el apóstol de Jesucristo y siervo de Dios, en su epístola a Tito. Sí, señores, nada menos que el augusto Pablo escribió esas líneas de autocrítica que repercuten en los corredores de los siglos y que establecen para siempre la maravilla más estupenda que haya llegado a oído humano. En su pasado, Pablo no hubiera dicho estas cosas porque no las creía. En efecto, si alguien le hubiese dicho una noche de fiesta que él era un necio, un engañador y un ser humano aborrecible, muy probable es que Pablo hubiese extendido una clara invitación a defender su honor ante la ley o ante la fuerza. Pablo se creía en ese tiempo tan justo como el mejor, tan magnífico caballero que no hubiera soportado por un instante que alguien le hablase así. Sin embargo, llegó el día en que Pablo se vio a sí mismo tal como era, porque vio a Dios tal como es. He aquí donde reside una de las profundas tragedias del mundo moderno: el hombre se juzga a sí mismo sin hacer referencia a Dios, y sin reconocer que él mismo lleva la imagen impresa de Dios en su ser. Aunque le produjo agonía espiritual, aunque tuvo que humillarse hasta lo sumo, aunque tuvo que verse destruido socialmente, Pablo llegó a comprender al fin la realidad humana; llegó a ver con claridad que no era un ser superior a Dios. Reconoció que en sí mismo no había nada valioso. Desde el fondo del abismo exclamó lo necio, vil e inútil que era.

> Cuando el apóstol Pablo vio a Dios tal como es, se vio a sí mismo tal como era: necio, vil e inútil.

Ahora bien, escuche usted cómo este escritor se presenta a sí mismo cuando escribió una carta a su gran amigo e hijo espiritual: «Pablo, siervo de Dios y apóstol de Jesucristo, conforme a la fe de los escogidos de Dios y el conocimiento de la verdad que es según la piedad, en la esperanza de la vida eterna… a Tito, verdadero hijo en la común fe» (Tito 1:1, 2, 4). ¿Qué suceso extraordinario habrá ocurrido entre estos dos momentos de la vida de Pablo? ¿Cómo pudo un hombre necio, desobediente, engañador, servidor de concupiscencias y placeres, un ser aborrecible, llamarse a sí mismo siervo de Dios y apóstol de Jesucristo?

El efecto transformador de la gracia de Dios

Aquí nos encontramos con una de las maravillas más insondables de la experiencia humana. Es uno de los puntos centrales del mensaje cristiano, una de las verdades que aún puede inspirar esperanza en este mundo confuso y desorientado. El apóstol Pablo habla con deleite en todas sus cartas sobre la gracia de Dios. Con ecos vibrantes podía el apóstol hablar de esa gracia divina, con voz potente podía difundir este mensaje, y con gozo profundo podía disfrutar de sus efectos. Pablo llegó a comprender lo que miles no comprenden aún: que por gracia, y por gracia solamente, puede el hombre ser restituido al pedestal de su gloria original. Los hombres escalan, luchan, se esfuerzan por encontrar salvación para sí mismos y gozo para sus espíritus. Pero pronto se dan cuenta que esta es una batalla perdida – la salvación es solamente posible por la gracia de Dios.

Nadie merece la salvación de sus pecados, ni Pablo, ni nosotros, ni usted mismo siquiera. Todos estamos en las mismas condiciones que aquel que ha cometido serios crímenes, que ha sido arrestado y juzgado, y que espera la sentencia. Tal persona puede apelar a la bondad de su Presidente, puede reclamar una segunda oportunidad, pero no merece la libertad. Ni uno de cuantos habitan en la tierra merece la salvación porque, como dice la Escritura, «todos pecaron, y están destituidos de la gloria de Dios» (Romanos 3:23). Hemos abandonado a Dios. ¿Por qué no reconocerlo y empezar a ser sinceros con nosotros mismos? Le hemos dejado atrás mientras correteamos por los valles y las montañas de este mundo buscando una efímera flor de felicidad o una volátil mariposa de satisfacción. ¿Qué puede merecer el que conscientemente ha cerrado sus ojos a la gloria de Dios, y quien egoístamente ha buscado solamente sus placeres?

Ni Pablo, ni nosotros, ni nadie realmente busca la salvación que nuestras almas necesitan. Ciertamente el hombre busca algo, y lo

> Si salvo ha de ser el hombre, por gracia debe serlo, porque no tiene mérito alguno en sí mismo.

busca con diligencia, pero lo hace en las ciénegas del mal, en los centros mundanales, en las sendas extraviadas del ser perdido. Busca, pero equivocadamente, y esto le hace aun menos merecedor de la salvación que necesita urgentemente. E incluso en el caso de que buscase con sinceridad, aun en el caso de que en su desesperación clamase a Dios, ¿qué fuerza puede tener tal grito aterrador? Con su pecado pegado a su corazón, cargado de culpa aplastante ante el Dios del cielo, totalmente sumido en la negra nube de todos sus actos, los públicos y los secretos, ¿qué mérito puede tener tal persona ante el santo Dios y omnipotente Creador? Efectivamente, si salvo ha de ser el hombre, por gracia debe serlo, porque no tiene mérito alguno en sí mismo.

Esta verdad no es universalmente aceptada, aunque la Biblia la enseña claramente. Para muchos, Dios no es un Dios de gracia, sino un amo exigente a quien hay que satisfacer con actos de toda clase, con ceremonias de todo orden, y con leyes y reglamentos de origen humano. Sin embargo, la Escritura enseña que la salvación es por gracia solamente, pues Dios es un Dios de gracia. Es Él quien en su gracia se inclina hacia el mortal. El hombre no merece los dones de Dios, pero Dios le da por voluntad propia el don de la vida eterna. La salvación no se puede obtener con sacramentos, con ceremonias o con papeles pomposamente firmados. La salvación es solamente por gracia. «Nos salvó, no por obras de justicia que nosotros hubiéramos hecho, sino por su misericordia» (Tito 3:5).

Observe usted la gracia extraordinaria de Dios. Fue Él quien en su gracia vio al hombre perdido que ambulaba por los desiertos cual oveja extraviada. Fue Él quien dispuso redimirlo de tan triste situación. «Porque de tal manera amó Dios al mundo, que ha dado a su Hijo unigénito, para que todo aquel que en Él cree, no se pierda, mas tenga vida eterna» (Juan 3:16). Fue Dios quien lo hizo todo. Fue Dios quien cumplió la justicia de la ley. Fue Él quien, en la persona de Jesucristo, resucitó de entre los muertos, ascendió al cielo, y descendió con el Espíritu Santo para redimir, para llamar al arrepentimiento, para rescatar de las tinieblas y para llevar a la luz maravillosa del reino de Dios a todo aquel que cree. Fue Dios quien encontró a los suyos en las oscuras calles del mundo y los trajo a la brillante vida de su iglesia y de su pueblo. Fue Dios quien en su gracia ha mantenido siempre viva la llama del evangelio para que también nosotros, en pleno siglo presente, pudiésemos oír las bellas palabras de vida. Fue Dios quien en su gracia nos ha redimido y nos ha hecho ver lo que otros no pueden ver porque no tienen el Espíritu de Dios. ¡Alabado sea Dios ahora y por los siglos de la eternidad! Esa gracia de Dios, como lo dice Pablo, nos ha instruido para que «renunciando a la impiedad y a los deseos mundanos, vivamos en este siglo sobria, justa y piadosamente» (Tito 2:12). Y esta gracia de Dios nos permite aguardar con seguridad absoluta el cumplimiento de esa esperanza bienaventurada.

> Fue Dios quien en su gracia nos ha redimido del pecado y nos permite aguardar con seguridad absoluta el cumplimiento de sus promesas.

Para meditar

La salvación es por gracia solamente. Nadie la merece en lo más mínimo. Pero la gracia de Dios ha sido manifestada para salvación a todos los hombres. ¿La recibirá usted ahora?

◆◆◆

SERIE VII

¿Qué es la conversión?

Texto clave: *«De cierto os digo, que si no os volvéis y os hacéis como niños, no entraréis en el reino de los cielos».*

Mateo 18:3

Objetivo: *Definir el proceso de conversión al cristianismo como un cambio radical y consciente hacia Dios.*

Introducción: El hijo pródigo – de la rebeldía a la conversión

Una de las historias más conmovedoras de las relatadas por jesucristo es la del hijo pródigo. Vivía bien en su hogar paterno, pero prefirió abandonar ese ambiente para irse a una provincia apartada. Cierto es que tenía sus bienes abundantemente provistos por su padre, pero optó por vivir una vida perdida de orgías, de placeres y de descuido total de sí mismo. Llegó a los extremos de tener que buscar trabajo en aquella tierra extraña, y sólo le ofrecieron el más vil de los empleos – cuidar y alimentar puercos; más hondo no podía un hombre descender. Y le faltó albergue, amistad y alimento. Ni siquiera los insulsos manjares de los puercos eran su porción. Y fue allí, a ese nivel de desgracia y de miseria, donde ocurrió un verdadero milagro. Nos dice el evangelio de Lucas en términos sencillos: «Y volviendo en sí, dijo: ¡cuántos jornaleros en casa de mi padre tienen abundancia de pan, y yo aquí perezco de hambre! Me levantaré e iré a mi padre, y le diré: Padre, he pecado contra el cielo y contra ti. Ya no soy digno de ser llamado tu hijo; hazme como a uno de tus jornaleros» (Lucas 15:17, 18). En ese momento crítico de su vida, aquel joven había experimentado la conversión.

Términos bíblicos que definen la conversión

¿Qué es la conversión? Probablemente lo más aconsejable sería, en primer lugar, observar los términos bíblicos que se utilizan para definir la conversión. En algunas ocasiones se refiere al arrepentimiento por haber cometido algún mal acto. Allí está el caso del rey Saúl, por ejemplo. Dios lo había seleccionado de entre todos sus conciudadanos para ser el primer rey de Israel. Pero al ejercer sus funciones, Saúl desobedeció los mandatos de Dios. Así es que leemos que Dios mismo dice: «Me pesa haber puesto por rey a Saúl, porque se ha vuelto de en pos de mí, y no ha cumplido mis palabras» (I Samuel 15:11). Este es el caso de arrepentimiento por haber ejercido una acción previa. También está el caso del joven pródigo mencionado hace un momento. Su arrepentimiento es como un volverse sobre sus pasos o darse vuelta y cambiar de dirección; es como haber estado marchando hacia la derecha y doblar a la izquierda, o ir en descenso y, de pronto, empezar a elevarse. Asimismo hay casos en que el término bíblico indica un cambio de idea o de motivación. En el día de Pentecostés, al oír de la inquietud espiritual de sus oyentes, el apóstol Pedro los exhorta a arrepentirse de haber rechazado a Jesús, de denunciarlo ante las autoridades, y de provocar su sentencia y su muerte. Ahora tenían que arrepentirse y

> La conversión consiste en un cambio de estilo de vida, un cambio de ideas, un cambio de sentimientos.

cambiar de idea, y pensar de forma diferente sobre Jesús. Es obvio en estos casos mencionados que el concepto común y central de todos ellos es el cambio. La conversión consiste en un cambio de estilo de vida, un cambio de ideas, un cambio de sentimientos.

Tipos de conversión

Las Sagradas Escrituras exponen varias clases de conversión. Hay ejemplos de conversiones nacionales, como el caso de la ciudad de Nínive, donde todos los habitantes se arrepintieron tras la predicación del profeta Jonás. Hay casos de conversiones estrictamente temporales, que no tuvieron duración más que un poco de tiempo. Jesús mismo se refirió a esta realidad en una de sus parábolas, explicando que hay quienes son como la semilla sembrada que cayó en pedregales – hay un entusiasmo y una euforia envidiables al comienzo, pero poco a poco el éxtasis desaparece y la fe queda ahogada. Este tipo de conversión no es genuina. La verdadera conversión lleva al hombre en su condición original de regreso al hogar paterno para ser transformado en una nueva criatura.

Características de la conversión genuina

Es conveniente examinar algunas de las características más importantes de esta experiencia para comprender mejor su importancia.

- **Un cambio radical:** En primer lugar, la conversión es un cambio radical. ¿Qué puede ser más radical que cambiar el rumbo de la vida? Significa que después de mucho tiempo de odiar las cosas de Dios, ahora son profundamente amadas. Es haber vivido sin Dios, y luego habitar en intimidad y amistad con Él. Es haber apa-

> La conversión es dejar todo dios falso y volverse al único Dios verdadero. Es alejarse del pecado y entregarse a Cristo.

centado cerdos y haber deseado comer algarrobas, para después volver a casa del padre.

- **Un cambio espiritual:** Segundo, la conversión es también un cambio religioso. No se trata de cambiar de opiniones políticas o de deporte favorito. Es un cambio a nivel espiritual; ese aspecto religioso y moral es ahora parte integral de nuestra misma humanidad.

- **Un cambio hacia Dios:** Es, además, un cambio hacia Dios. A raíz del pecado el hombre vive extraviado, lejos de Dios. Se hace su propio dios de sí mismo o de alguna otra criatura. La conversión es dejar todo dios falso y volverse al único Dios verdadero, a Aquel que se ha revelado en la Biblia. La conversión es también alejarse del pecado, entregarse a Cristo y seguir en pos del Salvador. Por naturaleza el hombre está inclinado al mal y se deleita más en el pecado que en la justicia. Es prisionero de sus pecados. Convertirse es arrepentirse, abandonar esa vida de pecado, y entregarse total e incondicionalmente a Jesús como Salvador y Señor.

- **Un cambio consciente:** La conversión es un cambio consciente causado por algo interno. El hombre no puede ni quiere convertirse por sí solo. Su corazón débil y pecaminoso se lo impide; le falta fuerza de voluntad. Lo que necesita para convertirse es un cambio en el corazón, algo que el hombre no puede producir. Es aquí precisamente donde entra en función la Persona del Espíritu Santo – el Espíritu invade el corazón endurecido, lo ablanda, lo transforma y lo cambia, y ese nuevo corazón regenerado da como consecuencia un cambio consciente.

La necesidad de la conversión para acercarse a Dios

Quizá alguien se pregunte si la experiencia de la conversión es necesaria, o si es posible obtener salvación sin ella. La Biblia enseña que la conversión es absolutamente necesaria para la salvación. Jesús mismo lo dijo en términos categóricos: «De cierto os digo, que si no os volvéis y os hacéis como niños, no entraréis en el reino de los cielos» (Mateo 18:3). Permítame hacer algunas aclaraciones para evitar malentendidos. Hay que recordar aquel pacto o alianza que Dios en su gracia hizo con Abraham. Se le presentó y le dijo que sería su Dios y el Dios de su simiente. Obviamente, Dios dispuso en su gracia generosa incluir no sólo a Abraham, sino también a sus hijos. Este es un pacto que Dios ha establecido con el hombre, pacto que ha sido mantenido a través de toda la Escritura. El apóstol Pedro en el Nuevo Testamento confirma esta decisión de Dios cuando proclama a las multitudes que las promesas de Dios son «para vosotros y para vuestros hijos, y para todos los que están lejos; para cuantos el Señor nuestro Dios llamare» (Hechos 2:39).

Los procesos de la conversión

Finalmente, hay dos clases de conversión: la gradual y la repentina. Una conversión gradual es la que se produce y se obtiene a lo largo de un tiempo. Ésta es muy frecuente entre personas que han nacido y se han criado en un ambiente cristiano y de acuerdo a los preceptos de Dios. Muchas veces, la familia, el hogar y la iglesia son agentes positivos que llevan el alma a los pies de Jesús. ¡Cuán gloriosa la experiencia de Timoteo, el joven pastor enseñado por el apóstol Pablo, de tener una abuela creyente y una madre fuerte en la fe evangélica! Un ambiente así, que propicia a que muchos lleguen a aceptar a Jesús como Salvador eterno, es un don muy especial de Dios. Por otro lado, también está la conversión repentina que ocurre generalmente en personas que nunca se imaginaron que ocurriría en ellos semejante sacudida espiritual. El Espíritu Santo invade esa alma y la transforma por medio de una canción, de la lectura de un pasaje de la poderosa Palabra de Dios, o de un sermón bíblico.

Para meditar

Cierto es que usted no puede alcanzar la mano tierna de Jesús por sus propios medios. Siente temor y debilidad, y quizá vergüenza. Pero también es cierto que Jesús lo está llamando. El Espíritu

Santo está dispuesto a obrar ahora mismo en su vida. Recuerde la promesa de Jesús: «Al que a mí viene, no le echo fuera» (Juan 6:37).

◆◆◆

La conversión: ¿Suceso o proceso?

Texto clave: *«Entonces oró Jonás a Jehová su Dios desde el vientre del pez».*

Jonás 2:1

Objetivo: *Acentuar que la conversión al cristianismo no es un incidente específico sin más consecuencias, sino un proceso de cambio radical de una vida sin Dios a una vida plena con Dios.*

La conversión – ¿un evento puntual o un proceso de transformación?

¡Qué poco creíble es que Jonás esté orando a Jehová su Dios! Debió de ocurrirle algo para que esté ahora orando al Señor. Jonás era un profeta de Dios que había recibido el concluyente mandato de ir a predicar la palabra de Jehová a los habitantes de Nínive. Pero Jonás desobedece y, en rebeldía, se niega como un niño malcriado a acatar las órdenes de Jehová. En vez de ir a Nínive, se va al puerto y paga el pasaje para partir hacia Tarsis. Se desencadena una violenta tormenta. Sin embargo, Jonás duerme. Todos están en peligro, mas Jonás no quiere admitir su derrota, sino que se deja echar en las profundidades de su sueño. Está dispuesto al suicidio antes que entregarse a Dios; prefiere la muerte a la obediencia. Pero Dios lo sorprende – Jonás es tragado por un gran pez.

«Entonces oró Jonás a Jehová su Dios desde el vientre del pez» (Jonás 2:1). ¡Ha llegado su momento de crisis! ¡Se ha visto a sí mismo en toda la fealdad de su persona y de sus actos! ¡Ha visto por fin al Dios que siempre había estado presente delante de él! El que antes huía, ahora eleva oraciones. El que quería escaparse de Dios, ahora implora su compasión y misericordia. A este cambio radical de pensamiento se le conoce como conversión. Jonás se convirtió. Muchas personas creen que la conversión es un suceso, un evento, un acto instantáneo y momentáneo. Hablan de la conversión como «aquel momento cuando me puse frente a Cristo», o «el día que me entregué al Señor». Hacen referencia a su conversión como si fuese un momento específico y, aparentemente, muy breve. Este no es el caso de Jonás. La semilla ha germinado, la cáscara se ha quebrado, la débil plantita ha empezado a brotar. La oración de Jonás es sólo un comienzo. La conversión no es un suceso súbito, repentino, aislado. Algunos dicen que así fue el caso del apóstol Pablo. Un día cabalgaba por el camino hacia la ciudad de Damasco, y «repentinamente le rodeó un resplandor de luz del cielo; cayendo en tierra oyó una voz que le decía: «Saulo, Saulo, ¿por qué me persigues?» (Hechos 9:3, 4). Temblando y temeroso, en posición de humillación exclama: «¿Qué quieres que yo haga?» (v. 6). Muchos consideran que la conversión es un suceso y que nadie puede considerarse súbdito del reino de Dios si no puede dar testimonio de ese momento particular de su vida. Para muchos esa experiencia es clave; ese momento es imborrable; esa fecha es inolvidable; consideran que la conversión es un suceso.

¿Puede la conversión ser un suceso y nada más? Aun en el caso del apóstol Pablo, esa caída a tierra fue sólo el comienzo de su conversión. Pablo tenía mucho que aprender todavía, y Dios no había completado aún su acción sanadora. Pablo tuvo luchas muy intensas entre su espíritu y su carne; pidió a Dios que le quitase el aguijón de la carne. Los mismos discípulos de Jesucristo, en los momentos de peligro, huyeron y se ampararon bajo las tinieblas. La conversión no es ni puede ser un acto, un suceso, un momento, sino que es un proceso, un crecimiento, un avance paulatino y gradual.

> La conversión es un proceso que involucra la muerte del viejo hombre, y la vivificación del nuevo hombre – implica una búsqueda de Dios con cambios, desarrollo, luchas, maduración, avance.

Los teólogos han definido la conversión como un proceso con dos elementos: la muerte del viejo hombre, y la vivificación del nuevo hombre. Parece que Jonás por fin siente pesar de todo corazón por haber ofendido a Dios con su pecado. Es por eso que oró a Jehová su Dios desde el vientre del pez. Llegó a aborrecer su acto vergonzoso, y se dio cuenta de la insensatez de su huida. Eso seguramente puede ocurrir en un instante, en un momento de crisis. Eso puede ser un evento en el que el hombre ve la luz y mira la realidad de su vida; se considera absolutamente perdido y ora a Dios dondequiera que esté. Ahora bien, no olvidemos que la conversión tiene un segundo elemento – alegrarse de todo corazón por Cristo, desear vivir conforme a la voluntad de Dios, y ejercitarse en toda buena obra. Aquí hay movimiento, desarrollo, proceso de maduración, avance, mejoramiento, luchas que se vuelven triunfos, una alegría que va en aumento, un deseo inapagable de buscar, hacer y cumplir la voluntad de Dios. No basta admitir el pecado; debe haber también decisión y determinación de cambiar de rumbo y de establecer nuevas sendas. Jonás oró a Dios. Este fue un gran paso en su vida – buscar a Dios, no alejarse de Él.

El proceso de conversión del profeta Jonás

a. La conversión es obra de Dios

Jonás reconoce, en primer lugar, que todo ha sido y es obra de Dios. Hasta ese momento Jonás había manejado su propio destino. Fue él quien se negó a escuchar la voz de Dios; fue él quien compró el pasaje de barco; fue él quien decidió emigrar hacia Tarsis;

fue él quien declaró lo que quiso a los marineros; y, finalmente, fue Jonás quien indicó a los tripulantes que lo arrojasen al mar. Jonás está a cargo de su vida; él decide; él toma medidas; él hace lo que quiere hacer. Pero cuando oró a Dios desde el vientre del pez, todo cambió radicalmente. En su oración es Dios quien oye, es Dios quien presta oído, es Dios quien lo echó en lo profundo de los mares, y es Dios quien sacó su vida de la sepultura. Jonás concluye su doxología de gratitud con estas palabras: «La salvación es de Jehová» (Jonás 2:9). Así es siempre: el hombre se cree soberano, dueño de sus actos, mayordomo de su vida, en control de lo que hace; pero al convertirse, se da cuenta y admite humildemente que todo proviene de Dios. Cesan la rebeldía y las demandas; el hombre mengua y Dios crece; el pecador se humilla y Dios recibe gloria. Es el primer descubrimiento de todo aquel que ha encontrado el camino – la salvación es de Jehová.

> En la conversión el hombre se da cuenta que la salvación proviene de Dios. El pecador se humilla y Dios recibe honra.

b. La conversión genera el deseo de conocer a Dios

Hay otro punto notable en la conversión de Jonás: añora la casa de Dios. En su oración menciona el templo santo más de una vez. Jonás había estado viviendo sin Dios en el mundo; había querido alejarse de Dios, esconderse de su presencia, huir de su mirada. No tenía interés en Dios; no quería saber nada de Dios; estaba hastiado de Él, de preceptos, de obligaciones, de la moral, de ritos y doctrinas; quiere vivir sin Dios. Pero en el momento de su conversión sus pensamientos y sus sentimientos se transforman. Todas sus esperanzas para el futuro están en la presencia de Dios, en la casa de Dios, en la confianza, amistad e intimidad con Dios. Y esto también es de Jehová, pues el hombre natural no desea esa presencia divina. Pretende bastarse a sí mismo; cree que no necesita de Dios y que es dueño de sí mismo, hasta que se encuentra en el vientre de un gran pez. Cuando ya no le queda más que una pared de adoquines por delante o una cueva sin salida, el hombre al fin vuelve en sí y se da cuenta que lo único que no posee no es dinero, ni empleo, ni alegría, ni amigos, sino Dios. Sin Dios el resto de la existencia no tiene valor ni sentido. Probablemente las profundidades del vientre de un pez son el ambiente propicio que conduce a una reflexión objetiva de la realidad. Mientras hay dinero con que comprar pasajes, mientras hay barcos que van a Tarsis, mientras hay camarotes donde dormir, ¿quién piensa en Dios? Pero cuando uno, por su propia insensatez, ha acabado en el vientre de un pez, todo cambia. Dios se torna importante, indispensable, admirablc.

> Sin Dios, la existencia humana no tiene valor ni sentido. La conversión al cristianismo transforma sentimientos y pensamientos – el valor de la vida está en la intimidad con Dios.

c. La conversión genera el deseo de obedecer a Dios

La conversión es un proceso hacia la voluntad de Dios. Fue un buen comienzo para Jonás admitir por fin la realidad de Dios, y anhelar de todo corazón estar en su presencia. Pero la conversión es más que eso. ¿Qué de sus deberes y tareas? Es un buen comienzo admitir fracasos y dar muerte al viejo hombre, pero ¿ha nacido ya el nuevo hombre? ¿Está Jonás dispuesto a obedecer a Dios? ¿Siente Jonás genuina alegría en Cristo, su Salvador? ¿Ha resuelto vivir su vida entera en conformidad con la voluntad de Dios? ¿Está ahora dispuesto a ejercitarse en toda buena obra?

«Mandó Jehová al pez, y vomitó a Jonás en tierra. Vino palabra de Jehová por segunda vez a Jonás, diciendo: Levántate y vé a

Nínive, aquella gran ciudad, y proclama en ella el mensaje que yo te diré. Y se levantó Jonás, y fue a Nínive conforme a la palabra de Jehová» (Jonás 2:10-3:3). Jonás, estás ahora en buen camino. ¡Sigue firme y adelante!

◆◆◆

El arca de salvación

Texto clave: *«Y reposó el arca en el mes séptimo, a los diecisiete días del mes, sobre los montes de Ararat.»*

Génesis 8:4

Objetivo: *Presentar la analogía del arca de Noé como el instrumento de salvación de él y su familia, y de Cristo como nuestro Arca de salvación eterna.*

La historia de Noé y el mundo pre-diluviano

Uno de los astronautas más famosos de los Estados Unidos tiene entre manos un proyecto asombroso. Anda por las heladas cordilleras del Himalaya, arriesgando su vida en la tierra casi tanto como la arriesgó en el espacio. Dice que seguirá en su empeño en descubrir lo que podría haber quedado del arca de Noé. La Escritura nos explica que aquella embarcación descansó sobre los montes de Ararat. Científicamente se estima que tales restos pueden haber sido conservados todos estos siglos dada la elevación y las bajas temperaturas de las montañas. El señor Irwin seguramente continuará sus investigaciones para ver si encuentra algún resto del arca de Noé.

El arca fue construida por orden específica y detallada de Dios mismo. La ética y la moral habían descendido al nivel más bajo y vergonzoso conocido hasta ese momento de la historia del hombre. Los términos que se utilizan para describir estos momentos críticos indican lo grave de la situación. Es con estas palabras que el escritor bíblico explica la escena: «Vio Jehová que la maldad de los hombres era mucha en la tierra, y que todo designio de los pensamientos del corazón de ellos era de continuo solamente el mal» (Génesis 6:5). Usted puede observar en esta frase las dimensiones exactas de la condición humana.

a. La extensión de la maldad absoluta en el tiempo de Noé

Primero, puede observarse la intensidad y extensión del mal que reinaba sobre las esferas humanas. «La maldad de los hombres era mucha en la tierra» (Génesis 6:5). No quedaba ya rincón en el universo donde no reinase la suciedad del pecado humano. La corrupción era total y sin excepciones de ninguna naturaleza. También se indica con esas palabras que el mal que imperaba era de carácter espiritual, interno – era un asunto del corazón humano y no tanto de factores externos, como la contaminación ambiental, las guerras, o el hambre entre los pueblos. Era «el designio de los pensamientos del corazón» lo que había llegado hasta el trono de Dios. La corrupción era espiritual y afectaba directamente la condición anímica del hombre. Usted puede notar también que el mal humano era absoluto. Afirma la Escritura que el hombre hacía continuamente «solamente el mal». Sus acciones de gobierno eran desastrosas; sus intentos de establecer justicia y paz fracasaban; los lazos matrimoniales estaban en peligro; había crimen en las calles e inmoralidad en los lechos conyugales – solamente el mal. Y, además, el mal se había convertido en un hábito, pues se hacía de continuo; era la forma normal de hacer las cosas, y lo que caracterizaba esa época.

b. El diluvio y el arca de salvación de Noé y su familia

Había llegado así el momento decisivo; no era ya posible para el mundo seguir existiendo de ese modo y con esa conducta. Había

> Dios ideó en la eternidad pasada un plan redentor y salvador para Noé y su familia. El arca fue el instrumento que Dios usó para cumplir su designio.

llegado la hora de la destrucción casi final y categórica de la raza humana. Fue por esta razón suprema que Dios ideó en la eternidad pasada un plan redentor y sanador. Mandó a un hombre llamado Noé que construyese un arca para él y su familia, y para suficientes animales como para iniciar un mundo nuevo. Usted ha oído seguramente de aquel diluvio que cubrió la tierra habitada con sus olas aplastantes. Todo fue raído de la faz de la tierra, todo ser viviente, desde lo humano hasta lo animal, los reptiles y las aves de los cielos. «Todo lo que tenía aliento de espíritu de vida en sus narices, todo lo que había en la tierra, murió» (Génesis 7:22). «Y quedó solamente Noé, y los que con él estaban en el arca» (v. 23). ¡El arca de salvación! Noé y su familia fueron los únicos sobrevivientes de aquella catástrofe diluviana. El arca fue el instrumento por medio del cual los planes de Dios se cumplieron; fue el medio por el cual el justo Noé y los suyos escaparon de la destrucción. Y el arca descansó luego de su larga y peligrosa travesía sobre los montes de Ararat.

c. La promesa de Dios a Noé y a su descendencia

Después del diluvio, Dios prometió no volver a destruir todo ser viviente Esa es su promesa, y sus promesas son fieles y dignas de creer y aceptar. Cada vez que usted contemple el bello arco iris después de la lluvia en la majestad de los cielos, recuerde la garantía de Dios mismo que este mundo no será destruido de nuevo por ese medio. Dios ama a su mundo y cuida de él.

d. El mensaje de Dios que proclama el arca de Noé

Desde el monte Himalaya, el arca de Noé difunde su elocuente mensaje aun al mundo de hoy. Desde las páginas de la Escritura, el arca de Noé tiene un mensaje potente para el mundo actual. Los escritores bíblicos posteriores hacen frecuente mención de aquel evento. Se le compara a veces con el plan de salvación que se ofrece en Jesucristo. Esos montes de Ararat tienen su mensaje para el día moderno. Contemple usted el mundo de hoy con sus condiciones vergonzosas. Se habla del divorcio como si fuera el curso natural de la mayoría de los matrimonios de hoy. Se oye mucho sobre abortos, deudas, ladrones, y corrupción que se extiende a todos los niveles de la actividad humana. Hay maldad que nace de las almas corrompidas. Hay desesperación en el corazón de los líderes nacionales y mundiales. Se cierne sobre el mundo la negra nube de peligros nucleares y guerras exterminantes. Se oyen los ecos de orgías y placeres de la carne. ¿Es que el mundo no sabe del inminente peligro? ¿Están las masas drogadas en su ceguera que no ven las señales de los tiempos? ¿Por qué será que no oyen ni se esfuerzan por escuchar las voces proféticas que llaman al orden? Jesús mismo habló con claridad inconfundible cuando hizo referencia precisamente a este evento del arca. Estas fueron sus palabras: «Mas como en los días de Noé, así será la venida del Hijo del Hombre. Porque como en los días antes del diluvio estaban comiendo y bebiendo, casándose y dando en casamiento, hasta el día en que Noé entró en el arca, y no entendieron hasta que vino el diluvio y se los llevó a todos, así será también la venida del Hijo del Hombre» (Mateo 24:37-39).

> Dios ha mandado construir un arca de salvación eterna – Jesucristo. ¡Cristo es nuestro Arca de refugio!

¡Claro que estas palabras son duras! ¿Se imagina usted lo arduo que fue para Noé advertir a sus contemporáneos de esta catástrofe? Imagínese usted por un momento la descabellada pretensión de Noé: dijo que vendrían lluvias (nunca antes había llovido en la tierra), que habría tanta agua que todo perecerá, que Dios destruiría todo ser viviente sobre la faz de la tierra. ¿Hubiera creído usted este extraño mensaje si hubiese tenido la oportunidad de vivir en aquellos tiempos remotos? Sinceramente creo que cualquiera lo hubiera calificado como el sueño de un alucinado perdido, como la pesadilla de un alma atribulada, o como la amenaza psicológica sin fundamento de un demente suelto. La gente seguía comiendo y bebiendo y casándose y dándose en casamiento. «¡Comamos y bebamos que mañana moriremos!», decían. Y empezó a llover, con calma y tranquilidad primero. Quizás los más crédulos echaron una mirada sobre aquel arca. Volvieron la cabeza hacia los cielos y vieron las nubes, como queriendo calcular la cantidad de agua que podría caer. Se fueron a dormir como de costumbre. Por la mañana seguía lloviendo. A la hora del almuerzo continuaban las lluvias. Llegó la hora de acostarse y los riachuelos ya empezaban a llenarse. Por la mañana los ríos ya se desbordaban. Los cielos seguían grisáceos; el sol no aparecía; las aguas ya empezaban a correr por los callejones. Algunos ya abandonaban sus hogares inundados. Los animales ya empezaban a sentirse incómodos. Y siguen las lluvias. Y siguen. Y siguen. ¡Por cuarenta días cayó una lluvia incesante! ¡Absolutamente todo lo viviente fue cubierto por las aguas! ¡Absolutamente todo! – salvo el arca del que tantos se habían burlado. El arca flotó señorialmente sobre las aguas. Noé y su familia, y los animales que allí habían entrado, con paciencia, esperaron y moraron en aquella arca enorme, hasta el día en que el arca vino a descansar sobre los montes de Ararat.

¿No es acaso posible que esta humanidad esté ocupada en exactamente las mismas actividades que la gente de los días de Noé? Dios proclama en su amor infinito su salvación. Pero la gente come y bebe, se casa y se da en casamiento, y sólo tiene tiempo para burlarse de estas palabras. Dios ha mandado construir un Arca de salvación eterna – Jesucristo mismo. ¡Cristo y su evangelio son el Arca de salvación para este siglo! ¡Cristo es nuestro Arca de refugio, nuestro Arca de salvación!

Conocimiento que salva

Texto clave: *«Y esta es la vida eterna: que te conozcan a ti, el único Dios verdadero, y a Jesucristo, a quien has enviado».*

Juan 17:3

Objetivo: *Retar al lector a conocer a Jesucristo de manera íntima y profunda como el único Ser capaz de dar salvación y vida eterna.*

Introducción: Jesús, el desconocido

Hace unos años un escritor afirmó que América Latina conoce mejor a Marilyn Monroe que a Jesucristo. Hoy en día esto no ha cambiado. Jesucristo sigue siendo un extraño para las vastas multitudes. Lo que sí se sabe de Él parece ser incompleto y equivocado. Si usted visita los lugares donde Jesucristo debería ser de suprema importancia, descubrirá que casi siempre lo tienen representado gráficamente, mientras que su espíritu y enseñanzas brillan por su ausencia. Puede vérselo como si fuese una momia en un sarcófago, o pendiente de una cruz, más muerto que vivo. La gente sabe poco de su doctrina, de sus andanzas por el mundo, y de la brillante culminación de su carrera terrenal. Entre la Navidad y el Viernes Santo, aparentemente para muchos poco ocurrió que fuese digno de saberse. Este es un Cristo incompleto y equivocado. Esta realidad es verdaderamente trágica, no sólo porque la historia es afectada – es mucho peor que eso.

Conocer a Jesús conduce a la vida eterna

La salvación del hombre viene de conocer a Cristo. Poca consecuencia tiene el ignorar sus hechos históricos estudiados en una clase de historia en la universidad. Pero es de consecuencias eternas ignorar la obra de Jesucristo en la vida personal de cada ciudadano. Esto es lo que dijo Jesucristo mismo al orar a su Padre en los cielos: «Esta es la vida eterna: que te conozcan a ti, el único Dios verdadero, y a Jesucristo, a quien has enviado» (Juan 17:3). ¿Sabía usted que la vida eterna consiste en el conocimiento de Dios y de su Hijo Jesucristo? Es por esta razón que la ignorancia que hoy prevalece es tan trágica: si no se conoce a Dios y a su Hijo, todo el cúmulo del conocimiento humano no tiene valor alguno. Usted puede entender todos los misterios y toda ciencia, pero sin conocer a Dios y a Cristo, de nada le sirve. Da pena ver los sacrificios inmensos que muchos padres hacen para educar a sus hijos en colegios y en universidades famosas donde no se admite mencionar el nombre de Jesucristo. Duele ver esas vigorosas juventudes que estudian con ahínco para llegar un día a posiciones elevadas, pero que no conocen al único Dios verdadero y a su Hijo Jesucristo. El hombre más docto que produzcan las altas casas de estudio sólo beneficia a sus contemporáneos por unas pocas décadas, y luego se pierde en el olvido para siempre jamás; todo su saber no le ha preparado para poseer la vida eterna con Dios. Mire usted esos niños que llenan las aulas y quienes son el futuro de

> Sin Dios, pese a una buena educación y a los puestos que los hombres lleguen a ocupar, no se tiene vida eterna con Él; sólo una breve existencia terrenal, y nada después del último suspiro.

sus países en desarrollo, pero que llegan a la edad madura sin conocer a Dios y a Jesucristo. ¿No le causa esto molestia en su conciencia? Sin Dios, pese a una buena educación y a los puestos que los hombres lleguen a ocupar, no se tiene vida eterna con Él; sólo una breve existencia terrenal, y nada después del último suspiro. Sin Dios, la vida del hombre en este mundo está privada de las dimensiones que hacen de la vida humana una vida abundante digna de vivirse.

Tal vez usted cree que ya sabe de Dios y de Jesucristo. Pero observe por un momento lo que dice Cristo: «Y esta es la vida eterna: que te conozcan a ti, el único Dios verdadero, y a Jesucristo, a quien has enviado.» Toda la revelación divina está envuelta en estas palabras. Los hombres se han creado siempre sus dioses privados, y muchos de estos hombres también han rendido veneración a Jesucristo como un hombre destacado y un maestro ejemplar. Pero escuche y tome nota: Dios ha publicado su Palabra bendita para darse a conocer como el único Dios verdadero, el Creador del universo, el Soberano de la historia, el único. Todo lo demás es pura quimera y es más ilusión humana que realidad eterna. Debe conocer usted al Dios que desde tiempo inmemorial ha mostrado su paciencia, su amor y su plan de salvación. Estos planes se vieron cumplidos cuando el Hijo unigénito de Dios se encarnó en la persona de Jesús. Es necesario conocer a Jesucristo como el enviado de Dios con todo lo que ello implica.

Jesucristo vino a interrumpir la historia y a transformarla. A su debido tiempo, llegó a este mundo rodeado de misterios que jamás se han resuelto. Aunque siendo Dios, vino en forma de hombre, nacido de mujer y obediente a las leyes más exigentes. Vivió en este mundo por unas tres décadas durante las cuales buscó siempre mostrar al mundo cómo era Dios y qué estaba haciendo Dios para hacer que los hombres regresaran al pedestal de la gloria que habían perdido. Instruyó con excepcional sabiduría. Culminó su vida terrenal yendo a la cruz y dando su vida, derramando su sangre preciosa, abriendo así los senderos que el hombre necesitaba para ser salvo. Pero esto no es todo. Dios lo resucitó de entre los muertos con poder, se mostró a sus seguidores durante cuarenta días, para después ascender nuevamente al cielo. Dios lo hizo soberano del universo, le dio toda potestad en el cielo y en la tierra para efectuar la salvación del hombre perdido.

> Jesucristo vino a interrumpir la historia y a transformarla. Nació, vivió, murió y resucitó para abrir la senda de salvación para el hombre.

¿Es a este Dios y a este Jesucristo a quienes usted conoce? Esto es vida eterna. Este es el conocimiento que salva – sólo este Jesucristo no es una estatua deprimente y una triste figura. Cuando Jesucristo, el enviado Dios, sea el centro de su vida entera, el objeto de su amor solidario, el guía de su conducta, entonces usted podrá postrarse ante el Dios invisible y decirle con todas las fibras y las entrañas de su ser: «¡Padre mío, gracias, gracias por el costoso sacrificio de enviar a tu Hijo a este mundo a morir por mis negras transgresiones!» Gozará de la vida eterna con Dios, sea usted un doctor en filosofía o el mendigo del pueblo. Si usted puede inclinar su rostro ante la cruz del Calvario y decir con todo su ser: «¡Oh, Jesucristo, que diste tu vida preciosa y derramaste tu sangre en la cruz para limpiarme de mis muchos pecados, te debo mi vida y a ti la consagro desde hoy hasta la eternidad!», alégrese de poseer ahora mismo la vida eterna.

> El conocimiento que salva es el incentivo para conocimientos cada vez mayores. Para los creyentes el estudio de las ciencias, las artes y la historia toma otra dimensión.

Usted ve entonces porqué hay tanto esfuerzo por llevar el evangelio de Cristo a todos los rincones de la tierra. Si los hombres no conocen al único Dios verdadero y a Jesucristo, a quien Él ha enviado, poca importancia tienen los laureles obtenidos, las aspiraciones más caras, y los éxitos más rotundos. Quienes conocen a Jesucristo dan testimonio de su poder para salvar. ¡Oh, que todos los confines de la tierra lleguen a conocer estas verdades!

No piense que esto menoscaba del estudio y la adquisición de conocimientos. No crea que lo único necesario es conocer a Dios y a Jesucristo, y olvidarse de las ciencias, el progreso, las matemáticas, la ingeniería, las artes y la historia. En el momento en que una persona llega a conocer al único Dios verdadero y a Jesucristo, obtiene una nueva visión del mundo y de la humanidad. Sabe, al fin, qué fuerzas mueven la historia y hacia dónde se dirige. Sabe que ese Dios único y verdadero es el Autor del universo, y que todo lo ha puesto a disposición de sus criaturas para que llenen la tierra, la sojuzguen y señoreen sobre todo lo creado. Ese Cristo que los ha salvado es también Rey soberano del mundo en que viven, y por eso quieren mejorarlo, reformarlo, sembrar en sus fronteras el mensaje del amor divino y del respeto al prójimo. La historia muestra cómo el conocimiento que salva es el incentivo para conocimientos cada vez mayores. Miles de analfabetos que han llegado a conocer a Jesucristo decidieron aprender a leer para poder examinar las Escrituras. Cuando una persona sabe que ha sido redimida por Jesucristo y que Dios tiene un profundo interés en la humanidad, se esmera, no tanto en escalar posiciones egoístas, sino en servir a su Señor y Redentor con todas las fuerzas de su ser. Empieza a vivir la vida eterna, allí mismo donde está, donde lucha y donde echa sus raíces. Esto es vida eterna: que los hombres conozcan al único Dios verdadero y a Jesucristo, a quien Él ha enviado. Ese es el conocimiento que salva.

◆◆◆

¿Quiénes son salvos?

Texto clave:	*«Con muchas parábolas como estas les hablaba la palabra, conforme a lo que podían oír».*
	Marcos 4:33
Objetivo:	*Hacer consciente al hombre de la dureza de su corazón por rechazar a Cristo como el único Camino de salvación, a pesar de que Jesús mismo presentó en parábolas y de forma sencilla el mensaje del evangelio.*

Introducción: De la popularidad a la cruz

Hubo una vez un predicador que la gente llana oía con gusto. Algunos lo compraron con los grandes profetas del pasado. Admiraban sus palabras profundas y reconocieron la autoridad de su verbo. Pero cuando dijo a las multitudes que Él era el Hijo de Dios, y cuando afirmó que había venido a salvarlos, la misma historia nos dice que «desde entonces muchos de sus discípulos volvieron atrás, y ya no andaban con Él» (Juan 6:66). En sólo tres años pasó de la popularidad a la cruz.

Jesús transmitió las verdades del evangelio en parábolas

¿Cómo es que no pudieron entenderlo? ¿Cómo pudo tan maravilloso ministerio acabar en una cruz? ¿Es posible que no supiera comunicar su mensaje a los hombres? ¡Imposible! Nadie habló jamás en términos tan simples y claros. Habló en parábolas – esa fue la característica de su predicación. El evangelista Marcos nos informa que «con muchas parábolas como estas les hablaba la palabra» (Marcos 4:33). Este gran predicador comprimió el grandioso evangelio a su más simple expresión para que las mentes de sus oyentes lo entendiesen, pero he aquí que sus corazones no lo aceptaron. Todas sus singulares enseñanzas fueron presentadas de forma sencilla por medio de parábolas e ilustraciones tomadas de la vida diaria. Nadie pudo comprender lo difícil que fue poner las verdades eternas de la Palabra de Dios en términos humanos. Jesús fue el Hijo de Dios encarnado. Fue un acto de condescendencia venir a este mundo como un mensajero. ¡Él fue la más grande parábola de todas! ¡Dios, en forma de hombre! La gente no sólo pudo escuchar la verdad, sino que pudo verla y vivirla – ¡Cristo mismo es la Verdad! El gran Dios del cielo y de la tierra dejó sus palacios eternos y se vio confinado a lo humano. No es de extrañarse, entonces, que les hablara en parábolas. ¿De qué otro modo podía comunicarse con los hombres? Trajo su mensaje desde los más altos niveles de gloria a los más bajos niveles del entendimiento humano, y todo porque deseaba comunicarse con los hombres sumidos en pecado y perdición para darles una palabra de salvación.

¡Cristo fue la más grande parábola de todas – Dios en forma de hombre! La gente no sólo pudo escuchar la verdad, sino que pudo verla y vivirla.

Jesús vivió en obra y hechos las verdades del evangelio

Ahora bien, no fue suficiente hablar a los hombres. Tuvo que vivir y morir por ellos para ser su Salvador. Él vino a ser el evange-

> Jesús no solamente habló desde una barca a la orilla de un lago, o en la ladera de un monte, o en una sinagoga hebrea, sino también desde su cruz y desde su tumba vacía.

lio que predicaba. No solamente habló desde una barca a la orilla de un lago, o en la ladera de un monte, o en una sinagoga hebrea, sino también desde su cruz y desde su tumba vacía. Su muerte y su resurrección son el eje central de su predicación. Murió por el pecado de su gente, y promete salvación al hombre perdido y al mundo descarriado. Vino no solamente a predicar, sino a hacer lo que predicó: sufrió, murió y resucitó para nuestra redención. Es por eso que usó parábolas para predicar: quería asegurarse de que los hombres entendiesen su mensaje. Este mensaje es lo más estupendo que se haya dicho o hecho en la historia entera de la humanidad. Fue expresado en parábolas fáciles, en palabras sencillas y en términos simples. Pero ni eso fue suficiente – el Predicador mismo tuvo que transformarse en parábola: «Y aquel Verbo fue hecho carne, y habitó entre nosotros (y vimos su gloria, gloria como del unigénito del Padre), lleno de gracia y de verdad» (Juan 1:14).

Pocos entendieron a Jesús, y muchos le rechazaron

Lo más increíble es que muy pocos entendieron su mensaje, y muchos lo rechazaron. A pesar de su condescendencia, de la simplicidad de sus palabras, de su acto supremo, la mayoría no supo de qué hablaba, y otros se disgustaron con su mensaje. Vastas multitudes jamás quisieron oír lo que decía. Y así ha sido por veinte siglos ya. Millones han creído, pero estos representan sólo una minoría entre la vasta humanidad. Parece que no fue suficiente presentar el mensaje de Cristo en términos sencillos, pues luego de dos mil años de simple y clara presentación, muchos aún no lo entienden, o lo entienden y se niegan a aceptarlo.

En cierta oportunidad, hablando son sus discípulos, Cristo les dijo: «A vosotros os es dado saber el misterio del reino de Dios; mas a los que están fuera, por parábolas todas las cosas; para que viendo, vean y no perciban; y oyendo, oigan y no entiendan; para que no se conviertan, y les sean perdonados los pecados» (Marcos 4:11, 12). ¿Qué quiso decir Jesús con esto? Parece como si sus parábolas fuesen obscuras y misteriosas a propósito, para encubrir el mensaje en vez de revelarlo. ¡No! Cristo jamás predicaría de esa manera; jamás haría de la verdad una cuestión de adivinanzas y doble sentido. Lo que quiso decir es que, a pesar de la claridad del evangelio, a pesar de exponer el mensaje en parábolas, los hombres no lo entendieron ni quisieron aceptarlo. Allí mismo estaban sus discípulos, ansiosos de saber más, de conocer la verdad, formulando preguntas, mientras que el resto de la gente que también había oído sus parábolas se había ido cada uno por su camino. No tuvo efecto en sus almas. La cuestión era cómo explicar esa diferencia. ¿Por qué unos sí entendieron y creyeron, y otros no? ¿Por qué a tantas personas las sencillas y claras parábolas les resultaron sin efecto?

Cristo lo explicó diciendo: «A vosotros os es dado saber el misterio del reino de Dios,» pero a otros no. A pesar de toda la sencillez, algo más que parábolas era necesario. Entender y aceptar requería un milagro divino. Sus ojos y sus oídos debían ser abiertos por el Espíritu Santo antes de que pudiesen responder al predicador con fe genuina. Sin Él, sí oirían, pero no entenderían las parábolas sencillas. Sí verían, pero no percibirían. ¿Y por qué no? Simplemente porque no querían ser convertidos y perdonados. Sus corazones habían rechazado el mensaje de Dios. Sólo el milagro de la gracia de Dios podía hacerles ver la necesidad de un Salvador.

Y Jesús, siendo el Hijo de Dios, sabía de antemano, antes de predicar, que sus oyentes no creerían su mensaje, pues sus corazones eran cautivos del pecado. Y pese a ello les predica en parábolas sencillas. ¿Por qué? ¿Por qué trató Cristo de alcanzarlos con su mensaje? ¿No hubiera sido mejor dejarlos en su incredulidad? ¿Para qué hablarles de una salvación que no querían? No es fácil contestar esta pregunta. La respuesta se halla en alguna forma en el profundo amor de Dios por el ser humano. Él no quiere que el pecador muera, sino que se arrepienta y vuelva a Él y viva. Con todo su ser desea que el hombre sea salvo, como lo demuestra su Palabra y su incomparable sacrificio al enviar a su Hijo al mundo para rescatar a todo aquel que cree en Él. Estos seres eran culpables de su propia condición; sus propios actos produjeron su ceguera. Pero Dios, en su infinita misericordia, quiere que los hombres vuelvan a Él. Y les habla con palabras sencillas, con parábolas inclusive. Dios habla hoy todavía por medio de la predicación de su Palabra.

Todo predicador implora a Dios que sus oyentes reciban el mensaje que él expone, que con sus oídos oigan, que con sus ojos vean, y que con sus corazones entiendan. Sabe que, pese a la simplicidad del mensaje, pese a la claridad de sus palabras, muchos no creerán en Aquel que puede darles vida eterna; pero eso está fuera del alcance del predicador y no le inquieta. Su ferviente interés es hacer oír la voz de Dios y orar que el Espíritu Santo dé al oyente lo que necesita para ver y entender. Su preocupación constante es la orden del Rey de la Iglesia: «Id por todo el mundo y predicad el evangelio a toda criatura» (Marcos 16:15). ¿Cuál es su reacción a este mensaje? ¿Cómo responde usted, no sólo ante estas parábolas, sino ante Cristo mismo?

Entre por la puerta

Texto clave: *«De cierto, de cierto os digo: Yo soy la puerta de las ovejas.»*

Juan 10:7

Objetivo: *Presentar a Cristo como la Puerta del redil de sus ovejas – Él ofrece salvación, seguridad y sostén.*

Jesús como la Puerta del redil de sus ovejas

Las actividades, facetas y funciones de Cristo son tantas que le fue necesario darse a conocer por medio de múltiples nombres. Cada una de esas descripciones muestra un aspecto de este personaje singular. ¿Por qué dijo una vez que Él era la Puerta de las ovejas? ¿Qué simbolismo puede haber en semejante designación? ¿Qué aspecto de su Persona es el que se acentúa cuando se presenta a Sí mismo como la Puerta de las ovejas?

¿Cómo eran las puertas en los tiempos de Cristo en Palestina? El terreno del Medio Oriente era semi-montañoso; los pastores locales andaban siempre en búsqueda de agua y pastos tiernos para sus rebaños. Pero eran también terrenos peligrosos para los pastores y sus ovejas, especialmente para las ovejas. Por esos cerros proliferaban toda clase de fieras cuyo máximo deseo era devorar ovejas y corderos. Era imposible, por supuesto, dejar esos rebaños a la intemperie y a merced de esas bestias salvajes. Durante la noche las ovejas eran acorraladas en un refugio de varios metros de altura generalmente hecho de piedra. Las ovejas entraban y salían de aquel corral por medio de la puerta.

Tres aspectos deben mencionarse al analizar el por qué Jesús se designó a Sí mismo como la Puerta de las ovejas.

a. Cristo ofrece plena seguridad a sus ovejas

La primera es el concepto de la seguridad. Llegado el atardecer, las ovejas pasaban por la puerta. Tras ellas la puerta se cerraba, proveyendo así la protección que necesitaban estos animales contra los ataques de las fieras nocturnas. Allí, detrás de la puerta, estaban seguras y tranquilas, separadas de los posibles ataques de sus enemigos. La puerta significa seguridad. El mundo en el cual los hijos de Dios deben pasar sus días es un mundo pletórico de peligros, enemigos y duras tentaciones. Hay posibilidades de caer en pozos profundos y de tropezar sobre las irregularidades geográficas del terreno. Incluso hay enemigos mortales que quieren devorar con sus fauces a quienes se han apartado del mundo y se han dedicado al Señor. Estas ovejas de Dios necesitan una ciudad de refugio, un puerto donde echar anclas en las tormentas de la vida. ¿Dónde cree usted que se puede obtener ese tipo de seguridad? Los amigos se ausentan, encogidos los hombros y mal dispuestos a hacerse cargo de las pesadas cargas del prójimo; suficiente tienen ya con sus propias cargas. Jesús es la

> Jesús es la Puerta cerrada con llave detrás de la cual el hombre puede sentirse tranquilo y seguro. Los dardos de Satanás no pueden traspasarla.

Puerta cerrada con llave detrás de la cual el hombre puede sentirse tranquilo y seguro. Allí no llegará el diablo con sus sonrisas tentadoras y sus palabras lisonjeras. No podrá el demonio intervenir en los asuntos del alma porque el creyente está vestido con la coraza de Jesús. Los dardos del diablo no pueden traspasar esa Puerta.

El hombre necesita hallar ese refugio detrás de la puerta cerrada donde se puede sentir absolutamente seguro. Es necesario construir un refugio para las ovejas y protegerlas de los constantes peligros de la noche. Hay que buscar a las ovejas, juntarlas, llevarlas al redil, hacerlas pasar por la puerta, cerrar esa puerta y asegurarla con candado. Allí, las ovejas se sentirán absolutamente seguras y protegidas contra toda forma de peligro. Jesús es la Puerta que separa a quienes tienen la seguridad de la protección de Dios y quienes andan solos y abandonados por los caminos oscuros de la vida, sujetos cada momento a los ataques mortales de las fieras. En las Escrituras hay abundantes referencias del pueblo de Dios como ovejas o rebaño. Una forma más clara de recalcar esta verdad es afirmar que el hombre necesita unirse a la gran familia de Dios y tener comunión con ella; este es un privilegio exclusivo para los santos de Dios.

b. Cristo ofrece sostén a sus ovejas en la lucha diaria

En segundo lugar, Jesús es la Puerta porque es también el sostén de las ovejas. Si bien es cierto que la puerta protege a las ovejas contra las fieras del campo, también es verdad que esa misma puerta es por la que las ovejas salen del corral y corretean por el mundo; al salir ascienden las montañas, exploran los valles, buscan su alimento y cultivan su lana. Si lo único que una puerta ofrece es seguridad, bien podría reemplazarse por una pared de sólidas rocas. No se puede estar siempre bajo llave, siempre alejado del mundo turbulento, siempre en la deliciosa compañía de creyentes. Una puerta permite así la entrada y la salida. Por la puerta se puede entrar al refugio, y se puede salir para luchar en la batalla del Señor. Los que han hallado refugio en Jesús están muchas veces tan conformes con lo que han hallado que prefieren quedarse tras las puertas cerradas, en el apogeo de su seguridad, y ser indiferentes con respecto a lo que hay allá afuera, donde el hombre lucha contra sus enemigos y contra sus constantes fracasos. Le resulta fácil al creyente alojarse en su iglesia entre sus hermanos, y jamás cruzar los umbrales de la puerta que lo llevarán al anfiteatro de la vida común y corriente. El pastor no sólo abre la puerta, también la cierra. Jesús nos saca del mundo, nos trae a su redil, cierra la puerta, y nos protege del peligro, pero también abre la puerta, nos saca del refugio, y nos lleva a los cerros y montañas para que seamos luz y sal en el mundo. Conviene recordar que la puerta está cerrada sólo durante las horas de la noche. Durante el día la puerta está abierta para que salgamos y caminemos por el mundo. En ese diario trajín, Jesús será el sostén necesario para lo que pueda sobrevenir.

Jesús nos saca del mundo, nos trae a su redil, cierra la puerta, y nos protege del peligro. Pero también abre la puerta, nos saca del refugio, y nos lleva a las montañas para que seamos luz y sal en el mundo.

En cierta oportunidad estaba Jesús hablando con sus discípulos; era poco antes de volver al cielo para preparar allí un lugar para sus hijos en sus mansiones. Jesús estaba dando sus ordenanzas a los suyos en cuanto a la tarea que les esperaba. Cristo envió a sus doce discípulos, y les dio instrucciones, diciendo: «He aquí, yo os envío como a ovejas en medio de lobos; sed, pues, prudentes como serpientes, y sencillos como palomas. Y guardaos de los hombres, porque os entregarán a los concilios, y en sus sinagogas os azotarán» (Mateo 10:16, 17). Esta es la realidad cotidiana de las ovejas a quienes Jesús les ha abierto la puerta. Pero es allí, en el fragor de la batalla, en el fervor de la lucha, que el Señor Jesús es también el sostén indispensable. Es por eso que Jesús continúa diciéndoles: «Y no temáis a los que matan el cuerpo, mas el alma no pueden matar; temed más bien a Aquel que puede destruir el alma y el cuerpo en el infierno» (v. 28). El Evangelio de Mateo termina con estas palabras: «Y he aquí yo estoy con vosotros todos los días, hasta el fin del mundo» (Mateo 28:20). Jesús es la puerta; la abre y envía a sus ovejas a los campos con su imprescindible sostén.

c. Cristo ofrece la salvación eterna a sus ovejas

Ahora bien, Jesús es la puerta de un modo aun más importante que la seguridad y el sostén. Es la puerta que abre a la salvación. En efecto, la salvación es primero, y después la seguridad y el sostén. Él claramente dijo estas palabras: «Yo soy la Puerta; el que por mí entrare, será salvo; y entrará, y saldrá, y hallará pastos» (Juan 10:9). Es posible que usted esté buscando la puerta de entrada al reino de Dios. Incluso es probable que crea haberla encontrado en alguna tradición, o costumbre, o en alguna ceremonia o rito. Cree haber encontrado la seguridad que todos necesitamos. Piensa que tiene el sostén que las luchas cotidianas requieren. ¿Está usted seguro de sí mismo? ¿Ha escuchado lo que dice Jesús? Se lo dice a usted ahora mismo, pues sus palabras no pasarán jamás. Estas palabras están destinadas a usted, personalmente, esté donde esté, y sea quien sea. Jesús le dice: «Yo soy la puerta; el que por mí entrare, será salvo; y entrará, y saldrá, y hallará pastos.» Entrar: allí está el elemento de seguridad; salir y hallar pastos: allí está el elemento de sostén; ser salvo: aquí esta el elemento de salvación. Cristo es la Puerta por la que usted debe entrar.

Lo mejor es gratis

Texto clave: *«Siendo justificados gratuitamente por su gracia, mediante la redención que es en Cristo Jesús».*

Romanos 3:24

Objetivo: *Contrastar las prioridades del hombre sin Dios con el fundamento gratuito que Dios otorga para que el hombre goce de una vida eterna abundante.*

Introducción: Nuestras prioridades

¿Qué es para usted lo más importante, lo mejor, lo más grande? Si Dios viniese a su sala esta noche y le dijese: «Hijo mío, quiero darte lo que más anhelas; dime lo que es y yo lo haré por ti, sin compromiso alguno», ¿cuál sería su respuesta? Alguien diría que quiere verse libre de esa enfermedad dolorosa que lo ha afligido por tantos años. ¿Sería eso lo mejor? Otro diría quizá que le gustaría separarse de su esposa y casarse con una mejor. Según él, eso sería felicidad genuina y digna de cualquier sacrificio. Un tercero diría que si Dios va a favorecerlo de ese modo, él quisiera acumular riquezas y poder. ¿Qué es lo mejor en su vida? ¿Las relaciones personales? ¿Las posesiones? ¿Su familia? ¿Su salud? Es interesante observar lo que el hombre considera como lo mejor. Igualmente interesante es ver cómo se esfuerza por obtenerlo y preservarlo. Generalmente esta selección refleja la triste condición en la que el hombre se encuentra. El pobre cree que lo mejor es ser rico; el rico cree que lo mejor es ser feliz. El que está en la cárcel anhela libertad; el que es libre cree que muchos tergiversan la libertad y la convierten en libertinaje. El hombre casado sueña con sus años de soltero; la mujer soltera está segura de que la vida matrimonial es lo mejor. ¿Qué es lo mejor para usted? ¿Sabe usted qué es lo mejor?

Considerando todas las cosas como pérdida por el conocimiento de Cristo Jesús

Para determinar categóricamente qué es lo mejor para usted debe analizar, en primer lugar, quién es y en qué situación se encuentra. Es aquí donde la inmensa mayoría fracasa rotundamente. Las personas se desconocen a sí mismas; no se han dado cuenta todavía de las condiciones en que viven, y por eso seleccionan erróneamente lo que ellos creen que es lo mejor. El apóstol Pablo descubrió lo mejor después de vivir una vida borrascosa. Él afirmó: «Pero cuantas cosas eran para mí ganancia, las he estimado como pérdida por amor de Cristo» (Filipenses 3:7). ¿Se da usted cuenta de lo que dice San Pablo? Dice que todo, absolutamente todo lo que antes consideraba importante, grande, clave, lo mejor, en cierto momento llego a estimarlo como pérdida, como algo de lo cual quiso desprenderse voluntaria y alegremente. ¿Qué gran cosa podría ser esa? ¿Qué es lo mejor? Esta es la respuesta precisa que surge de la pluma de Pablo: «Ciertamente, aun estimo todas las cosas como pérdida por la excelencia del conocimiento de Cristo Jesús, mi Señor, por amor del cual lo he perdido todo, y lo tengo por basura, para ganar a Cristo» (v. 8). ¡Lo mejor para

> Cuando alguien goza de una relación personal con Dios, todo lo demás pasa a segundo término: las riquezas, el honor, la educación, la posición social.

Pablo, para usted, y para todo ser humano es la salvación! Cuando alguien goza de una relación personal con Dios, todo lo demás pasa a segundo término: las riquezas, el honor, la educación, la posición social, etc. Para el que no conoce a Dios personalmente, tampoco importan las mejores cosas que hasta ahora haya conocido. ¿Cuánto puede valer una inmensa fortuna sin la salvación del alma? Jesús, el divino Maestro, dijo estas palabras: «¿Qué aprovechará al hombre, si ganare todo el mundo, y perdiere su alma? ¿O qué recompensa dará el hombre por su alma?» (Mateo 16:26). Usted ha pecado contra el único Dios verdadero, su Creador, y quien le provee todo lo bueno que ha disfrutado. Como consecuencia de ese pecado profundamente arraigado en el ser humano, usted está perdido – su alma y su persona están en peligro inminente. ¿Qué será de usted cuando entre a la eternidad? O pensando en términos más inmediatos, ¿qué de su vida presente? ¿Es así como usted cree que Dios quiere que viva? ¿Es su vida una bella rosa sin espinas, o es espinas y nada más? ¿Qué está haciendo usted por el mundo y por la gente que en él vive? Lo que usted haga no tiene valor alguno si no ha sido salvo, si no conoce a Cristo. Por eso es que Pablo podía estimar todas las cosas como pérdida a cambio dc lo mejor.

La verdadera y perdurable ganancia para la vida del hombre es gratuita

¿Sabe usted que lo mejor es gratis? Esto sorprende hondamente a muchos que escuchan esto por vez primera. ¡Sí, señor! ¡Lo mejor es gratis! ¡La salvación eterna, el perdón de pecados, la libertad absoluta en Cristo – esto es absolutamente gratis! Tan espectacular es este pensamiento que mucha gente no puede aceptarlo No obstante es cierto: lo mejor es gratis. Esto es lo

> La salvación eterna, el perdón de pecados, la libertad absoluta en Cristo – ¡esto es absolutamente gratis!

que dice el mismo apóstol Pablo: «Por cuanto todos pecaron, y están destituidos de la gloria de Dios», pero continúa diciendo, «siendo justificados gratuitamente por su gracia, mediante la redención que es en Cristo Jesús» (Romanos 3:23, 24). Es Dios quien salva al hombre anegado en sus pecados y culpa. Es Dios quien no solamente le habla y le llama, sino que le salva. Lo mejor es gratis.

No es fácil aceptar esta significativa verdad. Es parte de la naturaleza humana declararse independiente y aceptar sólo aquello que puede alcanzar con sus propios esfuerzos. No le agrada al hombre que le prodiguen lo que puede obtener por sus propios medios. El hombre prefiere educarse, defenderse y salvarse a sí mismo. A través de la historia se pueden ver multitudes que luchan, gritan, pelean, hacen guerras, se postran ante dioses hechos por sus propias manos, todo con el firme propósito de obtener salvación y perdón. El Antiguo Testamento relata la historia de un cierto grupo de gente que necesitaba ayuda divina. Estos hombres edifican un altar, sacrifican animales, e imploran a su dios que los salve. Así es como lo describe la Biblia: «Ellos clamaban a grandes voces, y se sajaban con cuchillos y con lancetas conforme a su costumbre, hasta chorrear la sangre sobre ellos. Pasó el mediodía, y ellos siguieron gritando frenéticamente hasta la hora de ofrecerse el sacrificio, pero no hubo ninguna voz, ni quien respondiese ni escuchase» (I Reyes 18:28, 29). ¿Cómo se le ocurre al hombre insensato creer que puede obligar a Dios a hacer lo que él demanda? ¿Por qué ha de hacerlo Dios? ¿Se merece el hombre acaso el tan precioso don de la salvación y la vida eterna? ¡No! Pero Dios, en su misericordia, sí nos lo da. ¡Lo mejor es gratis!

En el Nuevo Testamento encontramos una parábola relatada por Jesús acerca de un fariseo que subió al templo a orar elocuentemente. «Dios, te doy gracias porque no soy como los otros hombres, ladrones, injustos, adúlteros... Ayuno dos veces a la semana, doy diezmos de todo lo que gano» (Lucas 18:11, 12). Jesucristo aseguró que tal hombre no era justificado ante Dios. ¡Por supuesto que no! Creía haberse salvado a sí mismo con sus buenos actos y sus acciones nobles. ¡Pero lo mejor es gratis! Us-

> El hombre no salva; la iglesia no salva; sólo Cristo salva. La salvación es gratuita porque es Dios quien la dispensa por su gracia.

ted puede ver este mismo mal a través de la historia hasta nuestros días modernos, en pueblos primitivos y en los civilizados. El hombre hará todo lo que pueda para demostrar que se salva por él mismo, que no necesita de Dios, y que las enormes puertas del cielo se le abrirán de par en par por sus méritos. Quienes así viven están preparándose para el más trágico desengaño. Lo mejor es gratis, y quienes luchan por obtenerlo a través de sus propios medios nunca lo alcanzarán. El apóstol Pablo escribió en sus epístolas instruyendo a los creyentes a siempre recordar que la salvación viene de Dios. «Pero cuando se manifestó la bondad de Dios nuestro Salvador, y su amor para con los hombres, nos salvó, no por obras de justicia que nosotros hubiéramos hecho, sino por su misericordia» (Tito 2:5). El hombre no salva; la iglesia no salva; sólo Cristo salva. La salvación es gratis porque es Dios quien la dispensa por su gracia.

Para meditar

Ahora bien, si la salvación es de Dios, usted puede estar absolutamente seguro de su feliz conclusión. Si dependiese de los méritos y de los actos del hombre, ¿quién podría estar seguro de haber alcanzado la salvación? La salvación es de Dios, y es gratis. «Y el que tiene sed, venga; y el que quiera, tome del agua de la vida gratuitamente» (Apocalipsis 22:17).

Al hombre hay que hacerlo nuevo

Texto clave: *«De modo que si alguno está en Cristo, nueva criatura es; las cosas viejas pasaron; he aquí todas son hechas nuevas».*

II Corintios 5:17

Objetivo: *Destacar que el verdadero cambio interno y permanente en el hombre sólo puede ser producido por el evangelio de Cristo.*

La imperiosa necesidad de una transformación radical

Al hombre hay que hacerlo nuevo. Es imperioso hacerlo nuevo. Usted sabe lo mucho que se ha degenerado, y la necesidad que existe de reformarlo, de renovarlo, de hacerlo nuevo. Si usted lee de vez en cuando los periódicos, se dará cuenta de esta imperiosa necesidad. Parece como que ya no hay hidalguía de carácter, ni nobleza de espíritu, ni actos de heroísmo. Los que tienen no comparten, y los que no tienen no saben dónde meterse. Hay corrupción en los más altos niveles de la sociedad, y desazón en las almas humanas. Hay países que amenazan con destruir la paz a través de conflictos armados, y poderes militares que son nada más que una fuerza aplastante. Hay divorcios que abandonan a niños preciosos, e inmoralidad jamás antes conocida. Hay contaminación del aire, y peligros nucleares. En nuestro derredor hay terrorismo, secuestros, sobornos y engaño. ¡Al hombre hay que hacerlo nuevo!

Cierto es que al hombre hay que hacerlo nuevo; verdaderamente se ha degenerado al punto de la vergüenza. Tal vez usted mismo se encuentra en una condición tal que quisiera cambiar; le gustaría empezar una nueva vida y cambiar de rumbo. Está desilusionado consigo mismo. Seguramente cuando era joven estaba repleto de ideales; soñaba con cambiar el mundo algún día; cuando estudiaba en la universidad quizás tenía usted aspiraciones nobles. Ahora todo eso yace en ruinas. La vida ha avanzado, se le han acampado los años, está usted casi a mitad del curso ya en el torrente de su vida, y aún no ha encontrado su nicho. Las cosas le parecen más nubladas y oscuras hoy que en aquellos días juveniles. O pudiera ser que su profesión se ha vuelto un desengaño. No encuentra satisfacción alguna, y le resulta más bien una pesada cruz sobre sus hombros.

Es probable que usted considere cierto que al hombre hay que hacerlo nuevo. ¿Considera también que a usted mismo hay que hacerlo nuevo? Se han hecho numerosos intentos de hacer de nuevo al hombre. Algunos piensan que todo se debe a la condición física de las personas, y hacen creer que con un programa de ejercicios exigentes y gimnasia programada el hombre podrá rejuvenecer y encontrar de nuevo su vigor. Otros buscan esa renovación en esfuerzos casi sobrehumanos de abandonar viejas costumbres e implantar nuevos hábitos. Hay sistemas ideológicos que por decretos de superioridad imponen cierta conducta con la esperanza de transformar al hombre. Este término se ha vuelto muy común en algunos países en busca de una nueva sociedad. El mero hecho de que aún se está buscando la fórmula más adecuada para llegar a este fin señala las enormes dificultades que esto implica. Parece una tarea casi imposible de lograr.

Algunas sociedades han aceptado las circunstancias tal como son, y han optado por disfrutar de la vida en vez de preocuparse constantemente por cambiar al hombre. Como puede usted comprobar, el producto de esta actitud ha dado a luz un existencialismo que roza el libertinaje enfermizo. Esta avenida también está cerrada, pues no conduce a nada mejor. No es extraño que actualmente el hombre viva desorientado, desesperado, sin deseos de esforzarse. Parece que la ardua labor de hacer nuevo al hombre va más allá de la capacidad humana.

Sólo Cristo puede hacer del hombre una nueva criatura

Es por esta razón que el mensaje bíblico es una proclamación en voz alta de las buenas noticias de Dios que despiertan a los que duermen. Es un esplendor de luz que atraviesa las densas tinieblas. La Biblia nos muestra ejemplos de personas que pasaron del fracaso al triunfo, de la desilusión a una nueva perspectiva. Una de ellas es Saulo. Él era un personaje con un futuro promisorio, pero su vida era un error. Se había fijado la meta de exterminar a todos los cristianos de su sociedad; estaba entregado en cuerpo y alma a ese fin. Pero cuando menos se lo esperaba, Saulo tuvo un encuentro con la voz y el resplandor de Jesucristo. Jesús empezó allí ha hacer de Saulo un hombre nuevo. ¡Y Saulo fue tan nuevo que hasta su nombre fue cambiado – ahora sería llamado Pablo! Desde entonces Dios usó a Pablo para difundir por el mundo el único mensaje que efectivamente puede hacer nuevo al hombre. El apóstol recorrió muchos países, cruzó mares, escaló montañas, se hizo presente en plazas y parques, ante públicos adversos, reyes y gobernadores con un sólo objetivo: proclamar que en Cristo Jesús está la única esperanza de transformar al hombre en una nueva criatura. Él lo sabía, no sólo por experiencia, sino por

> El apóstol Pablo proclamaba que en Cristo Jesús está la única esperanza de transformar al hombre en una nueva criatura.

revelación directa de Dios. El apóstol Pablo presenció estos «nuevos nacimientos» miles de veces a lo largo de sus años de prédicas y viajes. Escribió cartas a los cristianos de su tiempo, algunas de las cuales Dios ha preservado para integrarlas a su Palabra infalible. Esto escribió a los creyentes en Corinto: «De modo que si alguno está en Cristo, nueva criatura es; las cosas viejas pasaron; he aquí todas son hechas nuevas» (II Corintios 5:17).

Fíjese bien que este hombre nuevo es aquel que está en Cristo. Por sí mismo, por su propia naturaleza, el hombre es, como usted sabe, un genuino desastre. Todos sus esfuerzos de llegar a Dios resultan en fracaso. Pero aquel que está en Cristo es una nueva criatura. Esto es misterioso; no es cosa de laboratorios, o de psiquiatras, o de magia negra. Es simplemente el misterio del evangelio. Quien se da cuenta de su total corrupción e incapacidad y, a raíz de eso, se entrega incondicionalmente a Jesucristo, es hecho una nueva criatura; es un hombre nuevo. No es una simple reforma exterior, como la mano de pintura que se echa sobre un objeto descolorido a causa del viento y la lluvia. No es una reparación como el afinamiento de un motor de automóvil. Es una transformación radical; es una nueva creación. No es el viejo Roberto con algunos adornos, o la bella María con un nuevo vestido; es un Roberto distinto y una María nueva. Esta transformación afecta no sólo su condición legal ante los tribunales celestiales, sino también sus emociones, su conducta diaria, los objetos de su amor y de su odio; hay cambios en sus intereses personales, y corrección en su intelecto; endereza sus caminos torcidos y le da una nueva voluntad de andar en senderos rectos.

«Las cosas viejas pasaron; he aquí todas son hechas nuevas.» ¡He aquí! Esta es una expresión que mezcla asombro y alegría. Quizá usted recuerda haber escuchado de aquel otro evento que sacudió los cimientos del universo y trajo esperanza a la humanidad. Dice la Biblia que «había pastores en la misma región, que velaban y guardaban las vigilias de la noche sobre su rebaño. Y he aquí, se les presentó un ángel del Señor» (Lucas 2:8, 9). Un «he aquí» indica que algo de suprema importancia está a punto de ser mencionado. Y aquellos pastores oyeron aquella noche el mensaje de un ángel: «He aquí os doy nuevas de gran gozo, que será para todo el pueblo: que os ha nacido hoy, en la ciudad de David, un Salvador, que es Cristo el Señor» (v. 10, 11). Había nacido en un humilde pesebre el Rey de reyes y Señor de señores, el Salvador del mundo – toda una mezcla de asombro y alegría.

> Esta transformación afecta no sólo la condición legal del hombre ante los tribunales celestiales, sino también sus emociones, su conducta diaria, los objetos de su amor y de su odio.

Es allí, en Cristo, donde hay que empezar. Es cierto que el hombre no será perfecto de inmediato. Le quedarán las cicatrices de los múltiples pecados que cometió; le quedarán malos hábitos que tendrá que eliminar; pero es una nueva criatura. Si se empieza allí, se llegará al hombre perfecto en el cielo. Dios así lo promete: «El que comenzó en vosotros la buena obra, la perfeccionará hasta el día de Jesucristo» (Filipenses 1:6). Cristo hace al hombre nuevo. El Espíritu Santo le pastorea. La Palabra de Dios le guía. ¡He aquí, ha nacido un hombre nuevo!

◆◆◆

Cómo nacer de nuevo

Texto clave: *«De cierto, de cierto te digo, que el que no naciere de nuevo, no puede ver el reino de Dios».*

Juan 3:3

Objetivo: *Presentar el llamado de Dios a toda criatura de nacer espiritualmente a través de la fe en Cristo para gozar de una vida eterna con Él.*

Lo indispensable para ver el reino de Dios – experimentar un segundo nacimiento

Mucha gente cree que todo está en orden con sus almas puesto que, ante sus ojos, todo está bien con sus haberes, sus parientes y su conducta. Desde tiempo inmemorial el hombre ha estado involucrado en la empresa de la auto-protección contra el infierno a través de su modo de vivir. Esta empresa lo lleva a realizar enormes y monumentales obras – muchas de ellas de bien general y personal. Aun en un mundo cristianizado, los esfuerzos humanos por conquistar el reino de Dios son aparentes. Mucha gente que se considera a sí misma cristiana siembra el bien entre los hombres, promueve la paz internacional, combate las carreras armamentistas, odia el racismo y la corrupción, y con todo ello cree estar echando las bases del reino de Dios en la tierra. Muchas de estas personas son envidiablemente religiosas, cumplen con todos los requisitos y fórmulas de religiones oficiales, hacen caridad y beneficencia, doblan sus rodillas ante objetos santos, y son leales a los principios morales con los que fueron instruidos desde su niñez. Se sorprenderían y se verían sacudidos en su fuero interno si oyesen con atención las palabras pertinentes de Jesucristo. Dijo Él, categórica y claramente, que nadie puede ver el reino de Dios, a menos que nazca de nuevo.

> El mandato a aceptar el mensaje redentor del Hijo de Dios es el llamado irresistible del Espíritu Santo. Es el nacimiento de una nueva vida, de una nueva perspectiva, de nuevos motivos.

Este nuevo nacimiento es ciertamente un suceso por demás misterioso, incluso más misterioso que el primer nacimiento. El segundo nacimiento es mucho más profundo todavía – es la obra exclusiva del Espíritu Santo de Dios. Es un acto momentáneo, instantáneo, y no un proceso. Ocurre generalmente cuando alguien escucha el mensaje redentor del Hijo de Dios. Es un llamado irresistible de parte de Dios para el hombre. Es el nacimiento de una nueva vida, una nueva perspectiva, nuevos motivos, lo que en conjunto la Palabra de Dios designa como el nuevo hombre. Decía el apóstol Pablo a este respecto: «De modo que si alguno está en Cristo, nueva criatura es; las cosas viejas pasaron; he aquí todas son hechas nuevas» (II Corintios 5:17).

a. La entrada al cielo no se gana por méritos personales

Este misterio fue el tema de la conversación que mantuvieron una noche Jesucristo y Nicodemo en Jerusalén. De esta conversación se desprende claramente no sólo que el reino de Dios es imposible de alcanzar sin el nuevo nacimiento, sino que todos esos esfuerzos humanos por ganarse el cielo son inútiles. La entrada al reino de Dios no es un premio o un mérito especial. Nicodemo era, a los ojos de los judíos, un verdadero ejemplo, todo un modelo de rectitud. No había en toda aquella ciudad una sola persona que podría merecerse el reino de Dios con más derecho que Nicodemo. Si se hubiese buscado la personalidad más célebre del año en Jerusalén, seguro que habrían seleccionado a este distinguido maestro judío. Pero no es posible entrar en el reino de Dios por mérito personal o por gozar de un privilegio especial. Fue precisamente al ejemplar Nicodemo que Jesucristo le dijo: «De cierto, de cierto te digo, que el que no naciere de nuevo, no puede ver el reino de Dios» (Juan 3:3). ¡Qué increíble desengaño habrá sido para él oír semejantes palabras de los labios del Maestro! Si por obras se tratase, Nicodemo, por su bondad y rectitud, era un excelente candidato para entrar por las puertas celestiales. Pero Jesús rompió aquella noche todos los esquemas de perfección de este maestro de la Ley.

b. La entrada al cielo no se gana por cumplir la Ley de Dios

Tampoco se puede entrar en el reino de Dios a raíz de la ortodoxia o la ciega aceptación de las doctrinas o enseñanzas de Dios. Este Nicodemo era, según la Biblia misma, «un principal entre los judíos» (v. 1). Esta designación lo pone en el pedestal de los grandes defensores de la Ley de Dios, y lo coloca en un puesto de liderazgo espiritual de su nación. Nicodemo conocía al pie de la letra todos los preceptos del templo central; sabía de memoria pasajes enteros del Antiguo Testamento; conocía íntimamente las numerosas tradiciones de los padres espirituales. Como fariseo, Nicodemo era lo que podría llamarse «la crema de la elite nacional». Hasta el más insignificante detalle de sus puntos de vista y opiniones era impecable. A este Nicodemo Jesús le dice con ternura: «El que no naciere de nuevo, no puede entrar en el reino de Dios.»

c. La entrada al cielo no se gana con riquezas

Es evidente, además, que no es posible entrar en el reino de Dios a raíz de medios materiales, riquezas, fortunas o posesiones. La personalidad misma de Nicodemo indica que era un hombre seguro de sí mismo, habituado al éxito, acostumbrado a los triunfos personales. Era seguramente un hombre de grandes medios. Los príncipes de Israel que ocupaban puestos como los de Nicodemo poseían abundantes recursos económicos. Nicodemo era un hombre de medios y el objeto de envidia de todos los pobres que lo veían con sus túnicas de púrpura. Nicodemo no formó parte de esos millones y millones de pobres que cubren la faz de nuestra tierra. Muchas veces se cree que son éstos los que deben ser transformados y convertidos en hombres nuevos. Es de humanos pensar que la gente como Nicodemo ya disfruta de toda la gloria que se puede dispensar al hombre; se complace en todas las comodidades habidas y por haber; no se preocupa por el futuro ni por el bienestar de sus familiares porque todo lo tienen a su alcance. Así era Nicodemo, no un hombre de las masas empobrecidas, sino un sabio de la aristocracia privilegiada. Y a él le dijo Jesús: «El que no naciere de nuevo, no puede ver el reino de Dios.» ¡No hay fortuna suficiente para sobornar al celador de las puertas del cielo! ¡No hay alcurnia sobre la tierra capaz de entrar en el reino de Dios a través de sus riquezas materiales! La única alternativa es el nuevo nacimiento.

d. La entrada al cielo no se gana por la buena conducta

Nicodemo aún conserva un rayo de esperanza; se dice a sí mismo que ciertamente será posible ganarse la entrada al reino de Dios a través de su conducta intachable. Toda su vida había intentado con seriedad guardar cuanto mandamiento llegase a sus oídos. Quería asegurarse que tenía derecho al reino de Dios. Había ayudado a los pobres y protegido a las viudas; había asistido al templo y cumplido los requisitos del mismo; se inclinaba en oración diariamente; guardaba su lengua, y esperaba la gloria como el in-

> No hay acceso al cielo por la bondad, ni por la caridad, ni por la religiosidad sin Dios. Sólo la fe en Cristo nos abre las puertas de la vida eterna.

somne que espera la luz del nuevo día. Había vivido una vida perfecta, irreprochable, y aun así, tenía una quemante duda en su alma. Oye que ha llegado a la comarca un nuevo Maestro, uno que dice haber venido del mismo cielo al cual él aspira. Ha escuchado cosas fascinantes sobre este Maestro. Su inquietud se convierte en nerviosismo. Bajo el manto de las tinieblas de la noche, a escondidas, se dirige a Jesús de Nazaret. Quiere asegurarse de que ha cumplido debidamente todos los requisitos de la religión. Tenía que cerciorarse lo antes posible. Y cuando al fin tiene su encuentro con Jesús, éste le dice que todas sus buenas obras carecen totalmente de valor alguno para entrar en el reino de Dios. No hay acceso por la bondad, ni por la caridad, ni por la religiosidad. Es sólo por medio del nuevo nacimiento.

e. La entrada al cielo se gana naciendo de nuevo – creyendo en Jesús y viviendo en consagración a Él

Quizá usted mismo se identifica con Nicodemo. Tal vez cree que siendo tan especial como usted es, tan distinguido, tan excepcional, tan digno, las puertas eternas del reino de Dios se abrirán de par en par cuando usted pretenda anunciar su llegada. O quizá está convencido que su sana doctrina, sus creencias tradicionales y su profesión pública le tienen asegurada esa entrada al reino de los cielos. Es posible que tenga un elevado poder económico, que esté acostumbrado a comprarse todo lo que desea, y que ahora viva bajo la ilusión de que ocurrirá lo mismo cuando llegue el momento de dar cuentas. Es probable que crea que su conducta diaria esté cerca de la perfección – incluso sus mismos contemporáneos lo afirman. Escuche atentamente la voz del Hijo de Dios: «De cierto,

> Jesús se refería a un nacimiento espiritual, no físico. Nacer de nuevo es creer en Cristo, y por añadidura, practicar la verdad del evangelio.

de cierto te digo, que el que no naciere de nuevo, no puede ver el reino de Dios.»

Usted necesita desesperadamente el auxilio del Espíritu Santo. Sólo Él puede llevarlo al nuevo nacimiento. Deje de lado todo lo que es de la carne, todo lo que es natural del ser humano. Le dijo Jesús a Nicodemo: «Lo que es nacido de la carne, carne es; y lo que es nacido del Espíritu, espíritu es» (v. 6). Ese Espíritu Santo está obrando en este mismo instante, poderosa y personalmente, pues su más potente herramienta es la predicación de la Palabra de Dios que usted está escuchando ahora mismo. No intente dar una explicación lógica y humana a esta verdad. Es todo un misterio divino. Nicodemo mismo clama y pregunta a Jesús cómo puede nacer de nuevo. Jesús hablaba de un nacimiento espiritual, no fisico. He aquí su respuesta: «De tal manera amó Dios al mundo, que ha dado a su Hijo Unigénito, para que todo aquel que en Él cree, no se pierda, mas tenga vida eterna» (v. 16). Nacer de nuevo es creer en Jesús, y después, por añadidura, «el que practica la verdad viene a la luz, para que sea manifiesto que sus obras son hechas en Dios» (v. 21).

SERIE VIII

Cómo hablar con Dios

Texto clave: *«Aconteció que estaba Jesús orando en un lugar, y cuando terminó, uno de sus discípulos le dijo: Señor, enséñanos a orar».*

Lucas 11:1

Objetivo: *Retar al creyente a aprender a orar a Dios y a cultivar esta práctica.*

La oración como el arte de tener comunión con Dios

¿Con qué puede usted comparar su alma – con un exuberante jardín o con un árido desierto? Uno de los antiguos padres de la Iglesia dijo que la oración es para el alma, lo que el agua para los peces. Tal vez usted jamás ha conocido el arte de la oración. Casi sofocado nada por el mundo, en medio de tribulaciones inexplicables y frente a momentos de crisis. O puede ser que, al contrario, le vaya a usted bien en tantas cosas que no siente necesidad alguna de comunicarse con Dios. Mientras sus hijos crezcan sanos, mientras el empleo sea soportable, y mientras la vida ofrezca sus momentos felices, ¿qué necesidad hay de perder el tiempo en eso de hablar con Dios?

En las oficinas de programas radiales como éste se reciben muchísimas cartas de personas que no saben orar. No es de extrañarse. Muchas de estas personas han vivido en ambientes desprovistos de oración. Otros han abandonado la práctica de la oración que alguna vez ejercían. Todos ellos forman parte de una humanidad que sabe muy poco del hablar con Dios y que, sin embargo, parece sentir cada día una mayor necesidad de Dios. Pocos lo consultan, pero todos buscan la forma de comunicarse con Dios. La ultratumba, los adivinos, los cultos exóticos, lo místico y el horóscopo diario se prefieren antes que la simple comunicación verbal y directa con Dios el Creador.

> Jesús vino a nosotros para enseñarnos cómo comunicarnos con Dios y gozar de una comunión íntima con Él.

¿Sabe usted lo que hicieron los discípulos de Cristo cuando quisieron orar sin saber cómo hacerlo? Hablaron con Él y le pidieron sin ambages: «Señor, enséñanos a orar» (Lucas 11:1). Y esa lección, emanada de los labios del más grande Maestro de todos los tiempos, es el modelo de oración para los creyentes en Cristo. Se le conoce como el Padre Nuestro. Tal vez usted la conoce o la ha escuchado en la quietud de una iglesia semi-oscura o en el silencio de su cuarto solitario. Esta oración modelo ha sido esculpida en las páginas de la Biblia precisamente porque nosotros, como todos las hombres que han vivido a lo largo de la historia, tenemos la misma necesidad que sintieron los discípulos del Señor.

Nuestra naturaleza pecaminosa es tal que lo que menos queremos es hablar con Dios. Así no fue creado el hombre y la mujer, pero el pecado degeneró nuestra naturaleza de modo que orar ya no es innato. Debemos ser reconciliados con Dios antes de poder tener nuevamente comunión con Él. Tenemos que comunicarnos con Él antes de gozar de su comunión. Y es aquí donde se manifiesta tan claramente la desesperación del hombre moderno. Utiliza cuantos medios ve a su alcance para ponerse en contacto con Dios. La buena noticia es que Jesús – Dios Hijo – ha venido hasta nosotros para enseñarnos cómo reconciliarnos y cómo comunicarnos con Él. Es Dios mismo quien ha provisto ya el medio de reconciliación. Ha venido en carne propia, como Dios y como Hombre, en una persona. Él es el único que funge como Mediador entre Dios y los hombres. Él pagó por el pecado de su pueblo con su muerte y su resurrección, y obtuvo así el poder de transformar los corazones resecos y duros como piedra en corazones de carne, abiertos y renovados. Sólo Él tiene acceso a tal acción. Sólo Él puede mediar entre Dios y el hombre. La Biblia afirma categóricamente que debemos hablar con Dios por medio de Cristo. Cristo lo dijo así: «Yo soy el Camino, y la Verdad, y la Vida; nadie viene al Padre, sino por mí» (Juan 14:6).

Lo extraño del caso es que aun entre los que creen en Cristo hay muchos que oran muy poco. Muchos no han aprendido todavía cómo hablar con Dios. La oración no es para ellos algo natural, y les resulta sumamente difícil comunicarse con Dios. Hablar con Dios es esencialmente un arte. Es arduo para el hombre que vive en este mundo – un mundo pecaminoso habitado por gente que ha violado sus propósitos, un mundo en el que aun los mismos creyentes pecan todavía. El incrédulo que no ha hecho las paces con Dios no puede orar; y muchos de los que sí han creído en Cristo como el Hijo de Dios encuentran difícil comunicarse con Él a través de la oración.

A manera de ilustración, considere usted el tiempo que un niño necesita para aprender a hablar. El día que pronuncia su primera palabra es considerado muy especial por los padres, tanto que lo celebran y registran el evento en su diario. Pero eso es sólo el principio. El niño vive un largo período de aprendizaje y de errores. Dice cosas muy originales, pronuncia mal las palabras más sencillas, usa vocablos que solamente su madre entiende, se equivoca y tartamudea. Luego comienza a asistir a la escuela y allí lo inician en la lectura, la escritura y la gramática que demandan máximos esfuerzos. Y aun así, habrá obtenido nada más que las comu-

> La clase de oración que Jesús enseñó a sus discípulos, así como la conversación entre personas, necesita cultivarse. El creyente genuino anhela tener comunión con Dios, y no solamente comunicarse con Él a través de balbuceos.

nes nociones del delicado y difícil arte de hablar. Ahora bien, ¿qué puede esperarse del hijo de Dios que quiere aprender a hablar con Dios? Si resulta difícil aprender a hablar con nuestros semejantes, ¿cómo cree usted que será el proceso de aprender a hablar con Dios? El niño no nace equipado con el don de la palabra; debe aprenderlo. Y el alma que ha nacido de nuevo por la obra del Espíritu Santo tampoco está equipada para orar. Ciertamente, en ambos casos, la capacidad está latente, pero hay mucho que hacer para desarrollarla. Así como el recién nacido no puede comunicarse verbalmente con sus semejantes, tampoco puede muchas veces el recién convertido hablar con Dios.

En cierto sentido, el pecador puede comunicarse con Dios y hacerle saber de sus problemas y de sus necesidades, tal como un bebé puede comunicarse con su madre a través del llanto y de los gestos. Pero eso se debe solamente a que Dios y las madres tienen la especial virtud de entender lo que sus hijos quieren decir. Eso no es orar. La clase de oración que Jesús enseñó a sus discípulos, la oración verdadera, así como la conversación entre personas, necesita cultivarse. El creyente genuino anhela tener comunión con Dios, y no solamente comunicarse con Él a través de balbuceos. Lamentable muchos no hacen el digno esfuerzo de aprender a hablar con Dios. Son como los niños que terminan sus estudios sin haber desarrollado aún la capacidad de hablar correctamente. Hay tanta hipocresía, tanta repetición, tanta palabrería piadosa y tanto formalismo en la oración que parece que su fin sea más un deseo de impresionar a los demás que el anhelo de comunicarse con Dios.

¿Le gustaría que alguien le hablase a usted de la misma forma que muchos pretenden hablarle a Dios? Allí está aquel que intenta demostrarle a Dios cuán religioso es; le repite una y otra vez palabras hipócritas. Y sentimos el fuerte deseo de interrumpir su discurso y salir corriendo. ¿Qué cree usted que piensa Dios de tales oraciones? ¡Imagínese! ¿Cómo puede un ser humano hablarle así a Dios? Si para dominar el arte de hablar con los hombres pusiésemos tan poco cuidado y tan poco tiempo como el que dedicamos para aprender a hablar con Dios, no tendríamos cabida en muchas tertulias. Probablemente estaríamos aislados de la sociedad; viviríamos vidas completamente solitarias. ¿Es extraño, entonces, sentir que en nuestras vidas agitadas Dios parece estar tan lejos? Tal vez Dios se ha alejado de nosotros, como otros se alejan de aquellos que tienen mal aliento.

Recuerde: la oración es para el alma lo que el agua para los peces. Mientras más la ejercite, menos podrá vivir sin ella.

La oración genuina es el arte de hablar con Dios, de tener comunión con Él. Eso requiere mucho amor y mucha dedicación para aprender. Si usted está dispuesto a cultivar el ejercicio de orar, haga lo que hicieron los discípulos. Vaya a Cristo, el Salador del mundo, el que lo conoce a usted por dentro y por fuera, y dígale sinceramente: «Señor, enséñame a orar.» Recuerde: la oración es para el alma lo que el agua para los peces. Mientras más la ejercite, menos podrá vivir sin ella.

La importancia de hablar con Dios

Texto clave: *«Cercano está Jehová a todos los que le invocan, a todos los que le invocan de veras».*

Salmo 145:18

Objetivo: *Recordar al creyente porqué orar, cómo orar y sobre qué orar. Alentarle a ejercitar este arte de comunicación con Dios.*

El motivo de la oración

Tal vez usted jamás ha hablado con Dios. Eso es lamentable. Hablar con Dios es sumamente importante para el hombre. Es imposible ser feliz sin hacerlo. Usted sabe que la creación del hombre no es producto del capricho de los astros o de la fusión de complicadas leyes naturales. El ser humano es producto de la mano creadora de Dios – es imagen de Dios, y fue creado para tener comunión con su Creador, para vivir en constante contacto con Él, en fiel servicio de su causa y en obediencia a sus mandatos. Pero intervino la feroz realidad del pecado humano que separó radicalmente a la criatura de su Hacedor, y desde entonces se ha estado produciendo un distanciamiento cada vez mayor. Sin embargo, la nostalgia de días mejores permanece en el hombre dada su naturaleza y su esencia. Es por eso que el hombre tiende a la oración, al contacto con un ser divino, sublime, superior y distinto, y a la vez, personal. Esta es la causa de tanta religión entre los hombres: es parte integral de su ser; la necesita quizás tanto como necesita el alimento cotidiano y el sueño reparador. Es importante hablar con Dios.

Es posible no ser oído por Dios aunque se le hable con pompa y abundantes palabras. Dios cierra sus oídos ante quienes viven sin consciencia de Él.

Tal vez usted jamás ha hablado con Dios. Eso es lamentable. Es posible también que usted no pueda hablar con Dios. Esto ocurre con frecuencia. Ocurrió, por ejemplo, con el pueblo hebreo en tiempos antiguos. Esta gente estaba habituada a dirigirse a Dios en oración, pero por un tiempo empezó a vivir como si Dios no fuese parte de sus vidas cotidianas. Los judíos sí mantuvieron su costumbre de orar, pero lo hacían a través de largas y elocuentes oraciones. Dios envió a su profeta Isaías para que les informase de algo que ellos ni sospechaban siquiera. Esto es lo que Dios mandó decirles por boca de su profeta: «Cuando extendáis vuestras manos, yo esconderé de vosotros mis ojos; asimismo cuando multipliquéis la oración, yo no oiré» (Isaías 1:15). Usted ve que es posible no ser oído por Dios aunque se le hable con pompa y abundantes palabras. Dios cierra sus oídos ante quienes viven sin consciencia de Él.

Tal vez usted jamás ha hablado con Dios porque nunca aprendió a hacerlo. Nadie le ha indicado cómo o cuándo orar. Esto también es lamentable. Usted se ha privando de uno de los mayores beneficios posibles para el hombre moderno. Es importante hablar con Dios. ¿Sabe usted quiénes oran a Dios y quiénes pueden enseñarle a orar? Son los seguidores de Jesucristo, para quienes la oración es un arte digno de cultivarse. Los que creen en Jesús como su

Salvador personal han llegado a comprender el mensaje de las Escrituras, y saben que no hay cosa que más deleita a Dios que las oraciones de los suyos. La Biblia enseña que «cercano está Jehová a todos los que le invocan, a todos los que le invocan de veras» (Salmo 145:18). Ellos saben que en cualquier circunstancia de la vida pueden dirigirse a su Padre celestial y confiarle sus más íntimos secretos. Saben que en medio de la noche turbulenta tienen un puerto seguro en la oración. Saben que en el momento decisivo tienen la oportunidad de fortalecerse en la presencia de Dios. Saben que pueden hablar con Dios sin necesidad de intermediarios de ninguna clase, sin pretensiones pomposas y sin fórmulas memorizadas. Un documento pedagógico cristiano hace esta pregunta: «¿Por qué es necesaria la oración para los cristianos?» Y la respuesta es tan clara como la pregunta: «Porque es el punto principal de nuestro agradecimiento que Dios pide de nosotros, y porque Él quiere dar su gracia y su Espíritu Santo sólo a aquellos que se lo piden con oraciones ardientes y continuas, dándole gracias.» Quienes han sido redimidos por medio de Cristo, automáticamente hablan con Dios continua y ardientemente. Para ellos, es de lo más natural hablar directamente con Dios como se habla con un confidente, con un amigo íntimo o con un padre comprensivo.

Para el creyente la oración es el punto principal de su agradecimiento. Dios quiere dar su gracia y su Espíritu Santo sólo a aquellos que se lo piden con oraciones ardientes y continuas, dándole gracias.

Los elementos de la oración

¿Cómo ha de hablarse con Dios? Toda oración o conversación que agrade a Dios debe contener tres elementos esenciales.

a. Respeto a la voluntad de Dios

En primer lugar, debe ajustarse a los requerimientos de Dios mismo. Él es soberano y sapiente. Esto debe tomarse en cuenta, pues ¿quién es el hombre para imponer a Dios su propia voluntad y exigir que Dios olvide la suya? Muchas oraciones no llegan al trono divino porque son puramente humanas, egoístas, y totalmente faltas de respeto por el Dios a quien van dirigidas. ¿Escucharía usted, por ejemplo, la petición irreverente y altiva de su hijo? ¿Daría usted a su hijo irrespetuoso lo que irrespetuosamente le pide? ¡Por supuesto que no!

b. Humildad

En segundo lugar, toda oración aceptable a Dios debe estar revestida de humildad. Piense usted quién es el que ora, y a quién se le ora. Es el hombre quien ora, el que está hundido en problemas de toda índole, cargado de imperfecciones, pecador, débil, dando tumbos por la vida. Y se le ora a Dios, el perfecto y santo Dios, el omnipotente y soberano del cielo y de la tierra.

c. Confianza y seguridad de que Dios escucha

Y en tercer lugar, la oración que agrada a Dios debe tener un elemento de confianza y seguridad. Pese a la miseria del hombre y a la impresionante majestad y santidad de Dios, el cristiano tiene la absoluta certeza de que Dios oirá su petición. Esta seguridad se posee por dos razones especiales. Dijo Jesucristo una vez hablando a sus contemporáneos: «¿Qué hombre hay de vosotros, que si su hijo le pide pan, le dará una piedra? ¿O si le pide un pescado, le dará una serpiente? Pues si vosotros siendo malos, sabéis dar buenas dádivas a vuestros hijos, ¿cuánto más vuestro Padre que está en los cielos dará buenas cosas a los que le pidan?» (Mateo 7:9-11). Además de esto, recuerde que el cristiano se dirige a Dios por medio de Jesucristo, su Abogado eterno ante las cortes del cielo. Jesucristo es nuestro Representante legal y permanente ante Dios, y todos nuestros pedidos son mediados por Él. Su obra perfecta en la cruz, su amor por los suyos, y su poder que le ha sido dado en la tierra y en el cielo, lo cualifican como el único Mediador efectivo, quien no solamente preservará nuestros derechos sino que además perfeccionará nuestras oraciones.

El contenido de la oración

Tal vez está usted pronto a dirigirse a Dios en oración. Después de haber escuchado estas palabras, cree que puede, y quiere hacerlo. Magnífico. Pero, ¿qué cosas va a pedirle a Dios? ¿Que le dé muchos años de vida? ¿Que lo lleve al cielo? ¿Que le conceda paz con su esposa? ¿Que sus hijos triunfen en sus estudios? ¿Qué le diría usted a Dios si pudiese hablar con Él? Usted puede hablarle a Dios prácticamente de cualquier cosa, de lo que es común para usted, de las experiencias de cada día, de sus problemas familiares o personales, de su trabajo, de su salud, de sus relaciones con el prójimo, de sus puntos débiles y de sus deseos de hacer el bien. En efecto, usted puede orar a Dios sobre todo lo que sea necesario para su alma y su cuerpo, sin excluir lo más mínimo. Si es para su bien, Dios está interesado en ello.

El Padre Nuestro – la oración modelo

Es importante para el hombre hablar con Dios. Ahora bien, Dios anhela escuchar sus oraciones, pues a través de las Escrituras indica a los hombres que lo hagan. Cuando su Hijo Jesucristo vino a este mundo transmitió enseñanzas maravillosas. Cierto día se tomó el tiempo necesario para hablar sobre la oración y el arte de hablar con Dios. Tanto interés tiene Dios en que los hombres oren y hablen con Él, que Jesucristo mismo enseñó a sus discípulos y a sus seguidores la oración modelo. Esta oración no es mágica ciertamente, y no es la única que los

> El Padre Nuestro es una oración breve y rica: trata del espíritu y del cuerpo, del reino futuro y de la vida actual, de la voluntad de Dios y de la nuestra.

hombres deben orar. Es un modelo, un patrón a seguir cuando hablamos con Dios. Se le conoce como el Padre Nuestro por ser así como comienza. Escúchela usted: «Padre nuestro que estás en los cielos, santificado sea tu nombre. Venga tu reino. Hágase tu voluntad, como en el cielo, así también en la tierra. El pan nuestro de cada día, dánoslo hoy. Y perdónanos nuestras deudas, como también nosotros perdonamos a nuestros deudores. Y no nos metas en tentación, mas líbranos del mal; porque tuyo es el reino, y el poder, y la gloria, por todos los siglos. Amén» (Mateo 6:9-13). Esta oración es perfecta y completa: contiene todos los elementos de una plegaria aceptada por Dios y bendita para el hombre. Indica cómo dirigirse a Dios, muestra la necesidad de rogar a Dios sobre su reino, y enseña cómo pedir por nuestras necesidades cotidianas. Es una oración breve y rica a la vez. Trata del espíritu y del cuerpo, del reino futuro y de la vida actual, de la voluntad de Dios y de la nuestra. Es una maravillosa oración que puede serle de excelente modelo al empezar usted su nueva vida de oración.

◆◆◆

Las oraciones de santos

Texto clave: *«Quiero, pues, que los hombres oren en todo lugar, levantando manos santas, sin ira ni contienda».*

I Timoteo 2:8

Objetivo: *Definir la palabra santo como aquel hombre o mujer que ha sido salvo por la obra de Cristo en la cruz, y presentar a la oración como práctica de todo creyente.*

Introducción – Las oraciones que Dios escucha

Cuando el apóstol Pablo le escribió a Timoteo diciéndole que quería que los hombres orasen en todo lugar, levantando manos santas, no tenía en mente a los hombres santos que han honrado a este mundo con su presencia y que ahora están en las moradas del cielo. Hablaba de hombres santos de carne y hueso, de seres humanos redimidos por la gracia de Dios, en tránsito terrenal hacia la meta celestial. El apóstol Pablo se refiere a los que han sido llamados para ser hijos de Dios, a los que luchan en este mundo y anhelan llegar al otro. Todo aquel que desee elevar sus oraciones a Dios, debe ser santo.

Dios no presta atención a las oraciones de quienes se han apartado del sendero de la santidad. El profeta Isaías, por ejemplo, tuvo que dirigirse a su pueblo en nombre de Dios y hablarles así: «He aquí que no se ha acortado la mano de Jehová para salvar, ni se ha agravado su oído para oír; pero vuestras iniquidades han hecho división entre vosotros y vuestro Dios, y vuestros pecados han hecho ocultar de vosotros su rostro para no oír» (Isaías 59:1, 2). Dios no escuchaba las oraciones del pueblo de Israel porque su gente había dejado de ser santa. Es muy fuerte el lenguaje que usa el gran profeta para explicar que esas oraciones no tienen destino: «Porque vuestras manos están contaminadas de sangre, y vuestros dedos de iniquidad; vuestros labios pronuncian mentira, habla maldad vuestra lengua. No hay quien clame por la justicia, ni quien juzgue por la verdad; confían en vanidad y hablan vanidades; conciben maldades y dan a luz iniquidad... Obra de rapiña está en sus manos. Sus pies corren al mal, se apresuran para derramar la sangre inocente; sus pensamientos, pensamientos de iniquidad; destrucción y quebrantamiento hay en sus caminos» (Isaías 59:1-7). ¡Dios no escucha las oraciones de gente cubierta de maldad! ¡Él escucha las oraciones de los santos!

Cómo viven los hombres santos

¿Quiénes son santos? Todos aquellos que han sido lavados en la sangre preciosa de Jesucristo y que se han entregado a Él como su Salvador y Señor. Cierto es que no son santificados plenamente; cierto es que deben limpiar sus pecados diariamente en la sangre de Jesús y perfeccionar la obra iniciada por Dios; cierto es que ambulan todavía por este mundo, a veces cayéndose, pero siempre levantándose; todo esto es cierto y usted puede verlo dondequiera que haya cristianos. Pero aun así, son santos porque han sido tocados por el Espíritu Santo, porque han sido aceptados por Dios en el nombre de Jesucristo, y porque han sido señalados desde la eternidad para ser eternamente santos. Es por esta razón que el apóstol Pedro podía hablar del pueblo creyente como «linaje escogido, real sacerdocio, nación santa, pueblo adquirido por Dios» (I Pedro 2:9). Y es por esta misma razón que el apóstol Pablo podía dirigir su carta a los cristianos de Colosas y llamarlos «santos y fieles hermanos en Cristo» (Colosenses 1:2). Son las oraciones de estos santos que se levantan por toda la tierra y llegan al trono mismo de Dios.

a. Los santos confiesan sus pecados en oración

Tal vez es su vida la que impide que Dios escuche sus oraciones. Ha abandonado el camino de la santidad y su conducta está lejos de ser la de un santo de Dios. El salmista había pecado, y así se confiesa: «Mientras callé, se envejecieron mis huesos en mi gemir todo el día. Porque de día y de noche se agravó sobre mí tu mano; se volvió mi verdor en sequedades de verano» (Salmo 32:3, 4). Bajo esas condiciones quizá David ni siquiera podía elevar oraciones a Dios, pues se había apartado del sendero de la santidad. Fue recién cuando declaró a Dios su pecado, cuando confesó sus transgresiones, que Dios le perdonó. Decía el salmista, «Por esto orará a ti todo santo en el tiempo en que puedas ser hallado» (v. 6). Los santos deben permanecer aferrados a Cristo si desean ser santos de verdad. Jesús habló de esto en términos ilustrativos cuando se comparó a sí mismo con la vid y a sus seguidores con los pámpanos. Dijo que sólo así podríamos llevar mucho fruto. En términos claros dijo que «si permanecéis en mí, y mis palabras permanecen en vosotros, pedid todo lo que queréis, y os será hecho» (Juan 15:7). Los que permanecen fieles a las palabras de Jesús pueden elevar oraciones y tener por seguro que Dios les contestará según Su buena voluntad.

> Los santos deben permanecer aferrados a Jesús, como los pámpanos a la vid. Los que perseveran en la Palabra tienen la certeza de que Dios contestará sus oraciones según su buena voluntad.

b. Los santos viven en obediencia a Dios

No es fácil ser santo y elevar oraciones de santo. En las Sagradas Escrituras una persona o un objeto se consideraba santo cuando era apartado y dedicado al servicio y beneficio de Dios. El templo era santo porque había sido consagrado al servicio de Jehová, así como los objetos que adornaban el santuario. Cuando algo o alguien era separado del mundo, aislado de lo demás para el uso de Dios y su causa, pasaba a ser santo. Es en estos términos que un ser humano es santo delante de Dios. La santidad avanza y progresa a medida que el hombre es obediente al Dios que lo hizo santo. Dios ha dado y publicado su ley para que los suyos puedan vivir una vida santa y ser santos como Él es santo. La ley de Dios es como las señales de carretera que indican el camino a seguir. Quien viva la vida en obediencia a Dios descubrirá que sus oraciones no son en vano. La voluntad de Dios prohíbe cosas que son propias del mundo y demanda cosas que son propias de su reino. Los santos de Dios se deleitan en la ley de Dios. Como escribía el salmista, «Bienaventurado el varón que no anduvo en consejo de malos, ni estuvo en camino de pecadores, ni en silla de escarnecedores se ha sentado; sino que en la ley de Jehová está su delicia, y en su ley medita de día y de noche» (Salmo 1:1, 2). Son las oraciones de un santo así que llegan hasta el trono de Dios.

Dios ha dado y publicado su ley para que los suyos puedan vivir una vida santa y ser santos como Él es santo.

c. Los santos oran en todo momento, bajo cualquier circunstancia

Las Escrituras nos presentan el ejemplo brillante de Abraham. Jehová le da un único hijo, heredero de las preciosas promesas de Dios. Dios había prometido que de ese hijo saldría una descendencia que formaría naciones y pueblos cuyo número sería como las estrellas del cielo. En un momento de la historia, el mismo Dios que había prometido toda esa gloria ordena a Abraham que lleve a su hijo Isaac para ser sacrificado en la montaña. ¡Cuán turbulentos habrían sido los pensamientos de aquel hombre durante el penoso escalar de las montañas! Dios le exige a Abraham que le entregue a su hijo, su único y amado hijo. Abraham no podía entender semejante orden divina. Iba más allá de su comprensión humana. ¿Qué designios tendría Dios al hacer semejante demanda? A pesar de no entender el propósito de Dios, Abraham se mantuvo fiel, y fue un modelo de obediencia a los requisitos divinos. Procedió según las órdenes claras de su Dios. Seguramente habría elevado oraciones que conmovían sus entrañas en medio de aquella experiencia escalofriante. Y Dios le escuchó. En el momento crítico, un ángel de Jehová detuvo la mano de su siervo Abraham que estaba a punto de sacrificar a su hijo en el altar. Dios le proveyó de un animal en sustitución para ese acto. Dios contesta las oraciones de sus santos.

Para meditar

Tal vez es su vida la que impide que Dios escuche sus oraciones. ¿Se ha consagrado usted al servicio de Dios en su diario trajinar? Ese es el primer paso hacia la santidad. Usted puede hacerlo por medio del único mediador entre Dios y los hombres, Jesucristo hombre. Él extiende sus brazos redentores y lo invita a venir a Él con estas tiernas palabras: «Venid a mí, todos los que estáis trabajados y cansados, y yo os haré descansar. Llevad mi yugo sobre vosotros, y aprended de mí, que soy manso y humilde de corazón; y hallaréis descanso para vuestras almas; porque mi yugo es fácil, y ligera mi carga» (Mateo 11:28-30). Jesús puede hacer de usted un hombre santo. Y verá la necesidad de separarse del mundo que opta por despreciar a Dios, que lucha contra Dios, que tratará de tentarlo a usted para que vuelva a sus cuevas de iniquidad. No se deje seducir por esas fuerzas mundanales. Para ser santo, usted tendrá que abandonar el pecado en todas sus formas, y ser obediente a Dios. Usted levantará así manos santas al orar a Dios, manos libres de ira y de contienda. El apóstol Juan escribió así sobre esta experiencia: «Cualquiera cosa que pidiéremos la recibiremos de Él, porque guardamos sus mandamientos, y hacemos las cosas que son agradables delante de Él» (I Juan 3:22).

Orar sin cesar

Texto clave: *«Y Jacob le respondió: No te dejaré, si no me bendices.»*

Génesis 32:26

Objetivo: *Enfatizar la importancia de desarrollar el hábito de orar a Dios bajo cualquier circunstancia y con perseverancia.*

Introducción – luchando con Dios en oración

¿Es posible luchar con Dios y ganar la batalla? ¿Ha tenido usted alguna vez un encuentro con Dios en el cual estaba usted frente a Él, casi como desafiándose el uno al otro? No cabe duda que los contrincantes son radicalmente desiguales, y que el encuentro entre el gigante Goliat y el muchachito David no es nada en comparación. Allí están, Dios y el hombre, cara a cara, casi como en un duelo. ¿Quién se dará por vencido primero? ¿Quién será el primero en bajar la vista o doblar el brazo? ¿Triunfará el insignificante peticionante o se impondrá el Dios omnipotente? La respuesta la descubrimos conforme desarrollamos el arte de orar a Dios.

Orar sin cesar – bajo toda circunstancia

Un encuentro así es el que se describe en la vida del patriarca Jacob. Este constituye una valiosa lección en el arte de orar. Hay muy claras indicaciones de lo que podría llamarse la necesidad de orar siempre y no desmayar, la importunidad, la insistencia de la oración. Al escribir a los tesalonicenses, por ejemplo, el apóstol Pablo les aconseja que oren sin cesar (I Tesalonicenses 5:17). ¿Sin cesar? ¿Qué querrá decir el apóstol con semejante sentencia? ¿Es acaso posible pasarse la vida en oración constante, abandonar los deberes ciudadanos, olvidarse de la familia, y dejar de trabajar para pasarse la vida en oración sin interrupción? ¿Querrá decir quizá que los creyentes deberían encerrarse en cárceles, conventos o monasterios y consumir los días de su existencia en incesante comunión con Dios? No sería del todo malo o incómodo pasar así los días de nuestra vida, pero no es esa vida de contemplación lo que pide el apóstol, sino justamente lo contrario. En esa misma epístola exhorta con vehemencia a los creyentes a que vivan vidas activas y de consagración desinteresada: deben amonestarse unos a otros, sostener a los débiles, que sean pacientes para con todos, que nadie pague a otro mal por mal, y siempre seguir lo bueno unos para con otros (vs. 14, 15). Y eso, dice Pablo, sólo es factible cuando uno está siempre gozoso, cuando ora sin cesar, y cuando uno da gracias a Dios por todo (vs. 16-18). Orar sin cesar es estar en contacto con Dios en todas las circunstancias de la vida, en los dolores y en el alivio, en las alturas de la montaña y en el valle oscuro, en la prosperidad y en la adversidad. Muy especialmente se debe orar en el diario trajín, en el quehacer cotidiano, en el fragor de la batalla, desde la mañana temprano hasta entrada la noche – sin cesar. No sólo cuando hay peligro de muerte, sino también cuando hay felicidad rebosante; no

Orar sin cesar es estar en contacto con Dios en todas las circunstancias de la vida – en los dolores y en el alivio, en la prosperidad y en la adversidad, en crisis y en paz.

sólo cuando se está sentado en el templo, sino también al caminar por las peligrosas calles de la ciudad; no sólo en momentos de crisis insoluble, sino también en momentos de insondable paz – sin cesar.

Orar sin cesar – con insistencia y perseverancia

Hay otro elemento en la oración incesante. Se pone de manifiesto en una parábola que pronunció Jesucristo. Nos dice el escritor bíblico: «También les refirió Jesús una parábola sobre la necesidad de orar siempre, y no desmayar, diciendo: Había en una ciudad un juez, que ni temía a Dios, ni respetaba a hombre. Había también en aquella ciudad una viuda, la cual venía a él, diciendo: Hazme justicia de mi adversario. Y él no quiso por algún tiempo; pero después de esto dijo dentro de sí: Aunque ni temo a Dios, ni tengo respeto a hombre, sin embargo, porque esta viuda me es molesta, le haré justicia, no sea que viniendo de continuo, me agote la paciencia» (Lucas 18:1-5). Pregunta Jesús retóricamente: «¿Y acaso Dios no hará justicia a sus escogidos, que claman a Él día y noche? ¿Se tardará en responderles?» (v. 7).

«¡Claman a Él día y noche!» Hay cierta intensidad, fervor, impaciencia e insistencia en estas oraciones. Allí está esa viuda que tiene una causa, y el juez que no se interesa. Pero la viuda insiste, golpea a la puerta del juez, viene a sus tribunales a pedirle una entrevista, va a su casa fuera del horario de oficina a solicitarle justicia. No cede en sus esfuerzos, no se detiene en su marcha, no se deja amedrentar por el aspecto feroz y desafiante del juez. Y el juez es quien al fin se declara vencido; es el juez quien baja los ojos y dobla su brazo. Triunfaron la importunidad, la insistencia y el fastidio.

Esto es precisamente lo que ocurrió en la vida tempestuosa del patriarca Jacob. Las circunstancias que le rodeaban habían llegado a un punto de crisis. Había acumulado pecado y culpa porque había vivido esencialmente según sus propios caprichos y en base a su capacidad personal. El engaño de sus semejantes había sido la marca de distinción en su vida. Se había aprovechado, muchos años antes, del hambre y de la necesidad de su hermano; había engañado a su anciano padre; con sus trucos inteligentes se había enriquecido a costillas de su tío Labán. Ahora ha llegado el momento de pagar sus deudas. Delante de él corre un arroyo que debe cruzar para volverse a la tierra de sus antepasados, y del otro lado del río lo espera su hermano, rodeado de fuertes ejércitos. Hasta este momento Jacob ha luchado sus propias luchas; se ha defendido de la mejor manera posible, sin prestar mucha atención a la ética de su conducta o a los mandamientos de la moral. Envía sus ganados, su familia y sus siervos para que vayan al otro lado del río. Él se queda a pasar la noche en la soledad. Y es entonces que se le aparece un personaje y se entabla una extraordinaria lucha. Allí están, Jacob y el «ángel del Señor»; es posible que este ángel haya sido la representación o aparición humana de Dios mismo. Así, entonces, luchan Dios en forma humana y Jacob, el pecador que siempre se había buscado la forma de triunfar. Luchan toda la noche; llega un momento en que parece que Jacob está a punto de ganar la pelea. Ya casi raya el alba y el nuevo día se asoma en el horizonte. Han luchado toda la noche – el tramposo y engañador Jacob, con el justo y misericordioso Dios. Al fin, el ángel del Señor demuestra categóricamente que Dios es soberano y que Jacob tiene que someterse a su voluntad: le descoyunta el tendón del encaje del muslo. El ángel del Señor quiere ahora apartarse, pero Jacob se aferra a él y le dice terminantemente: «No te dejaré si no me bendices» (Génesis 32:26). Jacob está orando, pidiendo, implorando a Dios que lo bendiga. Está pasando por una crisis personal, y en ese momento Jacob se arrepiente de su negro pasado, se siente aniquilado e insignificante; el ángel del Señor lo ha dejado cojo; se ha dado cuenta que por sí

> «¿Y acaso Dios no hará justicia a sus escogidos, que claman a Él día y noche? ¿Se tardará en responderles?»
> (Lucas 18:7)

solo nada puede hacer. Y clama con fervor en su oración: «No te dejaré si no me bendices.» Es como si le dijese a Dios: «Señor, sé que soy inoportuno y fastidioso, pero no dejaré de orar hasta que me des tu bendición. La vida es difícil; tengo enormes problemas; pero tú me has hecho ver la necedad de enderezar mis caminos, y ahora tengo que seguir adelante. Pero, Señor, no puedo, no puedo, no puedo. Me declaro vencido; tú has torcido mi brazo. No dejaré de rogarte hasta que me bendigas. Oraré sin cesar hasta que me bendigas.» Este fue el sentir de la oración de Jacob aquella noche.

Hay una referencia a este suceso en las profecías de Oseas donde se lee así: «Venció al ángel, y prevaleció; lloró y le rogó» (Oseas 12:4). ¡Con qué intensidad habrá orado Jacob aquella noche en su encuentro personal con Dios! Quizá no tenía derecho a orar de ese modo porque grandes habían sido sus transgresiones. Quizá tampoco tenía tiempo de entretenerse en oraciones porque toda su fortuna estaba frente al inminente peligro de la destrucción. Pero al encontrarse frente a Dios, Jacob no desperdició la oportunidad; lloró y retó a Dios. Jacob venció porque el Señor ciertamente lo bendijo tal como se lo había pedido. Incluso Dios le cambió el nombre a Jacob. Puede decirse que en aquel lugar, aquella noche, Jacob nació de nuevo, recibió una nueva oportunidad; sus pecados pasados fueron echados al olvido y todo empezó de nuevo. Así se despide Dios de Jacob: «No se dirá más tu nombre Jacob, sino Israel; porque has luchado con Dios y con los hombres, y has vencido» (Génesis 32:28).

Para meditar

¿Se ha puesto usted frente a Dios en oración? La lucha será desigual, pero es posible obtener la victoria. Para ello hay que orar sin cesar. Hay que orar y orar en toda circunstancia de la vida. Hay que vivir en la presencia de Dios dondequiera que usted vaya. Es necesario mantener viva la esperanza de que Dios concederá su petición. Hay que orar con urgencia al punto de llorar y rogar como Jacob. Hay que insistir e insistir cual la viuda ante el juez. ¡Sin cesar!

◆◆◆

Cuando usted ora, Dios oye

Texto clave: *«Elías subió a la cumbre del Carmelo, y postrándose en tierra, puso su rostro entre las rodillas.»*

I Reyes 18:42

Objetivo: *Estudiar la intensa vida de oración del profeta Elías.*

Introducción: En busca de intercesores para hablar con Dios

La gente pide que otros oren a su favor. Tal vez usted mismo lo ha hecho más de una vez. Uno escribe una carta en que describe angustiosas circunstancias e implora que llevemos su necesidad ante el trono de la gracia. Otro está gravemente enfermo y solicita que oremos a Dios y le pidamos sanidad. Un tercero quiere obtener la salvación de su alma pero no sabe dónde ni cómo, y solicita que hagamos de él memoria ante el Dios del cielo y de la tierra.

¿Por qué será que tanta gente pide que se hagan oraciones a su favor? Puede haber distintas razones. La primera seguramente es que esas personas no saben orar, no saben lo que es la oración, no saben del poder de la oración, no saben qué hacer con lo que saben que tienen que hacer. Da mucha pena que haya personas en este mundo agitado que desconocen totalmente esa fuente poderosa de sabiduría y de vigor personal. Muchos otros solicitan oraciones porque se les ha enseñado que ellos no pueden allegarse a Dios. Dios es santo y puro, y ellos, meros mortales, cubiertos de cuitas y manchados por la vida; piensan que jamás podrían obtener audiencia en esas salas del cielo. Se les ha enseñado que no deberían intentar semejante cosa porque sería una osadía imperdonable. Se les ha dicho que para esas cosas hay toda clase de intermediarios, mediadores, agentes y representantes. Una tercera razón que explica estos pedidos de oración es una frase bíblica que se encuentra en la epístola de Santiago: «La oración eficaz del justo puede mucho» (Santiago 5:16). Por alguna razón, algunos creen que hay personas más justas y santas cuyas oraciones tienen mayor poder y eficacia.

Elías – un hombre ferviente en la oración

¿Ora usted a Dios? ¿Conoce usted el milagro de la oración? No necesita pedir a terceros que oren por usted. Usted mismo puede hacerlo. Cuando usted ora, Dios oye. La Biblia entera muestra a hombres, mujeres, pueblos, reyes, profetas, pastores y grupos enteros que oran, y a quienes Dios siempre escuchó. Quizá uno de los casos más claros de esta preciosa verdad es la vida del profeta Elías, a quien el apóstol Santiago saca a relucir como ejemplo de hombre que ora el tipo de oración que Dios oye. Elías no es más que un representante del pueblo de Dios en la tierra, y su historia se ha plasmado en la Escritura para nuestra instrucción e inspiración. Elías es un caso patente y claro de que cuando usted ora, Dios oye. ¿Qué elementos indispensables se evidencian en la oración de Ellas? ¿Por qué fueron sus oraciones tan poderosas? ¿Cómo es que el apóstol Santiago menciona las súplicas de Elías como ejemplo?

a. Las oraciones de Elías estaban llenas de fe

Las oraciones de Elías poseían, en primer lugar, un elemento poderoso de fe. No era fe en un poder mágico de la oración, como si el mero hecho de hacer la súplica aseguraba su triunfo. No era fe en el valor inmenso de su verbo persuasivo o en el peso de su conducta intachable. Era fe en el poder del Dios a quien elevaba sus oraciones. Era una fe aprendida ciertamente en la escuela de la vida y por los golpes de la experiencia personal. Era una fe que no admitía dudas. Considere el momento en que Elías pide a Dios que abra de nuevo los cielos y haga descender lluvias benéficas, después de tres años y seis meses de sequía severa. Ya no quedaban pastos para las bestias ni riachuelos felices para los peces. Las tierras y los árboles resecos lamentaban su tristeza al ver sus hojas caídas y sus débiles ramas. Los jardines no tenían ya flores ni los pájaros semillitas que comer. Todo el país era un enorme desierto y un cuadro de desolación completo. Elías dio este mensaje al rey confundido: «Sube, come y bebe; porque una lluvia grande se oye» (I Reyes 18:41). Podríamos imaginarnos la reacción del rey: «¿Lluvia? ¿Dices tú lluvia, Elías? ¿Lluvia en esta tierra sedienta que no ha visto una sola gota de agua por más de tres años? ¿Lluvia, Elías? ¡Mira esos límpidos cielos y ese sol que resquebraja la tierra! ¿Dices tú lluvia? ¿De dónde sacas semejante aseveración?» Por su fe, Elías sabe ciertamente que Dios oirá su oración. «Es, pues, la fe la certeza de lo que se espera, la convicción de lo que no se ve» (Hebreos 11:1). Elías tiene fe en que Dios enviará las lluvias oportunas, porque sabe que Dios es digno de confianza.

> La fe de Elías no radicaba en poderes mágicos, ni en su verbo persuasivo, ni en el peso de su conducta intachable, sino en el poder de Dios.

b. Las oraciones de Elías eran intensas

Hay otro elemento contenido en la oración del justo que puede mucho. Podría llamarse intensidad, entusiasmo, insistencia. Allí está Elías, postrado en tierra, con la cabeza entre sus rodillas. Los rayos del sol queman su rostro y una imperceptible brisa sopla desde las azules aguas del Mediterráneo. Al norte pueden verse las elevaciones frías de las montañas, y hacia abajo, en el valle, los campos marchitos. Envía a su criado para que mire hacia el mar mientras él, allí postrado, eleva su oración. El criado vuelve y dice que no hay nubes en el cielo, y ni una sola indicación de lluvia. Pero Elías persiste, sigue postrado con la cabeza entre sus rodillas; sigue orando a Dios. Seis veces vuelve el criado con la triste noticia de que no se ve en todo el cielo señal alguna de lluvia. Pero la séptima vez el criado dijo ver «una pequeña nube como la palma de la mano de un hombre, que sube del mar» (I Reyes 18:44). ¡Dios ha oído la oración de Elías! ¡Esa nubecita se transformará en breve en torrentes de aguas benditas y benéficas! Cuando Elías ora, Dios oye. Oró sin dejar de rogar hasta que vio la respuesta de Dios claramente marcada en su cielo. Su insistencia y su intensidad espiritual no cesaron hasta que él recibió respuesta a su súplica.

> La insistencia e intensidad espiritual de las oraciones de Elías no cesaron hasta que recibió respuesta a sus súplicas.

c. Las oraciones de Elías eran específicas

La oración de Elías es también claramente específica. Elías no se satisface con generalidades, con súplicas a grandes rasgos a nivel cósmico o universal, sino que sus necesidades siempre fueron mencionadas con detalles, de forma muy específica. Cuando Israel necesitaba sequía, Elías «oró fervientemente que no lloviese, y no llovió sobre la tierra por tres años y seis meses» (Santiago 5:17). Cuando murió el hijo de una viuda, Elías inclinó su rostro a Dios y ora específicamente: «Jehová, Dios mío, te ruego que hagas volver el alma de este niño a él» (I Reyes 17:21). ¿No le parece a usted lógico y natural que si alguien se dirige a Dios debe hacerlo claramente, con palabras que expliquen la necesidad, con términos que demuestren el interés personal, el ardor del peticionante y la urgencia del momento? Dios aborrece las vanas habladurías, las oraciones de charlatanes y las frases elocuentes de los fariseos que se consideraban impecablemente perfectos.

d. Las oraciones de Elías tuvieron como fin la gloria de Dios

Debe aclararse otra virtud de la oración de Elías y de toda oración digna del pueblo de Dios. Se trata del resultado final de la oración. ¿Qué se persigue cuando se ruega a Dios y se le pide alguna cosa? La petición puede ser satisfacción personal, alivio del dolor, sanidad de la enfermedad, la disipación de la tristeza o la felicidad de un familiar. Cuando Elías deseó demostrar al pueblo de Israel que Dios es el único Dios verdadero, y no Baal ni sus profetas, oró pidiendo fuego del cielo que consumiera el buey, la leña y el altar; lo hizo con palabras que concedían toda la gloria a Dios. Oiga usted esa súplica penetrante: «Jehová Dios de Abraham, de Isaac y de Israel, sea hoy manifiesto que tú eres Dios en Israel, y que yo soy tu siervo, y que por mandato tuyo he hecho todas estas cosas. Respóndeme, Jehová, respóndeme, para que conozca este pueblo que tú, oh Jehová, eres el Dios, y que tú vuelves a ti el corazón de ellos» (I Reyes 18:36, 37). Elías no buscaba su gloria, ni el bienestar del rey, ni el placer del pueblo, sino la gloria de Dios.

Elías no buscaba su gloria, ni el bienestar del rey, ni el placer del pueblo, sino la gloria de Dios.

Para meditar – Cristo, el único mediador en la oración del hombre a Dios

Cuando alguien ora de ese modo, Dios le oye. Moisés oró así y Dios le oyó; David oró así, y Dios le oyó; los cristianos primitivos pidieron a Dios que librase a Pedro de la cárcel, y Dios le oyó.

Para que Dios escuche sus oraciones usted debe conocer a Jesucristo como su Salvador personal y como el Señor de su vida. Si no es así, sus oraciones no serán más que fracasos y palabras vacías. Sólo las oraciones que se elevan a Dios en el nombre de Cristo reciben la atención de Dios. Jesús, hablando un día con sus íntimos discípulos, les daba instrucciones finales para los grandes sucesos que se avecinaban. Entre otras cosas, esto fue lo que les dijo: «Y todo lo que pidiereis al Padre en mi nombre, lo haré, para que el Padre sea glorificado en el Hijo. Si algo pidiereis en mi nombre, yo lo haré» (Juan 14:13, 14). Si usted es de Cristo, Dios le oye. Cristo mismo es su Mediador; es por eso que se ora en nombre de Cristo. Si usted es de Dios, Dios oirá cuando usted a Él clamare.

◆◆◆

Dios sí que oye

Texto clave: *«Este pobre clamó, y le oyó Jehová, y lo libró de todas sus angustias.»*

Salmo 34:6

Objetivo: *Precisar que las oraciones que Dios escucha son las elevadas por sus hijos, a través de Cristo como Mediador.*

Las oraciones que Dios no escucha

Hay dos tipos de oración que Dios no escucha. La primera es la oración que ni siquiera se le dirige a Él. Por todas partes del mundo se elevan voces humanas en clamor y plegaria. Aun los pueblos más primitivos tienen sus rituales de oración, es decir, súplicas a deidades o seres superiores. Se han hecho oraciones al sol, a la luna, a las estrellas, y a imágenes de hombres y mujeres. Sepa que este tipo de oración es tiempo perdido, pues no son dirigidas al único Dios capaz de responderlas. La otra oración que Dios no oye es la de aquellos que oran a Él sin tener derecho a tal privilegio. La oración es un contacto entre Dios y sus hijos; es abrirle el corazón y participarle la condición del alma. Es alabarle, agradecerle y suplicarle. Lamentablemente hay personas cuyas oraciones, alabanzas y gratitud Dios desprecia y aborrece.

Generalmente quienes elevan tales oraciones son personas que saben de Dios y de sus caminos, pero que no le conocen personalmente. Allí esta el caso del pueblo favorito de Dios, a quienes el profeta Isaías tiene que transmitir un mensaje de parte de Jehová. No son palabras que revisten la ternura acostumbrada de Dios; son más bien palabras duras. Este es el mensaje del profeta: «Cuando extendáis vuestras manos, yo esconderé de vosotros mis ojos; asimismo cuando multipliquéis la oración, yo no oiré; llenas están de sangre vuestras manos» (Isaías 1:15). Hay que hacer notar que este pueblo había sido ricamente bendecido por Dios, y que luego de haberse engordado con tantos beneficios se olvidan del dador de todo don perfecto. Es con estas palabras tristes pero penetrantes que el profeta define la situación: «El buey conoce a su dueño, y el asno el pesebre de su señor; Israel no entiende, mi pueblo no tiene conocimiento» (v. 3). ¡Israel se había vuelto más torpe que el buey y más caprichoso que el asno! ¡Es con razón que Dios no escucha ni oye sus oraciones! Es necesario elevar a Dios manos limpias; son las manos manchadas con transgresiones y pecados las que Dios rechaza categóricamente sin ambages y sin lugar a dudas. Dios no oye las oraciones de quienes vienen a Él como hipócritas con mucha palabrería, con ritos y ceremonias, pero con vidas que desmienten sus palabras.

Dios sólo escucha las oraciones de sus hijos

Esta afirmación puede hacerse, en primer lugar, porque Dios así lo dice. El apóstol Santiago, al escribir su epístola universal, dice a sus lectores: «Si alguno de vosotros tiene falta de sabiduría, pídala a Dios, el cual da a todos abundantemente y sin reproche, y le será dada» (Santiago 1:5). Estos santos escritores fueron instrumentos de Dios para difundir sus anhelos y preceptos. El apóstol Pablo, quien plasmó muchas de las verdades de Dios en sus escritos, dice a la iglesia en Filipos: «Por nada estéis afanosos, sino sean conocidas vuestras peticiones delante de Dios en toda oración y ruego, con acción de gracias» (Filipenses 4:6). La indicación más clara del pensamiento de Dios nos la dio su Hijo mismo. Además de dar el ejemplo con sus propias oraciones, Jesús habló sobre este asunto en términos gráficos y pertinentes: «Pedid y se os dará» (Mateo 7:7), y desarrolla sus ideas al respecto: «¿Qué hombre hay de vosotros, que si su hijo le pide pan, le dará una piedra? ¿O si le pide un pescado, le dará una serpiente? Pues si vosotros, siendo malos, sabéis dar buenas dádivas a vuestros hijos, ¿cuánto más vuestro Padre que está en los cielos dará buenas cosas a los que le pidan?» (Mateo 7:9-11). La versión de Lucas dice: «¿Cuánto más vuestro Padre celestial dará el Espíritu Santo a los que se lo pidan?» (Lucas 11:13). Dios afirma que sí oye las oraciones de sus hijos.

Dios sólo escucha oraciones colmadas de confianza en Él

En segundo lugar, los santos cuyas vidas se describen en la Biblia nos afirman que Dios sí oye las oraciones. El hombre que escribió los Salmos era uno de esos santos de Dios, uno que sintió los altibajos de la vida y sufrió adversidad, pero cuyas múltiples bendiciones sobreabundaron. Vivía constantemente en la presencia misma de Dios. Escuche sus palabras: «Tarde y mañana y a mediodía oraré y clamaré, y Él oirá mi voz» (Salmo 55:17). Tenía una seguridad inamovible de que Dios oiría sus oraciones, no una confianza ciega y sin fundamento. En otro salmo escrito por su pluma confiesa: «Este pobre clamó, y le oyó Jehová, y lo libró de todas sus angustias» (Salmo 34:6).

> El rey David tenía una seguridad inamovible de que Dios oiría sus oraciones, no una confianza ciega y sin fundamento.

Dios sólo escucha oraciones colmadas de certeza de que Dios responderá

Quizá el caso más espectacular del testimonio bíblico de que Dios sí oye las oraciones es el del profeta Jonás. Este hombre recibió la orden de ir a proclamar el mensaje del castigo de Dios sobre la ciudad de Nínive, si no se arrepentía de su mal. Aunque Jonás era muy nacionalista y no tenía el menor deseo de que los ninivitas se arrepintiesen de sus maldades, Jonás les predicó, y los ninivitas se arrepintieron de sus pecados. Dios se arrepintió del mal que les iba a hacer y fue movido a misericordia. En su oración, Jonás exclama: «Sabía yo que tú eres Dios clemente y piadoso, tardo en enojarte, y de grande misericordia, y que te arrepientes del mal» (Jonás 4:2). Jonás sabía muy bien que Dios sí contesta las oraciones.

Los creyentes aseveran que Dios ha venido frecuentemente a su auxilio y socorro. Las experiencias del pueblo de Dios que se describen en las Sagradas Escrituras se duplican y se multiplican de nuevo a través de la historia.

Existe también el valioso testimonio de los creyentes de todo el mundo y de todos los tiempos. Jesús dijo a los suyos: «Pedid, y se os dará» (Mateo 7:7), y desde entonces los hijos de Dios han estado comprobando la certeza de esas palabras. Por todo el mundo el pueblo de Dios eleva sus oraciones a su Padre Celestial; por todo el mundo ese pueblo da testimonio de que Dios sí oye las oraciones. Usted puede hablar con cualquiera de estos creyentes redimidos y le dará testimonio de que Dios sí oye las oraciones. Hay miles y miles de creyentes en este mundo que son declarantes de la intervención divina en sus vidas. Hay miles que afirman, sin dejar lugar a dudas, que en las vicisitudes de sus vidas Dios ha venido frecuentemente a su auxilio y socorro. Las experiencias del pueblo de Dios que se describen en las Sagradas Escrituras se duplican y se multiplican de nuevo a través de la historia, en cada época y en cada siglo.

Para meditar

Corresponde aquí una palabra a nivel personal: ¿Oye Dios sus oraciones? Para ello es necesario primero que usted se dirija a Dios. Tal vez vive usted su vida en total orfandad y soledad. No conoce a Dios ni de Dios. En su fuero interno tiene hondas necesidades espirituales. ¿Por qué no cierra sus ojos y eleva sus pensamientos al cielo y le pide a Dios que venga a reinar en su vida? Tal vez sus circunstancias son sumamente difíciles. No sabe en qué dirección dirigir sus pasos; se siente confuso y rodeado de dilemas. ¿Por qué no lleva su situación a Dios en oración? Jesús vino al mundo para facilitar ese encuentro suyo con Dios. En el nombre de Jesús, Dios le abrirá las puertas de su morada y sentirá un genuino deleite al oír sus oraciones. Dios le pide que se arrepienta de sus pecados y que vuelva a Él. El sí oye las oraciones de todos cuantos claman a Él desde el abismo de su entrañas. Los creyentes en Cristo han sentido la cercanía y la mano protectora de Dios, y han cantado de esa experiencia con estas líneas: «¡Oh, qué amigo nos es Cristo! Él llevó nuestro dolor. Él nos manda que llevemos todo a Dios en oración. ¿Vive el hombre desprovisto de paz, gozo y santo amor? Esto es porque no llevamos todo a Dios en oración». ¡Ore a Dios! ¡Él sí le oye!

◆◆◆

Dios escucha

Texto clave: *«Y de igual manera el Espíritu nos ayuda en nuestra debilidad; pues qué hemos de pedir como conviene, no lo sabemos, pero el Espíritu mismo intercede por nosotros con gemidos indecibles.»*

Romanos 8:26

Objetivo: *Afirmar que, a pesar de que el hombre es un ser finito, el Dios infinito se deleita en las oraciones de sus hijos.*

Introducción

¿Cuántas veces ha hablado usted con el Presidente de la República? Por derecho constitucional usted puede tener la oportunidad de hacerlo. Tal vez tenga una petición muy especial para él. Quizá quiere usted presentarle un plan de acción para la mejora de su desempeño gubernamental. Tenga usted el derecho o no, sin embargo, sabe que sería sumamente difícil e incluso imposible llegar al palacio presidencial y hacer oír su voz ciudadana. Se encoge usted de hombros y se dice a sí mismo que el señor Presidente está muy ocupado. Hay muchos que así piensan acerca de sus oraciones dirigidas a Dios. Es natural que alguien que se dirige a una estatua muda piense que nadie le escucha. Pero hay quienes así piensan de sus oraciones a Dios. No creen que sus plegarias lleguen al cielo. Muchos pueden sostener muy válidas razones para dudar que Dios escuche sus oraciones.

Cómo puede un ser finito tener comunión en oración con un Dios infinito

Al hombre le es difícil creer que Dios le escucha, pues se siente insignificante en este vasto universo que Dios creó. Uno se siente diminuto cada vez que mira por un telescopio. Es bueno para el hombre recordar cuán pequeño es dentro del marco universal. Le conviene recordar que aun con las asombrosas velocidades de nuestra era se necesita tiempo para llegar al planeta más cercano. Aquí está el hombre, en este planeta, que a su vez es millones de veces más pequeño que el sol. Él es como una partícula de polvo, invisible en el espacio, ¡y así pretende dirigirse al Dios que creó el universo entero! A la vez, muchas veces ese mismo hombre se siente importante. Es como si diese vuelta al telescopio y se mirara a él mismo por el otro extremo. La vista que así obtiene es más halagadora – hace al universo muy pequeño y al hombre un gigante. Y esto es lo que crea confusión en nuestro mundo. El hombre trabaja y suda para poseer unos metros cuadrados de terreno que luego llama su «propiedad». Las naciones se pelean unas con otras para establecer sus fronteras y sus zonas de influencia. La humanidad se agita con problemas de carácter político, como si el cosmos entero estuviese en juego. Se participa con altivez en conferencias cumbres, y los sabios se sientan en mesa redonda y en solemne secreto toman decisiones que determinan el curso del mundo. Las noticias impresas en los diarios dan la impresión de que los planetas del espacio observan y esperan, mientras los hombres deliberan, deciden y documentan sus decisiones. Pero cuando se da vuelta otra vez al telescopio y se mira correctamente a través de él, es cuando uno está dispuesto a reconocer una vez más su pequeñez. El trabajo y el sudor, las ideas y el ruido, la propaganda y los proyectos se tornan insignificantes cuando se les ve a la luz de su relación con la vasta magnitud del universo. Ciertamente el hombre es la corona de la creación, pero no deja de ser un pequeño ser en un vasto mundo.

Cuando se recuerda que este inmenso mundo descansa en la palma de la mano de Dios, uno se siente aun más pequeño, infinitamente pequeño. Ese Dios es el Creador y Sustentador de todo; Él lo hizo y lo mantiene. ¡Cuán inmenso es su poder! ¡Qué sabiduría excepcional y qué cuidado ha de tener Dios al manejar este universo para preservarlo y dirigirlo a su meta! Si lo poco que se sabe del universo confunde las mentes humanas, considere usted lo grande que ha de ser el que lo conoce y lo entiende todo a la perfección. En comparación con Dios, la creación toda parece diminuta e impotente. El hacedor de una criatura es siempre superior a su creación. Dios no sólo es el Hacedor de todo cuanto existe, sino el Amo absoluto de lo que ha creado. El mundo obedece sus designios y sirve sus propósitos; depende de Él y no puede existir sin Él. El mundo es, efectivamente, inmenso, pero descansa en la palma de la mano de Dios. Escuche cómo el profeta Isaías describe la magnificencia de Dios: «¿Quién midió las aguas con el hueco de su mano y los cielos con su palmo, con tres dedos juntó el polvo de la tierra, y pesó los montes con balanza y con pesas los collados? ... He aquí que las naciones le son como la gota de agua que cae del cubo, y como menudo polvo en las balanzas le son estimadas» (Isaías 40:12, 15).

Si lo poco que se sabe del universo confunde las mentes humanas, considere usted lo grande que ha de ser el que lo conoce y lo entiende todo a la perfección.

Jesús ganó el derecho del hombre a orar a Dios

Ahora bien, ¿cómo pretende el hombre dirigirse a ese Dios en oración? Es natural que esta duda surja. ¿No es una pretensión exagerada creer que Dios no solamente oye sino que contesta las oraciones? Piense por un momento: usted simplemente le habla a Dios, con frecuencia y sin formalidad alguna, y pretende que lo oiga. ¿No es un tanto pueril creer que usted puede dirigirse en oración a un Ser que es más grande que el universo entero? Usted supone que Dios se goza de escuchar sus palabras en cualquier lugar, en cualquier momento, y sin requerir previa audiencia con Él. Nunca piensa usted que Dios podría estar ocupado con otros compromisos que demandan su atención. Por la mañana o por la noche, al sentarse a comer o al acostarse para dormir, usted cree que Dios está dispuesto a oír sus oraciones.

¿Puede el hombre orar así a Dios? Ciertamente lo que impide que Dios escuche la oración del hombre no es su pequeñez, sino su pecaminosidad. El hombre ha rechazado el favor de Dios y no merece otra cosa que su ira. ¿Qué razón tiene de pensar que Dios le da el privilegio de dirigirse a Él? ¿No es eso asumir demasiado? Enfáticamente, no. Al contrario, eso es precisamente lo que Dios quiere que el hombre haga. No tiene derecho de orar, y según sus inclinaciones naturales ni siquiera sabe cómo hacerlo. Pero Dios, en su grande misericordia, envió a su Hijo Jesucristo al mundo para abrir las puertas de la oración. Su Hijo Jesucristo es el Camino hacia esa puerta. El Hijo de Dios ganó el derecho del hombre a orar al pagar por el pecado del hombre. El Espíritu de Dios enseña cómo ejercer ese derecho, guiándonos directamente al trono de la gracia.

> Lo que impide que Dios escuche la oración del hombre no es su pequeñez, sino su pecaminosidad, pero Cristo ha abierto la puerta de la oración a través de su sacrificio en la cruz para el perdón de pecados.

La pluma del apóstol Pablo registra estas palabras: «Y de igual manera el Espíritu nos ayuda en nuestra debilidad; pues qué hemos de pedir como conviene, no lo sabemos, pero el Espíritu mismo intercede por nosotros con gemidos indecibles» (Romanos 8:26). Es posible orar a Dios. ¿Cómo no ha de ser posible si el Espíritu Santo mismo, la tercera persona de la Trinidad, intercede por nosotros para ayudarnos a orar? Reconcíliese con Dios; esté a cuenta con Él, y no deje usted de orar aunque se sienta fracasado. El apóstol nos explica que el Espíritu pide por nosotros «con gemidos indecibles». Piense usted en esto: ¡El Espíritu de Dios agoniza en oración por nosotros! Sus pensamientos y su sentir son de tal magnitud que no hay palabras que los describan. Si usted ha estado en dificultades intensas, tal vez sepa lo que es que otros oren por usted. Pero aquí es el Espíritu que ora – el mismo Dios que tiene el universo en la palma de su mano – y ora con tal intensidad que gime con profundos clamores.

Ciertamente esto es un gran misterio para el hombre, pero lo sabemos y lo creemos por la Palabra de Dios. Uno no comprende cómo esto es posible, pero ha visto sus resultados. Las débiles palabras de los hombres no podrían tener tales efectos aunque orasen todos juntos pidiendo la misma cosa, si no fuese por la intervención del Espíritu Santo. Si usted cree que no puede orar a Dios, el Espíritu Santo no solamente le mostrará cómo hacerlo sino que también orará por usted. Ningún otro puede orar así. Sí, el hombre es un diminuto ser en medio de un vasto mundo, pero ese hombre puede orar al Dios que lo hizo y quien es mucho más grande que su misma creación – Él ha dado a su Espíritu Santo para guiar al hombre a orar.

◆◆◆

Incienso y oraciones

Texto clave: *«Y de la mano del ángel subió a la presencia de Dios el humo del incienso con las oraciones de los santos.»*

Apocalipsis 8:4

Objetivo: *Resaltar el deseo divino de Dios de que todos los hombres procedan al arrepentimiento, empelando como pasaje clave la visión el séptimo sello descrita en Apocalipsis 8:1-5.*

Introducción – ¿Quién ora y a quién se ora?

Miles y millones de oraciones se suman al cúmulo de plegarias que se hacen a diario por toda clase de gente: buenos y malos, profesionales y laicos, gente religiosa y no religiosa. Hay quienes le piden a Santa Lucía que sane sus ojos, y quien le pide a un nebuloso ser que salve a su hijito. Se pide el pan cotidiano; se ruega por luz en el camino escabroso; el niñito pide a los Reyes Magos que le traigan una bicicleta, y el ateo que se ahoga en un río clama socorro a Dios.

¿Qué valor tienen tantas oraciones? ¿Puede decirse que las oraciones se contestan o es tiempo perdido? La respuesta a estas preguntas depende de quién hace estas oraciones y a quién las eleva. Si usted le pide a una estatua muda que produzca lluvias para su tierra sedienta, muy poca esperanza podemos darle. Esto no es su culpa; probablemente usted sea una buena persona, religiosa y sincera. Pero, ¿cree usted que una estatua muda, fabricada del material que sea, es capaz de abrir las nubes del cielo, crear una tormenta y favorecerlo con esas lluvias benéficas? ¿Qué poder tiene un objeto inerte de hacer tales cosas? Si usted es un criminal, un ladrón, o un estafador encarcelado no puede esperar que cuando usted pida libertad su oración sea contestada. Si usted dirige sus oraciones al Dios verdadero, ¿cómo puede usted esperar que Dios le conteste su petición cuando lo que pide es completamente contrario a lo que usted merece? Usted ve que la respuesta a una oración depende de quién haga la oración y a quién está dirigida.

Dios escucha las oraciones de sus hijos y contesta según Su voluntad

El libro de Apocalipsis, a pesar de su complicado simbolismo y su difícil interpretación, muestra cabalmente que Dios contesta las oraciones válidas de sus hijos a través de la historia. Ahora bien, una oración contestada no necesariamente significa que recibe una respuesta afirmativa. Hay otras muchas oraciones que Dios jamás contestará por ser vergonzosamente egoístas. Dios contesta las oraciones según su propia voluntad, no necesariamente según la voluntad del que ora. Esta es una lección no siempre fácil de aprender. Tal vez usted mismo ha tenido este problema en su vida personal. Ha pedido a Dios con frecuencia y con fe, pero lo que tanto anhelaba jamás se cumplió.

Entre las muchas visiones que vio el evangelista Juan en Apocalipsis encontramos la visión del séptimo sello. Repentinamente se produce en el cielo un silencio sepulcral. Algo sumamente importante está a punto de ocurrir. Efectivamente, aparecen siete ángeles con siete trompetas. Un ángel hace su entrada y se para sobre el altar, con un incensario de oro; «y se le dio mucho incienso para añadirlo a las oraciones de todos los santos, sobre el altar de oro que estaba delante del trono. Y de la mano del ángel subió a la presencia de Dios el humo del incienso con las oraciones del los

> Las oraciones de los hijos de Dios no tienen poder en sí mismas. Cuando el creyente ora, es Cristo quien suplica e intercede por él ante el trono celestial.

santos» (Apocalipsis 8:3, 4). Aquí notamos dos elementos importantes de toda oración genuina. Primero, toda oración legítima es pronunciada por un hijo de Dios, por un santo, por uno que ha sido santificado en Cristo. Sus oraciones no se pierden en el espacio ni vuelven sin llegar a su destino. Las oraciones de los santos llegan, efectivamente, hasta Dios. En segundo lugar, puede observarse aquí que las oraciones que llegan a Dios alcanzan su fin porque reciben un impulso especial: el ángel recibe mucho incienso para añadirlo a las oraciones de los santos. Las oraciones de los hijos de Dios no tienen poder por sí solas. Son meros balbuceos de labios humanos, débiles e imperfectos. La buena noticia es que Jesús, el perfecto Salvador, el Hijo de Dios, ascendió a los cielos para actuar allí como Abogado e Intercesor de los suyos. ¡El ganó plenos derechos de dirigirse a Dios y suplicarle en representación de los que en Él creen! Ese es el impulso del único Mediador entre Dios y los hombres, el único que puede hacer llegar las oraciones de los santos al trono mismo de Dios.

Ahora bien, siguiendo el pasaje en Apocalipsis 8, las respuestas inmediatas a las oraciones de los santos son, aparentemente, desastres para el mundo. En cuanto las oraciones llegan al trono de Dios he aquí que se producen «truenos, y voces, y relámpagos, y un terremoto. Y los siete ángeles que tenían las siete trompetas se dispusieron a tocarlas. El primer ángel tocó la trompeta, y hubo granizo y fuego mezclados con sangre, que fueron lanzados sobre la tierra; y la tercera parte de los árboles se quemó, y se quemó toda la hierba verde» (v. 5-7). ¡Vea usted los resultados desastrosos de las oraciones que llegan a Dios!

¿Oran los creyentes que Dios castigue al mundo con estas plagas de destrucción? ¿Es eso lo que anhelan que Dios haga? ¡No! Los creyentes jamás piden que se destruya el mundo y que mueran los incrédulos. Más bien ruegan todo lo contrario. ¿Sabía usted que la oración más frecuente del mundo cristiano es que el resto del mundo obtenga también la salvación? Usted puede estar seguro que si no es de Cristo todavía, si usted no ha llegado al convencimiento de que Jesús es Rey de reyes y Señor de señores, usted, junto con el resto de la humanidad que aún no ha creído en Jesús, es objeto de fervientes oraciones elevadas por los hijos de Dios. Diariamente, en oraciones personales, en cultos públicos y en todo lugar, se elevan oraciones por usted. Y no se trata solamente de oraciones elevadas al cielo sin más. Con genuino sacrificio esos mismos creyentes dedican sus posesiones y su tiempo para predicar el mensaje de salvación. Lo viven ante sus ojos, lo proclaman por medio de estas ondas radiales, lo publican en la página impresa. Es el deseo ferviente de Dios mismo que el impío se vuelva de sus malos caminos y sea hecho hijo de Dios.

Los creyentes piden de día y de noche que se haga la voluntad de Dios, que el santo nombre de Dios sea glorificado y reciba los honores que bien merece. ¿Cree usted poca cosa que, luego del inmenso amor que Dios le ha mostrado, el hombre todavía rechace el llamado divino? Eso es un crimen y un pecado en contra de la majestad de Dios. Si hay un sentido de justicia en el universo, tal pecado sólo podría castigarse con un castigo de infinitas proporciones. Rechazar el amor divino merece la peor condena. Sin embargo, note que los desastres ocurridos en este pasaje de Apocalipsis son un mal mucho menor al castigo que el mundo

> Los desastres descritos en Apocalipsis 8 son una amonestación al mundo incrédulo, y tienen como fin hacer ver la necesidad de volverse al único Dios que controla el universo.

merece. No pasa de ser más que una amonestación al mundo incrédulo y rebelde. Estas sacudidas tienen como fin despertar las conciencias, abrir los ojos, hacer ver la necesidad de volverse al único Dios que controla el universo.

Es una verdadera pena que las tragedias del mundo no siempre son correctamente interpretadas. Los periódicos hacen eco de ellas; los medios de comunicación las publican por todo el mundo, pero nadie se digna a mencionar que estos sucesos son advertencias del Dios que gobierna el cielo y la tierra. Una epidemia en Europa, una guerra en el Medio Oriente, una peste entre las plantas, un terremoto aterrador, una inestabilidad económica incontrolable, y muchas otras miserias generan abundantes titulares en los diarios, pero ¿ha pensado usted alguna vez que todo esto podría ser una visible manifestación del deseo divino de que la humanidad comprenda quién es Dios, y de la necesidad de volver a Él en arrepentimiento? Los siete ángeles tocaron las siete trompetas. Y luego de haberse producido toda clase de cataclismos nos escribe Juan esta amarga declaración bíblica: «Y los otros hombres que no fueron muertos con estas plagas, ni aun así se arrepintieron de las obras de sus manos, ni dejaron de adorar a los demonios, y a las imágenes de oro, de plata, de bronce, de piedra y de madera, las cuales no pueden ver, ni oír, ni andar; y no se arrepintieron de sus homicidios, ni de sus hechicerías, ni de su fornicación, ni de sus hurtos» (Apocalipsis 9:20, 21).

Para meditar

¡Qué densa nube pesa sobre la humanidad por no haber querido escuchar la voz de Dios! La oración de todo el pueblo de Dios, ahora y siempre, ha sido que todos los hombres se vuelvan a Dios y se reconcilien con Él. Jesucristo intercede en tales oraciones. ¿Qué ocurrirá con el mundo si sigue en su rebeldía? Sólo Dios lo sabe. Y usted, ¿ha hecho ya las paces con Dios? Mientras tanto, seguiremos orando por usted.

¿Contesta Dios las oraciones?

Texto clave: *«Bendito sea Jehová, que oyó la voz de mis ruegos».*

Salmo 28:6

Objetivo: *Definir los lineamientos de las oraciones que Dios escucha – aquellas elevadas en nombre de Cristo, plenas de confianza en Dios, y en coherencia con el andar diario del creyente.*

Los ídolos – «obra de manos de hombres... orejas tienen, mas no oyen» (Salmo 115:4, 6)

¿Contestará Dios las oraciones? No cabe duda que hay muchas personas que elevan sus oraciones al cielo. Lo hacen en momentos de desesperación. Lo hacen cuando se ven afectados por enfermedades graves o incurables. Lo hacen cuando se ven frente a una situación extremadamente delicada y peligrosa. Lo hacen cuando son jóvenes y están enamorados, y le piden a Dios que cumpla sus sueños. Los padres oran a Dios cuando ven en su lecho a su hijo totalmente debilitado por los rigores de una dolencia desconocida. Incluso hay niños que hacen oraciones a Dios y le piden que les dé una nueva bicicleta, un par de patines o una muñeca especial. ¿Contesta Dios las oraciones?

Hay muchas oraciones que no pueden ser contestadas, aun en los casos en que se hagan con las mejores intenciones del mundo. Pese a toda la franqueza y la genuina necesidad, esas oraciones sencillamente no pueden ser contestadas. Permítame ilustrar lo que quiero decir. Imagínese que allí hay una estatua. Es una estatua verdaderamente bonita. Está hecha con materiales comunes – cemento, cal, mármol, ónice, plata u oro. Se le ha dado a este material una determinada forma – puede ser una cara feliz, un rostro pensativo, o una cabeza con cabellos rizados. (No olvide que, tenga la forma que tenga, sigue siendo cemento, cal, mármol u ónice moldeado). Y ahora viene por la calle una ancianita que avanza a paso lento. Se la ve triste y decaída; le han quitado lo único que tenía; está desamparada. En su fuero interno piensa que le queda todavía un recurso: hacer oraciones a esa estatua de cemento o de cal o de mármol. Puede rogar que los bandidos sean castigados y que le sea devuelta su propiedad. Ella clama en su sentida oración que si no se le concede su pedido no le será posible seguir viviendo. Ahora, juzgue usted mismo con total imparcialidad, ¿será contestada la oración de esa ancianita?

El único Dios verdadero que sí oye la voz de los ruegos de sus hijos

En el Salmo 28 usted se encuentra con el rey David, un hombre que ha sufrido todo tipo de oposiciones. Proclama con todo su corazón que sus oraciones sí han sido contestadas: «Bendito sea Jehová, que oyó la voz de mis ruegos» (Salmo 28:6). Allí tiene usted a un creyente de la antigüedad que vio sus oraciones claramente contestadas. Las oraciones que Dios contesta deben cumplir ciertos requisitos; algunos de ellos son mencionados específicamente en el Salmo 28.

a. Dios escucha las oraciones enunciadas en voz o en pensamiento

Para que una oración sea contestada necesita, en primer lugar, ser elevada, formulada en pensamiento o en voz. No se puede pretender que Dios, en su bondad incomparable, conceda al hombre sus meros deseos. El hombre debe admitir su necesidad de ayuda divina, y debe dirigirse a Dios como lo hizo el salmista. Los hijos de Dios deben dirigirse a su Padre y presentarle sus necesidades, sus deseos y sus dolencias. ¿Dará Dios pan a sus hijos si éstos no se lo piden? Muchos no oran jamás porque no creen en Dios y en su poder para responder. El hombre prefiere, en su orgullo desmedido, arreglárselas por sí solo en vez de recurrir a fuentes foráneas. El salmista alabó el nombre de Dios; bendijo a Jehová porque había oído la voz de sus ruegos. El rey David había elevado sus oraciones y ruegos en pensamiento y en voz al Dios que siempre escucha.

b. Dios escucha las oraciones de los que viven de acuerdo a Su voluntad

En segundo lugar, para que una oración sea contestada, se requiere que el peticionario viva una vida limpia y respetable, en obediencia a Dios. Esto se deja ver en el versículo tres de este Salmo, donde se ruega al Señor que oiga la oración y que no identifique al que ora con gente de otra calaña y calibre. El salmista ruega que Dios no lo ponga junto con los malos, «con los que hacen iniquidad, los cuales hablan paz con sus prójimos, pero la maldad está en su corazón.» Usted sabe que hay personas así – son de corazón corrompido y aun sus mejores actos parecen tener la intención de hacer daño. Viven vidas inmorales e impuras. Se burlan de la justicia y de lo correcto, y hacen y deshacen según les plazca. No tienen escrúpulos en su conducta y jamás piensan en las consecuencias eternas de sus actos. No pueden los tales considerar que sus oraciones serán oídas por el Dios de justicia. Los que hacen iniquidad tendrán que defen-

Para que una oración sea contestada, se requiere que el peticionario viva una vida en obediencia a Dios.

der sus propios intereses; se presentarán ante el trono del juicio final con nada más que sus méritos propios. El que anhela que Dios escuche sus oraciones tendrá que alejarse de los malvados y demostrar que su vida no concuerda con la de ellos. Tendrá que demostrar que el propósito total de su vida es servir al Señor y obedecerle. Muchas oraciones no llegan a los oídos de Dios porque quienes las elevan tienen sus vidas manchadas de sangre, sus manos ocupadas en pecar, y sus corazones ofuscados por la culpa. La Biblia enseña que Dios no oye las oraciones de quienes andan en sendas contrarias a Él. Allí tiene usted las palabras del profeta Isaías a Israel, el pueblo especial de Dios: «Cuando extendáis vuestras manos, yo esconderé de vosotros mis ojos; asimismo cuando multipliquéis la oración, yo no oiré» (Isaías 1:15). ¿Por qué razón no escucharía Dios las oraciones de su propio pueblo? Así responde el profeta: «Lavaos y limpiaos; quitad la iniquidad de vuestras obras de delante de mis ojos; dejad de hacer lo malo; aprended a hacer el bien» (vs. 16, 17). Bíblicamente hablando, no cabe duda que si usted quiere que sus oraciones sean contestadas, tendrá que vivir como Dios quiere que viva.

c. Dios escucha las oraciones plenas de confianza en Dios

Ahora bien, para que sus oraciones sean contestadas es necesario tener confianza en Dios. Cierto es que Jehová oyó el ruego que le hiciera el salmista, pero consideremos que este hombre tenía total y absoluta confianza en el Dios a quien le dirigía su oración. Escuche: «Jehová es mi fortaleza y mi escudo; en Él confió mi corazón y fui ayudado» (Salmo 28:7). Tal vez usted ha

> La oración del Padre Nuestro enseña al hombre a dirigirse a Dios como si fuese, no un juez severo, sino un Padre. ¡Que hermoso cuadro de confianza!

escuchado alguna vez la oración más famosa del mundo. La pronunció el Hijo de Dios a sus discípulos cuando éstos le rogaron que les enseñase a orar. A esta oración se le conoce como el Padre Nuestro. Observe usted: aquí hay un modelo dado por el Hijo unigénito de Dios. Enseña al hombre a dirigirse al Dios Todopoderoso como si fuese, no un juez severo o un dictador irracional, sino un Padre. ¿No es este un cuadro claro de la confianza que debe existir entre el que ora y Dios? ¿Cómo podrá usted dirigirse a Dios si no tiene confianza en Él? Hay personas que le tienen miedo a Dios; no se atreven a acercarse a Él; no pueden abrir sus oraciones con las palabras «Padre Nuestro»; creen que viven a un nivel demasiado bajo o que Dios vive en un nivel demasiado elevado. No se atreven a acercarse directamente a Dios porque no le tienen confianza. ¡Esta es una de las realidades más tristes del mundo moderno!

d. Dios escucha las oraciones elevadas en nombre de Cristo

Finalmente, para que las oraciones sean contestadas deben elevarse a Dios en el nombre de Jesucristo. Cuando Jesús vivió entre los hombres habló específicamente sobre este tema en conversación con sus discípulos. Estas palabras fueron pronunciadas por Él: «De cierto, de cierto os digo, que todo cuanto pidiereis al Padre en mi nombre, os lo dará» (Juan 16:23). Usted no debe olvidar que Jesucristo es el gran Puente – la Biblia lo llama Mediador – entre Dios y los hombres (I Timoteo 2:5). Él dijo claramente que nadie puede ir al Padre sino es por medio de Él (Juan 14:6). Sus oraciones no serán contestadas si pretende llegar a Dios sin rogar a través de Jesucristo.

Para meditar

Tal vez está usted en una situación sumamente dificil. No sabe a quién acudir. Se le han cerrado todas las puertas. Se siente confundido; quiere orar; quiere alzar sus brazos al cielo y multiplicar sus oraciones. Pero Dios no le oye; no presta atención. Asegúrese que sus oraciones se hacen según los lineamientos de Dios. Dios desea ardientemente que usted vaya a Él en plena confianza y le explique su situación. Quiere también que viva una vida según sus preceptos. Él desea que usted se dirija a Él como su hijo. Para esto usted necesita arrepentirse de sus pecados y clamar que Dios le dé la salvación eterna. Clame con el salmista: «Jehová es el refugio salvador de su ungido. Salva a tu pueblo, y bendice a tu heredad» (Salmo 28:8, 9).

◆ ◆ ◆

SERIE IX

La santísima trinidad

Texto clave: *«Porque tres son los que dan testimonio en el cielo: el Padre, el Verbo y el Espíritu Santo; y estos tres son uno.»*

I Juan 5:7

Objetivo: *Definir la doctrina de la Trinidad como la pluralidad en la Divinidad, y a la vez, un Dios de esencia indivisible.*

Introducción

«En una colina, en las afueras de Ginebra, un hombre era quemado en la hoguera. Lo raro es que esta era la segunda vez que tal hombre era quemado por el delito de herejía. Cuatro meses antes había sufrido la misma sentencia por parte de las autoridades, pero el hereje escapó de la prisión. Tan enfurecidos y frustrados estaban que decidieron quemar un muñeco de paja en su lugar, juntamente con cinco fardos de escritos suyos. Fue dejado a la ciudad protestante de Ginebra el triste honor de quemar al hereje en persona.»

Así describe un libro el histórico incidente de la quema en la hoguera de un español aragonés llamado Miguel de Servet. Quemado en efigie, y quemado en carne propia, y odiado prácticamente por todo el mundo de su tiempo. ¿Por qué? ¿Qué crimen había cometido aquel audaz español? En nuestros tiempos tolerantes y ecuménicos la respuesta parece ser el colmo de lo ridículo. Servet dijo y escribió que Dios no es un Ser en tres Personas – esto hacía de Dios un monstruo con tres cabezas. Afirmaba Servet que en la Biblia no se encuentra una sola palabra acerca de la Trinidad, ni sobre las tres personas divinas; que Jesús fue un hombre y no el eterno Hijo de Dios. Cuando estas ideas corrieron por el mundo, el Supremo Consejo de la Santa Inquisición ordenó que el autor fuese detenido y llevado a España sin reparos. «Prométansele favores, miéntasele, ordénesele, hágase cualquier cosa para traer a Servet a algún lugar donde pueda echársele mano», decía la orden. Y Ginebra lo sacrifica en la hoguera; todo por negar la doctrina de la Santísima Trinidad. Cierto es que no había llegado aún al mundo la libertad de conciencia, pero negar la doctrina de la Trinidad fue entonces y debe ser todavía un triste error.

La doctrina de la Trinidad: un concepto difícil de entender

Esta doctrina es, en primer lugar, sumamente difícil de comprender. Resulta imposible para el ser humano entender esta profunda verdad bíblica, pues el pecado ha cegado y atrofiado sus capacidades de comprensión. ¿Puede usted descifrar la existencia de un sólo Dios que se manifiesta en tres Personas totalmente distintas e idénticas a la vez, y que cada una de ellas es Dios? ¡Esto tiene sabor a rompecabezas! Todo el mundo sabe que hay un Dios que ha creado el universo y que lo sostiene con su mano poderosa. Muchos reconocen también que hubo un hombre, Jesucristo, que era Dios, y que a la vez pudo afirmar que Él y el Padre eran uno. Debe admitirse, además, que en las páginas de la Escritura aparecen lineamientos muy claros sobre la tercera Persona de la divinidad, conocida como el Espíritu Santo.

Un Dios en tres Personas – un concepto difícil de comprender; en efecto, imposible. He aquí algunas ilustraciones, deficientes ciertamente, que nos ayudarán a comprender este concepto Piense usted en un señor, por ejemplo, que es esposo, padre y abogado.

Tiene tres funciones, pero es sólo una sola persona. O imagínese un triángulo: tiene tres lados, pero es una sola forma geométrica. El problema con estas ilustraciones es, sin embargo, que un lado del triángulo no es nada más que una línea, y que la función de padre de un hombre es sólo una parte de su persona. Todas las ilustraciones, al fin y al cabo, son inservibles; sólo dan una idea nublada e imperfecta de una doctrina que es imposible de comprender en su totalidad.

Al hombre le es sumamente difícil comprender cómo un sólo Dios se manifiesta en tres formas distintas, y que esas tres formas no son tres dioses, sino uno sólo.

El hombre se ha acostumbrado a pensar en términos de múltiples dioses – una conglomeración de dioses o semidioses que se encargan de los variados y profundos problemas de sus adoradores. La mente humana tiende a dirigirse a lo que era común entre los pueblos primitivos. Refina sus ideas y las intelectualiza, pero, básicamente, tiene sus refugios divinos para sus distintos problemas. Es muy fácil, por ejemplo, pensar en el médico como el dios de la salud, en el banco como el dios del dinero, en la familia como el dios protector, y en el trabajo como el dios que sostiene. Al hombre le es sumamente difícil comprender cómo un sólo Dios se manifiesta en tres formas distintas, y que esas tres formas no son tres dioses, sino uno sólo.

La doctrina de la Trinidad: un concepto histórico

Esta doctrina de la Santísima Trinidad es, además, histórica. No es algo que se ha descubierto en esta época. Las más excitantes controversias de la historia de la Iglesia cristiana tuvieron su origen en la doctrina de la Trinidad. Obviamente no fue cosa fácil tampoco para los cristianos primitivos aceptar esta verdad. Estudiaron, examinaron los distintos factores, debatieron las posibilidades, celebraron reuniones de envergadura mundial y, al fin, sosegados los espíritus y calmados los nervios, plasmaron lo que creyeron era la verdad completa.

Es de lamentar que muchos llamados cristianos modernos no tienen esta perspectiva histórica. Impugnan lo histórico porque han descubierto algunos errores en ello. Cierto es que los antiguos pensadores cristianos cometieron errores, algunos de ellos graves. Pero rechazar todo el desarrollo histórico porque hubo algún error, o abandonarlo totalmente porque alguien se aferra a él a pesar de sus debilidades, es negar la obra tenaz y eficaz de Dios mismo. Hay quienes odian ciertas doctrinas, no tanto porque son contrarias a lo que la Biblia enseña, sino porque algún enemigo las defiende. ¿Ha de negarse la verdad porque la sostenga un mentiroso? Lamentablemente así sucede con frecuencia con estas doctrinas básicas de la fe. Negar el impulso formador de la historia y el avance natural de la madurez cristiana es negar abiertamente la promesa fiel de Jesucristo, quien dijo a sus seguidores que vendría el Espíritu Santo y que Él les enseñaría y los guiaría a toda la verdad. La historia demuestra cuán fielmente se ha cumplido esta preciosa promesa del Salvador. Hay una reserva magnífica de doctrinas en la historia; peca quien la rechaza aun cuando diga que sólo se aferra a lo que la Biblia dice. Niega lo que la historia comprueba como cierto en la Biblia.

Una vez pasadas las luchas y comprendida la verdad, fue fácil ver cómo todos los bandos cristianos concebían la necesidad de aplicar la pena capital a un hombre que negaba la doctrina de la Trinidad. Negaba la historia, los esfuerzos humanos, y, peor aun, los esfuerzos de Dios mismo. Miguel de Servet murió por esto, en una época en que la tolerancia no había llegado todavía a su cenit.

La doctrina de la Trinidad: un concepto bíblico

Lo más importante de todo es que la doctrina de la Santísima Trinidad es netamente bíblica. Esto es la razón por la cual el cristiano genuino la acepta. No es porque sea fácil o difícil entenderla, ni porque sea histórica o actual, sino porque es bíblica. Dios repetidamente ofrece vislumbres de esto en el Antiguo Testamento cuando dice que Dios creó al hombre, pero antes de hacerlo se dice a Sí mismo: «Hagamos al hombre a nuestra imagen, conforme a nuestra semejanza» (Génesis 1:26). Habla del Ángel del Señor y de su Espíritu que se movía sobre la faz de la tierra.

> Los creyentes aceptan la doctrina de la Trinidad – no por ser fácil o difícil de entender, ni por ser un concepto histórico o novedoso, sino por ser bíblica.

Cuando llegaron los tiempos del Nuevo Testamento esta preciosa verdad floreció al fin en todo su esplendor. Al ser bautizado Jesucristo, «el cielo se abrió, y descendió el Espíritu Santo sobre Él en forma corporal, como paloma, y vino una voz del cielo que decía: Tú eres mi Hijo amado; en ti tengo complacencia» (Lucas 3:21, 22) – Dios el Padre en el cielo, Dios el Hijo en el río, y Dios el Espíritu Santo en forma de paloma. Cuando Jesús estaba ya preparado para volver a las moradas celestiales, reunió a sus discípulos y les dio el mandato de ir por todo el mundo a predicar su evangelio y a bautizar a los creyentes, no en el nombre de Dios simplemente, ni siquiera en el nombre de Jesucristo solamente, sino en el nombre del Padre, y del Hijo, y del Espíritu Santo. Y Juan nos asegura que «tres son los que dan testimonio en el cielo: el Padre, el Verbo y el Espíritu Santo; y estos tres son uno» (I Juan 5:7). ¡La doctrina de la Santísima Trinidad es puramente bíblica!

Para meditar

Dios Padre lo hizo a usted; Él es el Creador. Dios Hijo puede ser su Salvador; no hay otro nombre en que podamos ser salvos. El Espíritu Santo le convence a usted de pecado y le regenera. ¡Alabe usted al Trino Dios! ¡Amén y amén!

Dios, hay uno sólo

Texto clave: *«Viéndolo todo el pueblo, se postraron y dijeron: ¡Jehová es el Dios, Jehová es el Dios!»*

I Reyes 18:39

Objetivo: *Presentar a Dios Padre – la primera Persona de la Trinidad – como el único Dios verdadero, creador y regidor del universo.*

Introducción

Dios, con mayúscula, hay uno sólo, pero dioses, con minúscula, hay muchos y de sobra. El conflicto de Dios con los dioses es la trama de la historia humana que no ha cesado aún; cesará cuando estemos en la nueva tierra y en el nuevo cielo. Son dispares y distintos; ambos tienen sus propias características; la selección por seguir a uno o a otros sigue siendo difícil para los hombres. Dios es un Ser sanador de hombres, pero éstos no quieren seguir su eco; prefieren escuchar los susurros intrigantes de los dioses que la voz potente de Dios. Prefieren la pompa propia de los dioses que la palabra purificadora de Dios. El mensaje y el pueblo de Dios son humildes, sencillos, sin adornos baratos, sin ruido de feria mundana. Las presentaciones de los dio-

> Dios es un ser sanador de hombres, pero éstos no quieren seguir su eco; prefieren escuchar los susurros intrigantes de los dioses que la voz potente de Dios.

ses vienen cubiertas de brillo dorado, de prácticas inmorales y de atracciones carnales. Los dioses satisfacen temporalmente los sueños de las masas y sus idiosincrasias. El grueso del pueblo de todos los tiempos prefiere las costumbres paganas que la lucidez del evangelio.

El encuentro entre Baal y el Dios de Elías

El conflicto entre Dios, con mayúscula, y los dioses, con minúscula, no puede pintarse con más vivos colores que en el episodio sensacional del profeta Elías y los cuatrocientos cincuenta profetas de Baal. Allí se ven frente a frente, Dios y los dioses. Allí emplea Dios su mensaje y su pueblo para demostrar al que quiera observarlo que Dios hay uno sólo, y que los dioses son como una niebla disipada por el brillo refulgente de Dios. El mensaje de Dios había sido claro: habrá sequía en toda la tierra a raíz de la apostasía e idolatría. Por más de tres años no ha llovido en toda la nación. Hasta las bestias han dado sus últimos balidos, pero el rey, la reina y todo el pueblo siguen hipnotizados por los dioses falsos, y no dan señal alguna de arrepentirse y volverse a Dios. Siguen entusiasmados con las ceremonias estrafalarias de Baal; siguen empecinados en verse sujetos a los profetas de su dios; siguen dominados ciegamente por aquellos tiranos del espíritu. Los dioses siempre descubren alguna forma de establecer, estructurar y promover la opresión del espíritu humano y mantenerlo ignorante, si no con pan, por lo menos con circo. Tres años de sequía angustiaba a la multitud, pero ni siquiera esa tragedia despertó sus consciencias atrofiadas. La gente se ve totalmente dominada por los sacerdotes del culto pagano. Es entonces que llega el momento del mortal encuentro; Elías convoca una asamblea popular en el monte Carmelo. Allí, en aquella cumbre, tantas veces dedicada a acciones religiosas, se reúnen el rey, los cuatrocientos cincuenta profetas de Baal, y las multitudes del pueblo. Es de imaginar que desde temprana hora están allí estas almas curiosas. Las brisas del mar refrescan sus cuerpos y sus ojos contemplan los bosques y los fértiles valles. En el ambiente se respira una mezcla de ansiedad y anticipación. Y de pronto aparece la figura impresionante del profeta que vive en la presencia de Dios; tiene una palabra de Jehová que presentar ante el pueblo Sus largos cabellos se sacuden en el viento, y su manto austero lo señala como el enviado de Dios. Allí está Dios contra todos; el pueblo del Señor contra las multitudes del mundo; la simple verdad contra la mentira complicada.

> El mensaje de Elías es el mismo que se sigue proclamando por toda la faz de la tierra. Es un llamado claro: «¿Hasta cuándo claudicaréis vosotros entre dos pensamientos?»

Elías propone resolver el eterno dilema de forma sencilla: se edificará un altar y se pondrá allí un sacrificio; se pedirá a los dioses que desciendan con fuego consumidor. Si los dioses no responden, Elías invocará el nombre de Dios, con mayúscula. El mensaje de Elías es de interés para ese pueblo – es el mismo mensaje que se sigue proclamando aún por toda la faz de la tierra. Es un llamado claro, extendido en voz estentórea y con la claridad del mediodía: «¿Hasta cuándo claudicaréis vosotros entre dos pensamientos? Si Jehová es Dios, seguidle; y si Baal, id en pos de él» (I Reyes 18:21). ¡Claudicar, claudicar! ¡Vacilar y vacilar entre dos polos opuestos! ¡Triste cuadro de una humanidad confusa! No se puede ser neutral entre Dios y los dioses; es necesario tomar una decisión y atenerse a las consecuencias: Dios o los dioses.

Es trágico el cuadro de aquellos profetas que piden a los dioses cosa tan sencilla como un poco de fuego para quemar la leña y ofrecer el sacrificio. Temprano por la mañana empiezan ya las peticiones, oraciones y súplicas a Baal. «Baal, respóndenos» (v. 26), exclaman al principio en tonos de calma y esperanza, y luego con cada vez mayor intensidad. «Pero no había voz ni quien respondiese» (v. 26) Reinaba un absoluto silencio. Los espíritus se inquietan; se levantan las dudas; aumenta el volumen de la voz; ya no sólo se rezan oraciones, sino que, poco a poco, ese clamor se transforma en histeria, chillidos y gritos. Los profetas empiezan a dar saltos litúrgicos en derredor del altar; todo se ha vuelto una confusión de sonidos y una orgía desenfrenada de gritos desesperados. Y los dioses no responden. Elías observa aquella insensatez con amargura de corazón. Estos hombres han tergiversado la verdad y han sembrado la mentira en las almas de un pueblo confundido – el pueblo mismo de Dios, creado a Su imagen.

Elías no puede resistir sus impulsos internos, y burlándose de aquellos profetas ridículos les dice: «Gritad en alta voz, porque dios es; quizá está meditando, o tiene algún trabajo, o va de camino; tal vez duerme, y hay que despertarle» (v. 27). Y los profetas de Baal, acicateados por la voz burlona de Elías, «clamaban a grandes voces, y se sajaban con cuchillos y con lancetas conforme a su costumbre, hasta chorrear la sangre sobre ellos» (v. 28). Pasa el mediodía, y ellos siguen gritando frenéticamente hasta las tres de la tarde, hora de ofrecerse el sacrificio, «pero no hubo ninguna voz, ni quien respondiese ni escuchase» (v. 29).

¡Por supuesto que no hubo voces! Los dioses no tienen poder que pueda oponerse al poder de Dios. Son totalmente inservibles. Son sólo filamentos invisibles en la mente humana. Sólo existen en la mente de quienes los han creado. Todo el ceremonial que se teje en su honor no es más que la fabricación del corazón febril del hombre que ha caído en pecado. Los dioses no responden. Es Dios quien demuestra, una vez más, su poderío y su soberanía. Al elevar Elías su súplica, Dios desciende sobre aquel sacrificio, consume la leña, las piedras y el polvo; quema el buey, y seca las aguas. ¡No cabe duda quién es Dios! «Viéndolo todo el pueblo, se postraron y dijeron: ¡Jehová es el Dios, Jehová es el Dios!» (v. 39). Dios, con mayúscula.

Este mismo conflicto se perpetúa y se multiplica a diario por toda la tierra. Aún es cierto que el hombre natural busca siempre el ruido, la pompa y el brillo externo de los dioses falsos. Dios se allega al hombre con su sencillo mensaje de amor y de perdón, pero no se convence que allí puede residir la verdad – es demasiado humilde y sencilla para él; necesita algo un poquito más espectacular y emocionante, más de acuerdo con sus inclinaciones naturales. Prefiere suplicar a los baales, dar saltos frente a su imagen, clamar a grandes voces, y sajarse con cuchillos y con lancetas hasta chorrear su sangre. Este conflicto ha sido resuelto definitiva y eternamente a pesar de que no todos lo aceptan.

El encuentro entre Satanás y el Hijo de Dios

Siglos después del encuentro entre Elías y los profetas de Baal, el Hijo unigénito de Dios tuvo un encuentro con el máximo de los dioses, con minúscula. Fue un encuentro mortal. Tan es así que Jesús murió en una cruenta cruz. Parecía que Satanás había vencido. Enterraron a Cristo en un sepulcro nuevo. Sus discípulos y sus seguidores lloraron su pérdida. Un domingo por la mañana algunas mujeres fueron al sepulcro para embalsamar y perfumar el cuerpo inerte de Jesús. Pero la tumba estaba vacía. El poder de Dios había resucitado a Cristo y le había dado la victoria final. Desde aquel momento, Satanás sabe que la victoria final será de Dios – de Él y de cuantos creen en Él como Salvador y Señor. ¿Sigue usted aún confiando en dioses, con minúscula? ¿No cree que es hora de volverse a Dios, con mayúscula? Jesucristo puede llevarlo a los pies de su Padre e incorporarlo a su gran familia.

Jesús hay uno sólo

Texto clave: *«Y dará a luz un hijo, y llamarás su nombre Jesús, porque Él salvará a su pueblo de sus pecados».*

Mateo 1:21

Objetivo: *Presentar a Dios Hijo – la segunda Persona de la Trinidad – como el único Salvador capaz de reconciliar al hombre con Dios Padre.*

Jesús – el verdadero Salvador de Su pueblo

«Y en ningún otro hay salvación; porque no hay otro nombre bajo el cielo, dado a los hombres, en que podamos ser salvos» (Hechos 4:12). Estas fueron las palabras claras y categóricas del apóstol Pedro a los gobernantes de Israel. Esta afirmación dejó congelados de asombro a los oyentes. El Jesús que ellos habían perseguido con denuedo y entusiasmo es declarado ser el único que salva. Esta aseveración parece asombrar a mucha gente todavía, gente que ambula por este mundo convencida de que todo está bien con sus almas y con su eternidad, aunque jamás haya conocido a Jesús. Olvida o ignora que en ningún otro hay salvación; «no hay otro nombre bajo el cielo, dado a los hombres, en que podamos ser salvos.»

En términos bíblicos, el nombre es la esencia de la persona. Jesús significa «Salvador», o «Jehová salva». En tiempos antiguos, en la cultura hebrea, el nombre «Jesús» era traducido como «Josué». En los tiempos de Jesucristo había muchos hombres que llevaban ese nombre. Toda madre abrigaba la esperanza de que su hijo fuese el Mesías, el Salvador prometido por Dios desde tiempos antiguos. Es por esta razón que, en los evangelios, antes de que Jesús tuviese su fama bien establecida, se solía decir de Jesús que era «de Nazaret», o «el hijo de David», o «el hijo del Dios Altísimo». Pero una vez que su nombre empezó a ser reconocido por todas partes, Jesús era su forma más común de identificación. Hay decenas y decenas de términos utilizados para hacer referencia a Jesús, y cada uno de ellos lleva en su seno alguna virtud o característica de este único Salvador. El nombre más común es Jesús. En el evangelio de Lucas, por ejemplo, este nombre se usa unas setenta y siete veces, y en el de Marcos hasta setenta y tres veces. No es sin razón. Dios mismo había determinado que su nombre fuese Jesús. El ángel del cielo se lo hizo saber a sus padres terrenales cuando se les apareció y les dijo: «Llamarás su nombre Jesús, porque Él salvará a su pueblo de sus pecados» (Mateo 1:21).

Jesús significa «Salvador», y más específicamente, es el Salvador que Dios en su inmensa misericordia envió al mundo para llevar a cabo lo que absolutamente nadie podía hacer. Él debía ser llamado Jesús, porque Él salvaría a su pueblo de sus pecados. Seguramente usted está al tanto del drama humano: a raíz de las acciones del hombre, éste estaba encarcelado en una prisión de máxima seguridad. Nadie puede escapar de esa cárcel. Ventanas, puertas, paredes, techo; todo es impenetrable e indestructible. La única forma de liberar al hombre que se halla en esa prisión es que alguien obtenga la llave y abra la puerta. Y nadie puede obtener esa llave sino Dios mismo. Dios se la dio a su Hijo unigénito – de ahí su nombre Jesús, porque Él salvará a su pueblo de sus pecados. No hay otro Jesús en el mundo a quien Dios le haya dado esa llave de liberación. Jesús hay uno sólo.

Es un gran abuso el hecho de que ignorantes mortales usan el nombre de Jesús como expresión de sorpresa, de ira o de disgusto. ¡Pensar que labios impuros emiten ese nombre sagrado sin pensarlo, sin respeto, con el sólo anhelo de expresar un sentir que muchas veces ni tiene fundamento! Es increíble el atrevimiento humano. Pero quizá el abuso más grande que se hace de ese nombre glorioso es la popular y común frase «Jesús salva». Usted puede verla en las entradas de los templos, y en tarjetas con flores o pajaritos. «Jesús salva» puede oírse en casi todos los rincones del mundo. ¿Ha pensado usted en lo que eso quiere decir? La frase es magnífica, es verdadera, es un milagro, y está llena de gozo – Jesús salva; no cabe duda de ello. Dios mismo dijo que su nombre debía ser Jesús, porque Él salvará a su pueblo de sus pecados. Pero muchas veces esta frase se presenta simplemente como una opción: «Jesús está dispuesto a salvar». Se presenta a Cristo como un postre tentador, y se hace una invitación apasionada para que el hombre extienda su mano y coma de ese postre delicioso. El postre está allí, y está disponible para que el hombre lo tome y lo disfrute. Así se presenta a Cristo – está dispuesto a salvar; todo depende del gusto o del deseo del ser humano. ¿Cree usted que es así? ¿Cree usted que la prisión no tiene techo, o que la puerta no está cerrada con llave, y que lo único que se requiere es que usted despierte y salte hacia el techo? ¿Y qué de Jesús en tal caso? ¡No, señor! ¡Jesús salva! ¡Es Jesús quien salva! Él fue enviado a este mundo por la autoridad máxima del cielo para salvar a su pueblo de sus pecados. Es por eso que, antes de regresar a la gloria con su Padre, informó a sus discípulos que «toda potestad me es dada en el cielo y en la tierra» (Mateo 28:18). Jesús hay uno sólo, y es poderoso para salvar. Es Salvador completo, total y único. Nadie puede

> Jesús fue enviado por Dios Padre para salvar a Su pueblo de sus pecados. Es el único Salvador completo y absoluto del hombre.

acercarse a Dios sino por Él. «En ningún otro hay salvación; porque no hay otro nombre bajo el cielo, dado a los hombres, en que podamos ser salvos» (Hechos 4:12).

Usted se da cuenta de la tragedia humana cuando observa el mundo. ¡Claro que el hombre está en la prisión! ¡Por supuesto que el hombre necesita y busca salvación! Pero con frecuencia la busca donde no puede encontrarla. Deja de lado a Jesús, y busca en todos los rincones de su alrededor. La salvación es por medio de Jesús, y en consecuencia, no puede derivarse de las acciones humanas. Tal vez usted mismo está en proceso de elaborar, establecer y desarrollar su propia salvación. Ha descubierto opresión e injusticia en este mundo, y ahora está en campaña de renovación, y quizá de revolución, porque quiere quitar estructuras que estorban su vida, y desea que su ser se transforme en algo nuevo. No cabe duda que tales objetivos son dignos del mayor aprecio e incuestionable admiración, pero ¿cree usted que es posible alcanzar la salvación de ese modo? Dios ordenó que su Hijo fuese nombrado Jesús, «porque Él salvará a su pueblo de sus pecados.» Es hora de que los hombres escuchen y presten atención a ese nombre, y que dejen de lado sus vanos esfuerzos por alcanzar la gloria por algún otro camino. ¿Cree usted que sus muchas acciones nobles le acercan a Dios? ¿Cree usted que Jesús se place al verlo en esa lucha, cuando lo único que necesita es la llave que Él tiene en sus manos? Muchas personas viven mucha religión,pero sin Jesús. Se creen cristianos, pero no han tomado a Jesús de la mano para que los guíe. No saben quizá que su nombre es Jesús, porque Él salvará a su pueblo de sus pecados. Usted lo ha visto miles de veces – pequeños actos de caridad a un mísero mendigo, una ceremonia que

Es hora de que los hombres escuchen y presten atención a ese Nombre, y que dejen de lado sus vanos esfuerzos por alcanzar la gloria por algún otro camino.

tiene más de magia que de espíritu, unas palabras en idioma extraño que se cree llegarán a los oídos de Dios, la adopción de un intermediario que funja de puente entre el hombre y Dios. Todos estos instrumentos son utilizados por los hombres para convencerse a sí mismos de que todo está bien con sus almas. ¿Qué pensará Jesús de usted? Él vino y fue designado por Dios mismo como Jesús, porque Él salvará a su pueblo de sus pecados. Parece que usted no cree en lo que Dios dice; prefiere aceptar otras teorías e involucrarse en un proceso político, religioso, ritual, ceremonial o económico, y creer que esto lo llevará a la salvación. Acuérdese que Jesús hay uno sólo. Sólo Él tiene la llave de la prisión humana. Solo Él puede liberar genuinamente.

¡Qué inmenso amor el de Dios en el cielo! ¡Enviar a su Hijo unigénito a este mundo, envolverlo en pañales, y llamarlo Jesús! En idéntico amor, el Hijo de Dios, «siendo en forma de Dios, no estimó el ser igual a Dios como cosa a que aferrarse, sino que se despojó a Sí mismo, tomando forma de siervo, hecho semejante a los hombres; y estando en la condición de hombre, se humilló a Sí mismo, haciéndose obediente hasta la muerte, y muerte de cruz» (Filipenses 2:6-8). ¡No es posible hallar en el mundo amor mayor que ese, más abnegado, más asombroso! Jesús salva. ¡Qué triste es que haya tanta gente en el mundo que no sabe de Jesús, que está en la prisión de máxima seguridad, y que no podrá salir de allí hasta que Jesús le abra la puerta! Jesús desea ardientemente hacerlo, porque es Él quien salva a su pueblo de sus pecados.

¿Quién es el Espíritu Santo?

Texto clave: *«Porque el Espíritu todo lo escudriña, aun lo profundo de Dios.»*

I Corintios 2:10

Objetivo: *Mencionar algunas de las obras y manifestaciones de Dios Espíritu Santo – la tercera Persona de la Trinidad.*

El Espíritu Santo es una Persona

De Dios todo el mundo sabe algo y habla mucho. Incluso los ateos mismos discuten mucho sobre Dios como consecuencia de no creer en su existencia. Mucha gente sabe de Jesucristo, pero habla poco de Él. Sí cree que anduvo por estas tierras, que enseñó cosas pertinentes, y que acabó muriendo en una cruz. Muchos hasta saben que resucitó de los muertos, levantándose del sepulcro. Pero muchos menos saben del Espíritu Santo, y menos aun hablan de Él con frecuencia. De vez en cuando se lee algún pequeño anuncio en diarios locales donde se da gracias al Espíritu Santo por algún milagro.

¿Quién es el Espíritu Santo? Note que la pregunta es «quién», y no «qué». Ya esa forma de expresión le da a usted una clave: el

Espíritu Santo es una Persona. Esto hay que afirmarlo en contraste con muchas ideas erróneas con respecto al Espíritu Santo, ideas que son fáciles de aceptar en vista de que el Espíritu Santo no se manifiesta generalmente en forma visible o humana. Hay gente que opina que el Espíritu Santo no es más que una fuerza, un principio motivador, o una idea. Usted habrá oído quizá expresiones como «el espíritu de la revolución francesa», o «el espíritu de esta época de oro». Así creen algunos que es el Espíritu Santo, la fuerza invisible de Dios, un principio divino, o algo así como «el espíritu de la religión».

La Biblia presenta al Espíritu Santo como una Persona, en idénticos niveles de personalidad con Dios Padre y Dios Hijo, como la tercera Persona de la Trinidad, la cual se define como «un Dios en tres Personas». Abunda la evidencia bíblica que demuestra que el Espíritu Santo es una Persona. En Juan 14:26, por ejemplo, Jesús habla del Espíritu como quien posee conocimientos propios y personales, y promete a sus discípulos que el Espíritu «os enseñará todas las cosas, y os recordará todo lo que yo os he dicho.» Hay ocasiones en que el Espíritu Santo aparece en el mismo nivel con Dios Padre y Dios Hijo. Poco antes de partir de regreso al cielo, Jesús reunió a sus seguidores para darles la gran orden de evangelizar en todo el mundo. Les dijo que fuesen e hiciesen «discípulos a todas las naciones, bautizándolos en el nombre del Padre, y del Hijo, y del Espíritu Santo» (Mateo 28:19).

En los albores de la iglesia del Nuevo Testamento ocurrió un caso muy categórico. En esos días había un espíritu de euforia general por las cosas del evangelio. Una de esas manifestaciones fue que mucha gente vendía sus propiedades y daba el dinero para ayudar a los necesitados. Hubo una pareja que vendió su propiedad, pero pactó informar a la iglesia que la venta había sido por menos dinero de lo que ambos recibieron. De ese modo ayudarían a los necesitados y, al mismo tiempo, se guardarían algo para ellos mismos. Los líderes de la iglesia preguntaron a la pareja si esa era, en efecto, la suma obtenida por la venta. Y tanto él como ella dijeron que sí. El apóstol Pedro preguntó: «Ananías, ¿por qué llenó

Satanás tu corazón para que mintieses al Espíritu Santo, y sustrajeres del precio de la heredad?» (Hechos 5:3). Ananías y Safira murieron ese mismo día. «Y vino gran temor sobre toda la iglesia, y sobre todos los que oyeron estas cosas» (v. 11). Usted ve que el acto de aquella pareja fue contrario a los deseos mismos de Dios, y por ende, contrario también a los del Espíritu Santo. No se miente a una fuerza o a una idea, sino a una Persona.

Las obras del Espíritu Santo

Es bueno considerar también las obras del Espíritu Santo; son muchas y revisten genuina trascendencia para el hombre.

a. Inspiró a los autores de las Escrituras

Una de las tareas más significativas del Espíritu fue la inspiración, escritura y conservación de las Sagradas Escrituras. ¿Qué sería la humanidad sin la preciosa Biblia? Nadie conocería siquiera este espectacular fenómeno histórico que llamamos la fe cristiana. El Espíritu Santo seleccionó a quienes pondrían por escrito la Palabra eterna de Dios. Les dio la inteligencia y la capacidad para discernir los pensamientos de Dios, y para separarlos de lo que fuese meramente humano. Dice el apóstol Pedro que «nunca la profecía fue traída por voluntad humana, sino que los santos hombres de Dios hablaron siendo inspirados por el Espíritu Santo» (II Pedro 1:21).

> El Espíritu Santo dio inteligencia y capacidad a los autores de la Biblia para discernir los pensamientos de Dios, y para separarlos de lo que fuese meramente humano.

b. Preparó la venida de Dios Hijo al mundo

Una segunda tarea especial del Espíritu Santo fue preparar la venida del Hijo de Dios a este mundo. Fue Él quien dispuso el escenario de ese evento singular. Intervino directamente para que el Hijo de Dios, venido en forma humana, permaneciese y quedase revestido de una genuina humanidad sin despojarse de su íntegra divinidad. El evangelista Lucas presenta a un ángel del cielo que hace este anuncio a la asombrada virgen María: «El Espíritu Santo vendrá sobre ti, y el poder del Altísimo te cubrirá con su sombra; por lo cual también el Santo Ser que nacerá, será llamado Hijo de Dios» (Lucas 1:35).

El Espíritu Santo transforma el corazón de piedra del hombre y lo hace un corazón de carne – esta es su milagrosa obra de regeneración.

c. Convence al mundo de pecado

Hay una tercera obra específica del Espíritu Santo, y esta le concierne directamente al ser humano. Había en la ciudad de Jerusalén un hombre muy religioso que abrigaba dudas sobre su destino eterno. Quería, por todos los medios, asegurarse de su salvación. Tan inquieto se sentía que una noche, sigilosamente, se presenta ante Jesucristo para pedirle consejo. Lo que oyó allí de los labios de Jesús le dejó aturdido. «De cierto, de cierto te digo, que el que no naciere de agua y del Espíritu, no puede entrar en el reino de Dios» (Juan 3:5). Usted ve que es la delicada función del Espíritu Santo llegarse al hombre pecador, transformar su corazón, iluminar su mente, y fortalecer su ánimo para proseguir en su nuevo nacimiento. Esa obra milagrosa del Espíritu Santo se define como regeneración, y es indispensable vivirla para poder entrar en el reino de Dios.

Según prometió Jesús mismo, el Espíritu Santo llegó a Jerusalén el día de Pentecostés. Allí obró algunos de sus muchos milagros, de modo que ciudadanos de todos los pueblos de la tierra pudieron escuchar las gratas nuevas de la salvación en Jesús. Nada menos que tres mil personas obtuvieron la salvación ese día de gloria.

Y esa obra ha seguido sin interrupción hasta hoy. Miles y millones de seres humanos de todas las naciones han encontrado la paz de Jesucristo.

d. Guía y consuela al hombre de Dios

No solamente lleva el Espíritu Santo al pecador a los pies de Jesús. Una vez que el hombre ha sido redimido, nacido de nuevo y renovado radicalmente, el Espíritu Santo funge de guía y consolador. «Mas el Consolador, el Espíritu Santo, a quien el Padre enviará en mi nombre, Él os enseñará todas la cosas, y os recordará todo lo que yo os he dicho» (Juan 14:26). A través de los siglos Él ha estado consolando y fortaleciendo a los ciudadanos del reino de Dios.

e. Da sabiduría al hombre de Dios

La obra cumbre del Espíritu – su obra maestra – es iluminar al hombre y darle la sabiduría de las cosas de Dios. Con la ayuda del Espíritu Santo es posible que el hombre conozca los más profundos misterios que Dios ha revelado en las Escrituras. Sin el Espíritu Santo, la sabiduría de este mundo no es otra cosa que insensatez para el hombre. El apóstol Pablo sabía esto por experiencia. Él escribe: «Cosas que ojo no vio, ni oído oyó, ni han subido en corazón de hombre, son las que Dios ha preparado para los que le aman. Pero Dios nos las reveló a nosotros por el Espíritu; porque el Espíritu todo lo escudriña, aun lo profundo de Dios» (I Corintios 2:9, 10). Es de lamentar que el hombre rechace a Jesús, quien es su única esperanza y la única vía de salvación. Así lo explica el apóstol: «El hombre natural no percibe las cosas que son del Espíritu de Dios, porque para él son locura, y no las puede entender, porque se han de discernir espiritualmente» (v. 14). ¡Por esa extraordinaria sabiduría, gracias, gracias, Espíritu Santo!

SERIE X

Paz entre leones

Texto clave: *«Entonces el rey mandó, y trajeron a Daniel, y le echaron en el foso de los leones. Y el rey dijo a Daniel: El Dios tuyo, a quien tú continuamente sirves, Él te libre.»*

Daniel 6:16

Objetivo: *Hacer referencia al reformador Martín Lutero y al profeta Daniel como ejemplos de vidas llenas de fe apasionada y sólida ante las dificultades y los conflictos.*

Introducción

¿Cómo se conduce usted ante las vicisitudes de la vida? Es probable que le ocurran cosas sumamente desagradables, aflicciones indescriptibles, tensiones incontrolables, y que surjan dudas y temores. El mundo entero sufre de dificultades; nadie está exento totalmente de luchas, sinsabores y desazón. La cuestión es cómo se conduce usted ante ellas.

1. Martín Lutero: ejemplo de una fe apasionada

Estas palabras están registradas en el Salmo 46: «Dios es nuestro amparo y fortaleza, nuestro pronto auxilio en las tribulaciones. Por tanto, no temeremos, aunque la tierra sea removida, y se traspasen los montes al corazón del mar» (Salmo 46:1, 2). ¿Quién puede cantar de esta manera? ¿Quién puede, con toda sinceridad, proclamar estas líneas aún en los momentos más obscuros de su existencia? Tal vez usted ha oído del famoso reformador alemán Martín Lutero, quien vivió en el siglo XVI. No fue fácil la tarea que Dios le asignó en su vida. Sus enemigos se multiplicaron. El gobierno romano, nobles, autoridades oficiales y eclesiásticas lo acusaban de herejías espantosas. Le llegaron a considerar como un instrumento del mismo Satanás. Llegó al fin el día cuando tuvo que presentarse personalmente ante la llamada Dieta de Worms. El protocolo, los rituales y la tensión eran enormes. Lutero sería juzgado por lo que había dicho y escrito, y sus acusadores saboreaban ya su siniestra victoria. Le exigían que se retractase de la doctrina que publicaba en sus libros, entre las cuales proclamaba la salvación en Cristo por fe solamente, y no por obras. Por salvoconducto oficial Lutero llegó a la ciudad de Worms en 1521; la noche anterior a la gran inquisición veló fervientemente en oración personal ante el Dios del cielo. La historia nos dice que su más sentida oración fue precisamente este Salmo: «Dios es nuestro amparo y fortaleza, nuestro pronto auxilio en las tribulaciones. Por tanto, no temeremos, aunque la tierra sea removida, y se traspasen los montes al corazón del mar… Jehová de los ejércitos está con nosotros.» (vs. 1, 2, 11). Esta asamblea fue presidida por el emperador Carlos V. Lutero defendió con vitalidad su Reforma protestante. La Dieta declaró que Lutero sería pronto arrestado y castigado por herejía. Sin embargo, por el salvoconducto que le fue concedido anteriormente, garantizándole un regreso seguro a casa, el príncipe Federico lo capturó en el camino y lo escondió en el Castillo de Wertburg. Fue durante este período en el que Lutero inició la traducción de la Biblia al alemán. El edicto de Worms no llegó a ser jamás obedecido dado el creciente soporte público a favor de Lutero.

2. El profeta Daniel: ejemplo de una fe sólida

Uno de los ejemplos más conmovedores de la fe apasionada lo encuentra usted en el caso del profeta Daniel durante el destierro de Babilonia. Sus enemigos tendieron una red para atraparlo y hacerlo caer de su puesto de responsabilidad. Con estratagemas propias de una corte pagana convencieron al emperador que cualquiera que elevase oraciones a otro que no fuera el mismo emperador debía ser echado en un foso de leones hambrientos. Escuche usted lo que sucede: «Cuando Daniel supo que el edicto había sido firmado, entró en su casa, y abiertas las ventanas de su cámara que daban hacia Jerusalén, se arrodillaba tres veces al día, y oraba y daba gracias delante de su Dios, como lo solía hacer antes» (Daniel 6:10). Efectivamente, tal como lo habían calculado, los cobardes envidiosos descubren a Daniel en oración. Aun el mismo emperador está muy triste porque se da cuenta que se ha convertido en víctima de sus propias leyes las cuales no pueden ser modificadas según la costumbre de medos y persas. Lucha todo el largo día para ver si hay alguna forma de librar a su gran funcionario del terrible y cruel destino del foso de los leones. Pero no hay forma; es imposible – la ley es la ley. Ha sido sellada por el mismo emperador y no queda otro remedio que decretar que Daniel sea echado al foso. Allí podemos contemplar la triste escena: con ruido de tambores y de instrumentos de música, los agentes del imperio atadon al profeta de Dios y lo llevan en desfile feliz hacia el foso de los leones. Se remueve la piedra que sirve de entrada y es arrojado a esas cavernosas regiones entre los rugidos incesantes de los leones ahora exaltados ante la perspectiva de su presa.

> «Cuando Daniel supo que el edicto había sido firmado, entró en su casa, y abiertas las ventanas de su cámara que daban hacia Jerusalén, se arrodillaba tres veces al día, y oraba y daba gracias delante de su Dios, como lo solía hacer antes» (Daniel 6:10).

a. Comparación entre la condición espiritual de Daniel y la de Darío

Este drama humano no consiste precisamente en leones rugientes, profetas echados a un foso, o enemigos que se lamen los labios en satisfacción por su triunfo. La tragedia consiste en la condición espiritual de estos dos protagonistas principales: Daniel y el emperador Darío. No es Daniel quien tiembla de miedo al saber que está a punto de ser echado al foso. No es Daniel quien suda gruesas gotas de angustia al pensar en su fin desgarrador. No es Daniel quien llora, se lamenta y siente temores. Es como si orase en sus adentros las palabras del Salmo 46: «Dios es nuestro amparo y fortaleza, nuestro pronto auxilio en las tribulaciones. Por tanto, no temeremos, aunque la tierra sea removida, y se traspasen los montes al corazón del mar.»

No ocurre lo mismo con Darío. Como todo pecador, ha sido atrapado en las redes de su propia imaginación y actividad. Él mismo ha firmado el decreto que predestina al fiel Daniel a ese foso de leones. Una vez emitida la ley ya no puede ser abrogada. Pero el rey hace esfuerzos hercúleos por librarse del inmenso peso de esa culpa. Dicen las Escrituras que «cuando el rey oyó el asunto, le pesó en gran manera, y resolvió librar a Daniel; y hasta la puesta del sol trabajó para librarle» (Daniel 6:14). ¡Nervioso, temeroso, asustado, arrepentido, quiere hacer fracasar su propio edicto! Pero no hay forma de librarse de ese peso enorme. Está obligado a permitir que echen al noble Daniel al foso. Sellan la entrada con una piedra, y es puesto sobre ella el sello del anillo imperial. ¡Asunto terminado!

Pero para Dios el asunto no está terminado. El rey se vuelve a su palacio. No quiere ver a nadie; no desea que lo entretengan ni lo diviertan; no quiere ni siquiera comer. Se acuesta en ayunas. No permitió que lo aquietasen con instrumentos de música. No sentía paz de ninguna clase sino una legión de conflictos espirituales en su ser. El rey Darío no conocía las palabras del Salmo 46. No podía elevar sus ojos al cielo y decir: «Dios es nuestro amparo y fortaleza, nuestro pronto auxilio en las tribulaciones. Por tanto no temeremos, aunque la tierra sea removida, y se traspasen los montes al corazón del mar.» Darío no puede conciliar el sueño reparador.

Toda la noche está nervioso e intranquilo. Se acusa a sí mismo. Se queja de su insensatez. Maldice el día en que prestó atención a sus consejeros que le instaban a firmar ese decreto pernicioso. Su consciencia es una orgía de demonios grandes y pequeños que se le burlan en su cara y se ríen a carcajadas de su ceguera. La noche es interminable y pletórica de pesadillas, pesares y acusaciones personales. Muy de mañana, el rey fue apresuradamente al foso de los leones. ¿Tendría quizá alguna esperanza de que el Dios de Daniel pudiese hacer lo que él no pudo? ¿Pensaría quizá el rey que Dios podría haber librado a un hombre inocente de las fauces aterradoras de leones amaestrados para devorar a seres humanos? Tan intensa es su inquietud espiritual que hasta pierde la dignidad de un emperador y se lo ve corriendo hacia ese foso, gritando, por si acaso Daniel estuviese aún con vida: «Daniel, siervo del Dios viviente, el Dios tuyo, a quien tú continuamente sirves, ¿te ha podido librar de los leones?» (v. 20).

> La inquietud espiritual de Darío por Daniel es tan intensa que hasta pierde la dignidad de un emperador al correr hacia el foso y preguntar a gritos: «¡Daniel! ¿Te ha podido Dios librar de los leones?»

¡Y Daniel estaba con vida! El Dios de quien había dado testimonio tantas veces le había concedido una calma y una tranquilidad que sólo es gozada por aquellos que pueden decir con las fibras de su ser: «Dios es nuestro amparo y fortaleza, nuestro pronto auxilio en las tribulaciones.» Sí, Daniel fue protegido de la boca de los leones. No sufrió ningún daño físico. Pero ni siquiera esto es lo importante. ¿Qué diferencia podría significar para Daniel si hubiese sobrevivido aquella experiencia o no? En este caso, Dios necesitaba de él todavía y resolvió conservarle la vida. Lo fabuloso fue aquella paz y tranquilidad con que Daniel hizo frente a su difícil situación. Su paz no estaba en ser librado de los leones; su paz estaba en Dios. Dios no siempre contesta las oraciones de ese modo positivo. Muchas veces sus respuestas son negativas, pero siempre son para la gloria de su nombre. ¡La gloria de Dios es el objetivo primordial de la existencia humana! Daniel estaba dispuesto a dejar que Dios determinase el mejor curso a seguir, y eso le bastaba.

b. La historia de Daniel nos apunta a Cristo

Hay en esta experiencia de Daniel algo mucho más rico todavía. Usted puede ver en ese profeta un símbolo de Alguien que vino a socorrer a todo pecador que necesita auxilio. No es Daniel quien ha de salvar al hombre perdido. Es Jesucristo, el Hijo de Dios, quien sufrió experiencias dramáticas al igual que Daniel. A Jesús también lo acusaron de fomentar disensiones y diferendos entre el pueblo; lo acusaron de desobedecer las leyes del imperio. Así como echaron a Daniel al oscuro foso de los leones, así también los hombres echaron a Cristo a las tinieblas de la tumba en el huerto de José de Arimatea. También sobre esa tumba pusieron una piedra que fue sellada con el sello oficial del imperio romano. Pero tres días después, cuando apenas amanecía el primer día de la semana, algunas mujeres fueron a untar el cuerpo con especias aromáticas y descubrieron que Jesús ya no estaba en aquella tumba sino que había resucitado de entre los muertos. Fue esa experiencia máxima de Cristo que hace ahora posible la salvación de todo aquel que cree en Él y se entrega a su Persona. Una vez que usted se consagre al Señor Jesús también podrá empezar a recitar diariamente las palabras del Salmo 46: «Dios es nuestro amparo y fortaleza, nuestro pronto auxilio en las tribulaciones. Por tanto, no

> Así como echaron a Daniel al oscuro foso de los leones, así también los hombres echaron a Cristo a las tinieblas de una tumba en el huerto de José de Arimatea.

temeremos, aunque la tierra sea removida, y se traspasen los montes al corazón del mar.»

Para meditar

Hay dos formas típicas de conducirse ante los problemas de la vida: la forma tranquila y calmada de Daniel, y la forma nerviosa y desesperante de Darío. Daniel sintió paz en el foso de los leones porque Dios lo protegía. Darío sintió pánico en su palacio porque estaba solo. Clame a Cristo, y Él le responderá.

Un altercado con Dios

Texto clave: *«Mas antes, oh hombre, ¿quién eres tú para que alterques con Dios? ¿Dirá el vaso de barro al que lo formó: ¿Por qué me has hecho así?»*

Romanos 9:20

Objetivo: *Presentar la doctrina de la elección: Dios elige a quienes han de ser salvos, no por ningún mérito humano, sino según el afecto de su voluntad.*

Introducción

El hombre se ha inventado toda clase de argumentos contra Dios. En su estado natural, el hombre no se siente cómodo delante de Dios; está en desacuerdo con la forma en que Dios actúa. Acusa a Dios de cualquier circunstancia que no sea de su agrado y culpa a Dios por los resultados de su propia conducta equivocada. Cuando un terremoto sacude los cimientos de la tierra y miles mueren en la catástrofe, se oyen los clamores en contra de Dios. Cuando se lee la historia y se describen guerras escalofriantes, las críticas se dirigen a Dios. Los que dudan preguntan, «¿Dónde estaba Dios en todo esto?» Para el ser humano las cosas buenas son el resultado de las acciones humanas, y las cosas malas de la mano divina.

1. El reino de Dios es universal: Dios salva a personas de toda raza y nación

El apóstol Pablo tuvo que refutar estos argumentos explicando a los hombres la responsabilidad que ellos tienen delante de Dios. Ciertamente esto ha sido y será siempre una fuente de opiniones dispares y objeto de calurosos debates entre los hombres. El apóstol, además de ser creyente en Cristo, era hebreo de hebreos, del linaje de Israel. Sus compatriotas le hicieron la vida imposible muchas veces con sus persistentes argumentos teológicos. Uno de estos argumentos era que Dios había sido siempre el Dios de Israel, y que sus promesas abarcaban a todos los miembros de esa nacionalidad. Ser judío era, en consecuencia, formar parte del pueblo escogido por Dios, ser nación santa, gozar del amor especial del único Dios verdadero. Sin embargo, los esquemas de los judíos empezaron a desmoronarse con la llegada de Jesucristo. Cristo dio señales de que el reino de Dios ya no era nacional sino universal. Al derramar su sangre en la cruz, se rompió el velo del templo como dando a indicar que Dios ya no estaría limitado a los recintos sagrados del templo judío. Después vino la orden específica y clara de Jesús de ir por todo el mundo a predicar el evangelio, empezando por cierto en Jerusalén pero yendo luego a Samaria y hasta los últimos confines de la tierra. Jesús mismo había dicho que «muchos son llamados, mas pocos escogidos» (Mateo 20:16). A los judíos del tiempo de Pablo no les agradó aquella situación; creían que Dios había mentido y abandonado a su pueblo favorito. ¿Cómo podía Dios determinar autocráticamente que unos sí serían salvos y otros no?

2. Ser hijo de Dios no depende de la nacionalidad, sino de la voluntad de Dios

Para los judíos el ser hijo de Dios era tan sólo cuestión de sangre y descendencia, pero para el apóstol Pablo depende de la soberanía de Dios. Dios es quien en su soberana gracia determina quiénes serán sus hijos y quiénes no. Al hombre no le gusta esta situación. En vez de alabar a Dios y darle gracias por los que Él salva, más bien altercan con Dios y le condenan por los que Él no salva. Pablo desea con toda su alma que absolutamente todos sus compatriotas fuesen salvos. Pero no lo son. Llega al punto de decir estas tajantes palabras: «Porque deseara yo mismo ser anatema, separado de Cristo, por amor a mis hermanos, los que son mis parientes según la carne» (Romanos 9:3). Pero no todos los israelitas son salvos. ¡No son salvos aun a pesar de sus inmensurables ventajas! Son israelitas, descendientes del pueblo que ha recibido innumerables bendiciones de Dios. De ellos es «la adopción, la gloria, el pacto, la promulgación de la ley, el culto y las promesas; de quienes son los patriarcas, y de los cuales, según la carne, vino Cristo» (vs. 4, 5). Dios hizo llover sus bendiciones ininterrumpidas sobre aquellas almas, pero en su rebeldía no quisieron entregarse a Jesucristo como su Salvador. Y no se entregaron porque no lo creían necesario. Su orgullo nacional les cegó la vista y confundió su entendimiento. ¡Y ahora quieren culpar a Dios! Dios siempre ha obrado soberanamente a través de toda la historia, aun en la historia de su propio pueblo. ¿No tuvo Isaac dos hijos y sólo uno fue heredero de la promesa? A uno Dios amó, y al otro aborreció. ¿No dio acaso testimonio el gran profeta Moisés de la gracia soberana de Dios? Esto es lo que Jehová dijo a través de Moisés: «Tendré misericordia del que tendré misericordia, y seré clemente para con el que seré clemente» (Éxodo 33:19). Y allí está el caso del poderoso rey Faraón de Egipto. Uno diría que semejante personaje habría obrado con absoluto control de sí mismo. Pero Dios declara que fue Él quien levantó a Faraón y quien lo utilizó en sus planes de gracia; «porque la Escritura dice a Faraón: Para esto mismo te he levantado, para mostrar en ti mi poder, y para que mi nombre sea anunciado por toda la tierra»

> Para los judíos, el ser hijo de Dios era tan sólo cuestión de sangre y descendencia, pero para el apóstol Pablo depende de la soberanía de Dios.

(Romanos 9:17). Esta es la conclusión inevitable: «De manera que [Dios] de quien quiere tiene misericordia, y al que quiere endurecer, endurece» (v. 18). Dios es soberano; Dios toma las decisiones, y sólo el deseo de Dios es el que se cumple.

3. Dios es soberano en todos los aspectos de la vida del hombre, incluyendo su salvación

El hombre quiere discutir con Dios por sus derechos. Esta es la respuesta a la queja humana: «Mas antes, oh hombre, ¿quién eres tú para que alterques con Dios? ¿Dirá el vaso de barro al que lo formó: ¿Por qué me has hecho así? ¿O no tiene potestad el alfarero sobre el barro, para hacer de la misma masa un vaso para honra y otro para deshonra?» (vs. 20, 21). ¿Cree usted que esa arcilla tenga derecho alguno de expresar su opinión? ¿No es el alfarero soberano y dueño absoluto de lo que hace? He aquí un Dios grande, fuerte y poderoso, y allá un hombre débil e impotente. Muchos han acentuado un lado de esta verdad, y otros han enfatizado el otro extremo. Si se da al hombre el derecho de salvarse sin la intervención de Dios, usted tiene un hombre que es soberano de su destino y un Dios impotente que puede ser fácilmente burlado. Por otra parte, si se acepta un Dios soberano y omnipotente, el hombre es entonces un ser bajo la autoridad de ese Dios. Aquí tiene usted dos revelaciones contundentes de la Palabra de Dios: Dios es soberano en todos sus actos, incluyendo la salvación del hombre. Y a la vez, el hombre es absolutamente responsable de sus actos. El hombre no puede culpar a Dios «Así que no depende del que quiere, ni del que corre, sino de Dios que

> Dios es soberano en todos sus actos, incluyendo la salvación del hombre. Y a la vez, el hombre es absolutamente responsable de sus actos, sin dejar de estar bajo la autoridad de Dios.

tiene misericordia» (v. 16). Dios no es un esclavo de los mandatos y las órdenes de sus criaturas. Él es soberano, y tan sólo su placer personal determina los destinos eternos de sus criaturas. Esta es la revelación divina: Fue Dios quien escogió a Abraham allá en Ur de los caldeos para hacer de él una fascinante nación. Fue Dios quien endureció el corazón de Faraón para su propia gloria. Fue Dios quien amó a Jacob y aborreció a Esaú. Fue Dios el alfarero que hace a unos vasos de honra, y a otros vasos de deshonra. Dios es omnipotente y misericordioso. Dios elige para vida eterna a todos los que han de ser salvos. Al escribir a los efesios, el apóstol Pablo los saluda con estas palabras: «Bendito sea el Dios y Padre de nuestro Señor Jesucristo, que nos bendijo con toda bendición espiritual en los lugares celestiales en Cristo, según nos escogió en Él antes de la fundación del mundo, para que fuésemos santos y sin mancha delante de Él, en amor habiéndonos predestinado para ser adoptados hijos suyos por medio de Jesucristo, según el puro afecto de su voluntad» (Efesios 1:3-5). ¿Puede haber alguna duda de que Dios es quien elige y salva para vida eterna? Sin dejar de ser difícil de comprender en su totalidad por nuestras mentes finitas, esta verdad es bíblica, indiscutible, y de abundante consuelo para la vida: Dios, y sólo Dios, salva.

> Sin dejar de ser difícil de comprender por la mente humana, la doctrina de la elección es una verdad bíblica, indiscutible, y de abundante consuelo para la vida: Dios, y sólo Dios, salva.

4. De Dios es el mérito de la salvación del hombre. Del hombre es la responsabilidad de aceptar o rechazar el mensaje de Dios.

Ahora bien, Dios no es culpable de la perdición del hombre. Dios cubre con abundantes bendiciones, no sólo a los judíos del tiempo de Pablo, sino a las multitudes de hoy. Dios ha dado su Palabra revelada, ha enviado a sus mensajeros, y ha abierto el horizonte ilimitado para hacer llegar su mensaje de buenas nuevas, de arrepentimiento y de perdón a los más apartados rincones del globo. En su compasión conmovedora, Dios extiende sus brazos al mundo e invita a la humanidad entera a poner sus ojos en su Hijo Jesucristo, quien murió en una cruenta cruz, y resucitó en victoria. Sólo aquel que mira esa cruz y se inclina ante Cristo confesando sus pecados ha de ser salvo, y lo será por la gracia soberana de Dios y no por méritos propios. Dios sacrificó a su Hijo Unigénito; Dios le hizo llegar su mensaje al hombre; Dios llama al hombre al arrepentimiento. Si se salva, el mérito es de Dios por su misericordia. Si desatiende la voz de Dios y sigue encadenado a sus senderos de pecado, sólo puede culparse a sí mismo. No siga usted malgastando su tiempo altercando con Dios. Venga a Cristo. Reciba usted las palabras consoladoras de Jesús: «Todo lo que el Padre me da, vendrá a mí; y al que a mí viene, no le echo fuera» (Juan 6:37).

La última cena

Texto clave: *«Cuando era la hora, se sentó a la mesa, y con Él los apóstoles».*

Lucas 22:14

Objetivo: *Presentar a Cristo como el Cordero de Dios que quita el pecado del mundo, sacrificado para la salvación de su pueblo.*

1. La última cena de Cristo, nuestra primera Santa Cena

La última cena fue también la primera. Fue la última porque era el broche final de un período en la historia de los actos de Jesús, pero la primera de una larga serie que aún se mantiene y se extiende, y se extenderá, en efecto, hasta que acontezca el asombroso evento del regreso del Hijo de Dios. Leonardo Da Vinci capturó en tela el momento crucial de la última cena; su pintura inimitable puede hoy verse de mil formas distintas. El ministerio de Jesucristo había llegado casi al fin de sus dificiles jornadas. Se acerca la fecha de la Pascua, celebración extremadamente solemne y repleta de significado histórico. Había sido utilizada por siglos y siglos como conmemoración de un suceso inolvidable de la historia del pueblo de Israel. Luego de generaciones de esclavitud despiadada en las minas, desiertos y ciudades egipcias, el pueblo de Dios es liberado. La última noche previa a la liberación de los hebreos ocurrió algo desastroso para Egipto: murieron todos los primogénitos de la tierra, excepto aquellos cuyas familias habían pintado el dintel de sus puertas con la sangre de un cordero, perfecto, sin mácula ni mancha. Sólo la sangre del cordero en el dintel de la puerta salvó a los primogénitos del pueblo de Dios. Desde aquel momento la Pascua se celebraba anualmente. Jesús y sus discípulos desean celebrar la Pascua, pero ¿dónde? El Maestro ruega a dos de sus discípulos que se acerquen a la ciudad y pregunten por un aposento alto, preparado de antemano para esa celebración pascual. «Y cuando era la hora, se sentó a la mesa, y con Él los apóstoles» (Lucas 22:14).

2. Cristo celebra su última cena, no como Rey, sino como Siervo

Jesucristo entra triunfalmente en la santa ciudad montado en un pollino. Reclamó así sus derechos de Rey soberano sobre toda la creación. Pero en su última cena, no es el Rey soberano quien participa, sino el humilde Hijo de Dios que ha venido para buscar lo que se había perdido. Anhela ardientemente celebrar la fiesta de la Pascua, pero no tiene ni donde reclinar su cabeza. Siente necesidad de suplicar que le faciliten un lugar donde poder celebrar esta última cena junto a sus amados discípulos. ¡Oh, la humildad del Siervo de Dios y Redentor de la humanidad! ¡Hijo de Dios, Señor de cielo y tierra, qué humillación fue la tuya para poder cumplir tu misión redentora!

3. Cristo celebra su última cena como el Cordero de la Pascua

¿Y el cordero para la Pascua? ¡Cristo mismo era ese Cordero que simbolizaba la salvación de los antiguos israelitas! Esta es la última cena – ya no habrá necesidad de cordero en el futuro porque Cristo será y es «el Cordero de Dios que quita el pecado del mundo» (Juan 1:29). En aquella última cena se mezclaron inconfundiblemente el Antiguo y el Nuevo Testamento, el cordero de la antigua pascua y el Cordero de Dios. La última cena judía dio lugar a la primera cena cristiana. ¿Se imagina usted lo que habrá pensado el Salvador al tomar de aquel cordero de la Pascua? ¡Esa carne lo representaba a Él, al que daría su vida en rescate por muchos! ¡Él era el Cordero perfecto, sin mácula ni mancha, que requerían las leyes de Dios! Tomó y comió de aquel plato pletórico de historia y de significado espiritual. Esa fue la última cena, pues aquella misma noche Jesucristo instituyó una nueva cena para su pueblo de todas las generaciones futuras. Dice la Escritura que Jesucristo tomó la copa, dio gracias y dijo a sus discípulos: «Tomad esto, y repartidlo entre vosotros» (Lucas 22:17). Tomó el pan, dio gracias, y dijo: «Esto es mi cuerpo, que por vosotros es dado; haced esto en memoria de mí» (v. 19). Lo mismo ocurrió luego con la copa de vino cuando dijo Jesucristo: «Esta copa es el nuevo pacto en mi sangre, que por vosotros se derrama» (v. 20). ¿Qué significa todo esto? ¿Simbolismo? ¿Ritos y ceremonias puramente formales? ¿Qué es eso de pan que es cuerpo de Cristo y vino que es su sangre? Usted puede ver en aquella última cena que dio paso a la primera la estrecha relación que existe entre el Antiguo y el Nuevo Testamento. Hay quienes arbitrariamente dividen una parte de la Palabra de Dios de la otra, la separan violenta y brutalmente. Creen que el Dios del Antiguo Testamento fue un ogro que sólo sentía satisfacción en el sufrimiento y en el castigo, en el «ojo por ojo y diente por diente», y consideran que el Dios del Nuevo Testamento es el que dice que es amor y quien demostró ese amor tan grande al enviar a su Hijo al mundo. Esto es una equivocación. El Dios del Antiguo Testamento es exactamente el mismo hoy y ayer y por los siglos. Usted puede verlo en aquella última Cena: Jesucristo no puede introducir en la historia su cena

La carne del cordero de la Pascua representaba a Cristo. ¡Él es el Cordero perfecto, sin mácula ni mancha!

sin antes dar cumplimiento a la cena de la pascua según instrucciones del Antiguo Testamento. La nueva cena no puede dar comienzo hasta que se cumplan los requisitos de la antigua, y Cristo obedientemente cumple su misión.

a. La Santa Cena: un memorial

Pan y vino – qué memorial aquella primera cena de la nueva época; un memorial que, dice Cristo, debe continuar hasta que Él vuelva en el día final. ¿Por qué? ¿Por qué mantener y poner en práctica una costumbre así? Porque es un acto de memoria. Los agudos sufrimientos de Cristo fueron de tal naturaleza que merecen ser recordados hasta el fin de la historia. Experimentó soledad absoluta; sintió conmoverse en sus mismas entrañas; percibió con sus ojos y oídos la degeneración humana. Había de morir cual ignominioso criminal en una cruz y coronada su cabeza con espinas – todo para salvar al hombre del dilema imposible de su pecado y traerle de nuevo a Dios. Fueron su cuerpo herido y cortado por la lanza – ese cuerpo sufriente que cayó, al fin, inerte – y su sangre inocente vertida en su crucifixión lo que hicieron posible la salvación del hombre. La Santa Cena se instituye para mantener viva la memoria del gran sacrificio del Cristo. El pan es pan y el vino, vino, pero simbolizan bella y claramente los sufrimientos del Cristo. Comerlos y beberlos dan una idea visible de la viviente relación que existe entre Cristo resucitado y el que participa de su cena.

La Santa Cena se instruye para mantener viva la memoria del gran sacrificio de Cristo. Comer el pan y beber el vino dan una idea visible de la relación que existe entre Cristo resucitado y el que participa de su cena.

b. La Santa Cena: una demostración de obediencia de Jesús al Padre

Hay varias relaciones valiosas en aquella cena que pasaron a ocupar el lugar de la última cena. Era, en primer lugar, una demostración cabal de la total obediencia de Jesús a Dios Padre. Al solicitar que se hiciese aquella cena en memoria de Él, Jesucristo proclama su condición divina. Él y Dios Padre se identificaron repetidamente en el tiempo en que Jesús anduvo por esta tierra, pero en el momento de la última cena Jesucristo hace girar los honores que se dan a Dios en el Antiguo Testamento hacia Sí mismo en el Nuevo Testamento.

c. La Santa Cena: Un llamado al mundo

Hay también en aquella cena instituida por Cristo una relación directa con el mundo. Él se presenta ante el mundo entero como Rey sufriente. Cierto es que pidió que se hiciese esto en memoria de Él, como señal cierta de que se consideraba Rey, pero un Rey que se demuestra en el pan partido y en el vino. A través de esta cena declara al mundo que observa: «Mirad, pecadores de todos los rincones de la tierra; poned los ojos en este cuerpo molido y en esta sangre vertida. Es en estos elementos que hallaréis paz, seguridad y salvación eterna.» Bien dijo Jesucristo que su reino no es de este mundo. No tiene ejércitos poderosos, ni briosos corceles, ni cañones de largo alcance, ni bombas de destrucción personal. Él se ofrece como el Cristo sufriente, cuyo cuerpo y cuya sangre se representan en su Cena Suprema.

> ¡Mirad, pecadores de todos los rincones de la tierra, en Cristo hallaréis paz, seguridad y salvación eterna!

Para meditar

Esta cena memorable es únicamente para la iglesia de Cristo. El creyente puede volver una y otra vez a esta fuente de amor singular, beber a entera satisfacción hasta saciarse y ser librado de todos sus pecados. Cristo dio su cuerpo inocente a las furias del pecado y derramó ciertamente su sangre preciosa para obtener salvación eterna para los que creen en Él. ¿Ha gustado usted de aquel pan y bebido de aquel vino? Jesucristo dijo: «Yo soy el Pan de vida; el que a mí viene, nunca tendrá hambre; y el que en mí cree, no tendrá sed jamás» (Juan 6:35). Crea, y venga a Él.

◆◆◆

El amor en la cruz

Texto clave: *«Mas Dios muestra su amor para con nosotros, en que siendo aún pecadores, Cristo murió por nosotros.»*

Romanos 5:8

Objetivo: *Presentar la Cruz de Cristo como la máxima expresión de amor de Dios hacia el pecador.*

Introducción

Sobre el amor han escrito los poetas. Sin amor el mundo sería un vasto desierto, desolado y triste. ¿Quién no ha amado aunque sea una vez en su vida y sentido esa profunda emoción? Tal vez ahora mismo estamos hablando a alguien que se siente quebrantado de espíritu por cuestiones de amor. O tal vez se trata de alguien que sonríe porque es correspondido en el amor. El amor se expresa de diferentes maneras, todo depende del objeto al que se ama. El amor de una madre por su recién nacido no es el mismo que el amor de un hombre por su esposa; el afecto de un hermano no es lo mismo que el sentir del hijo por su padre. Esencialmente, sin embargo, el amor consiste en un ardiente deseo y en un activo y benéfico interés en el objeto amado. ¡Qué cosa estupenda es el amor entre los hombres, realmente! Puede hacerlos llorar o reír; puede abatir su espíritu o darle al hombre un valor y coraje que lo arrastra todo; puede sembrar felicidad o destruir amistades.

1. El amor proviene de Dios

¿Se ha puesto usted alguna vez a pensar por qué el ser humano ama? ¿Se ha preguntado usted de dónde proviene eso que llamamos amor? La respuesta es simple y fácil: el hombre ama porque fue creado a la imagen de Dios, y Dios es amor. El amor es la esencia de Dios. Su Palabra nos enseña muchas cosas con respecto a Dios; nos muestra muchos aspectos de su personalidad y de su ser trascendental. Nos habla de la justicia de Dios, de su poder creador, de su misericordia sin par, y de entre sus cualidades sobresale el amor. Desde el primer momento de la historia Dios mostró al hombre su amor infinito. Aun en aquel día siniestro cuando los primeros hombres se escondieron de la presencia de Dios a causa de su vergüenza, aun en ese momento desgraciado, Dios supo dar a conocer su amor profundo, prometiendo una solución al profundo y grave problema en que la humanidad se había sumido.

Uno de los escritores más conocidos de la Biblia, el apóstol Juan, examinando la realidad de su vida y la de millones como él, no pudo reprimir una exclamación como ésta: «¡Mirad cuál amor nos ha dado el Padre, para que seamos llamados hijos de Dios!» (I Juan 3:1). Esta es una exclamación que proviene de las profundidades del corazón y de los más íntimos recesos del alma. ¡Hijos de Dios, nada menos! – seres que como nosotros se habían descarriado completamente; que, como nosotros, estaban privados de la gloria de Dios Ciertamente este es uno de los misterios más incomprensibles para la mente humana. La ciencia moderna, bajo la mano providencial de Dios, ha hecho grandes descubrimientos en nuestros tiempos, pero nada de todo lo que ha descubierto y revelado puede compararse con el amor de Dios para con el hombre.

Por supuesto, este amor de Dios se manifiesta constantemente; se ha manifestado siempre de maneras muy distintas. No alcanzaría el tiempo para enumerar todas las formas en que ese amor se ha revelado en su vida y en la mía. Nuestro texto, sin embargo, pone el dedo sobre la médula del asunto, la expresión máxima de ese amor divino. Esto es lo que dice: «Mas Dios muestra su amor para con nosotros, en que siendo aún pecadores, Cristo murió por nosotros» (Romanos 5:8). He aquí la expresión máxima del amor de Dios, aunque nos hable de muerte y sufrimientos.

2. Dios ha mostrado su amor a través de la historia

Dios manifestó su amor cuando creó al hombre a su imagen y semejanza. Fue una criatura maravillosa la que salió de sus manos. Dios reveló su amor singular el día que los primeros padres cayeron víctimas de la tentación sutil. Dios manifestó su amor más tarde cuando llamó a Abraham de distintas tierras para que formarse un pueblo que llevaría el estandarte de la verdad hacia los escenarios de la historia. Dios declaró su amor incomparable a su propio pueblo escogido cuando éste se desvió de sus sendas y negó su adhesión a Dios. Dios mostró claramente su amor en aquellos momentos en que los suyos clamaron desde lo profundo de su aflicción, pidiendo socorro y liberación. Dios mostró su amor al enviar profetas que enseñasen al mundo sus valiosas doctrinas. Dios manifestó patentemente su amor cuando, desde el monte impresionante de Sinaí, dio a conocer su santa ley y su voluntad para todas sus criaturas.

3. Dios ha mostrado su amor a través de la Cruz de Cristo

Ahora bien, si usted quiere ver el amor de Dios en todo su fulgor y esplendente brillo, tendrá que ir al monte Calvario, a las afuera de la ciudad de Jerusalén. Allí verá usted una cruz en la que un Hombre ha sido crucificado – ese Hombre era el Hijo mismo de Dios. Era Dios Hijo que había descendido de la gloria celeste para venir a este mundo confuso y ofrecer su vida intachable en aras de la salvación de su pueblo. ¿Por qué? ¿Por qué tenía Cristo que morir de esa forma cruel? Lo hizo por amor. Aquellos por los que

Cristo murió no merecen este amor; no hay nada en ellos que les haga dignos de esa expresión de Dios, pero Dios les amó como ama a su propio Hijo, porque así le ha placido.

> Si usted quiere ver el amor de Dios en todo su fulgor y esplendente brillo, tendrá que ir al monte Calvario.

Se habla mucho del amor de Dios en nuestros tiempos, pero la forma en que los hombres explican ese amor no es más que el ruido de un metal que resuena, o el de un címbalo que retiñe. Se habla del amor de Dios, pero se niega a Cristo crucificado. Esa muerte en el monte Calvario, esa sangre derramada, ese quebranto, esas heridas, esa angustia, y esos padecimientos que Cristo sufrió parecen una contrariedad al hombre moderno. No puede ver en ello el amor de Dios. Y en cierto sentido tiene razón, pues el cuadro de la crucifixión es conmovedor y no bello en sus detalles. El proceso de la pasión del Hijo de Dios puede calificarse con la palabra «infinito» – las angustias del Salvador fueron infinitas. Cristo experimentó las aflicciones del infierno en esa cruz. Y el infierno no tiene nada de agradable para el hombre moderno. Pero, ¿qué otra solución hubiera podido ofrecer el Dios justo del cielo ante quien el hombre que amaba había pecado? El pecado del hombre era infinito en su dimensión, y nada más que un sacrificio infinito podía satisfacer la justicia divina que, si Dios es Dios, debe ser parte de Él. ¿Qué clase de Dios sería el que cierra sus ojos e ignora el pecado que el hombre ha cometido? Tal Dios no sería digno de respeto ni de adoración. El Dios verdadero es amor ciertamente, pero es también un Dios de justicia perfecta, y por esta razón

> Nada más que un sacrificio infinito podría satisfacer la justicia divina que, si Dios es Dios, debe ser parte de Él.

requería un pago, un castigo por el pecado humano. Y tan grande, tan profundo es el amor de Dios que Él mismo se mostró dispuesto a pagar esa deuda infinita en la persona de su Hijo. ¿Ha existido amor más grande que éste? No. Ningún ser humano ni angelical puede amar como Dios ama. Dice la Escritura: «Nadie tiene mayor amor que este, que uno ponga su vida por sus amigos» (Juan 15:13). Un poeta lo expresó de esta manera:

¡Oh! ¿Quién jamás pudo expresar tu amor,
O sondear la hondura, oh, Salvador,
Del manantial en el Divino Ser,
O la extensión, o grande altura ver
De tal amor?

¿Quién pudo amor tan vasto conocer?
El cielo no lo pudo contener,
Mas hasta nuestro mundo rebosó
Pues al morir en cruz, Jesús mostró
De Dios amor

Para meditar

En la Catedral de San Pablo en Londres hay una estatua de tamaño natural que representa a Cristo agonizando en la cruz. Al pie de la estatua se encuentra esta inscripción: «Así es como Dios amó al mundo» Dios encarece su amor hacia nosotros en esto, en que «siendo aún pecadores, Cristo murió por nosotros.» Vaya a la cruz inmortal del Hijo de Dios y vea el amor más incomprensible que se ha dado. Allí verá también el amor más profundo que la humanidad ha conocido. Este amor no puede entenderse a menos que esté usted cimentado en ese amor; entonces podrá ser capaz de «comprender con todos los

> Usted no podrá apreciar el amor de Cristo a menos que doble su rodilla ante esa Cruz que se levanta potente aun hoy en día.

santos cuál sea la anchura, la longitud, la profundidad y la altura, y de conocer el amor de Cristo, que excede a todo conocimiento» (Efesios 3:18, 19). Usted no podrá apreciarlo a menos que doble su rodilla ante esa cruz que se levanta potente aun hoy en día, luego de siglos de mostrarse al mundo como evidencia innegable del amor de Dios. Dios sacrificó a su Hijo unigénito «para que todo aquel que en Él cree, no se pierda, mas tenga vida eterna» (Juan 3:16).